公益事業の変容

Transformation of public utilities
Beyond sustainability

の変容

持続可能性を超えて　　　　公益事業学会［編］

関西学院大学出版会

公益事業の変容

持続可能性を超えて

はじめに

　本書は、公益事業学会設立 70 周年を記念する出版物である。公益事業学会は 1949 年の設立以来、学術研究と実務の橋渡しを大きなテーマとして活動してきた。会員は大学や研究機関に籍を置く研究者のみならず、政府・自治体の職員や企業に所属するものも多く、われわれは、この点で本来の学会の目的が果たされていると考えている。

　電気、ガス、水道、電気通信、鉄道等の公益事業は産業革命後比較的古い時代に成立した大規模な産業分野であり、ほかの社会科学系の学会と比べ早い時期に学会が設立されたことも理解されると思われる。加えて、公益事業という特定の事業分野が長きに及んで研究対象となってきた背景には種々の理由が考えられる。

　公益事業は社会経済を支えるインフラストラクチャーとして機能しており、そのあり方は経済全体に多大な影響を及ぼし続けている。したがって、その分析は一般産業の分析との比較でいえば若干の重要性を指摘できる。さらにある産業を包括的に分析するためには、たとえば経済学という特定のディスプリンだけでなく、ほかの学問領域も加わった多面的、学際的な方法論が必須となる。われわれは、公益事業に特化した研究が多少なりとも普遍的な学術研究の進展に寄与したのではないかと自負している。

　そして、これらに加えて強調されるべきは、公益事業自体の変容、およびそれに対する公的政策の変化である。どのような産業分野であれ、取り巻く環境や技術的進展そして市場の変動に応じて絶えず態様が変わる。ただ、公益事業の場合、産業の技術特性とインフラストラクチャーとしての役割から、公的政策ないし介入と切っても切れない関係にある。公益事業の変容は公的関与の変化を引き起こし、政策の変容が事業自体の進化を求める。この 70 年間はまさにそれが実態として現れた時代であり、変化の流れはいまだに絶えることがないのが現実である。

　本書『公益事業の変容』は、このような思いを込めて編集された。以下では、われわれが公益事業の変容と考える沿革について簡単に振り返る。

＊　　　　＊

　公益事業に関する古典的名著 *Principles of Public Utility Rates* の中で、著者 James C. Bonbright は、その本質を規模の経済と財の必需性であると指摘した。[1]

　規模の経済は平均費用逓減を意味し、マーケットの需要規模との相対関係において費用の劣加法性が成立する状態は自然独占である（費用の劣加法性は必ずしも費用逓減を必要としない）。自然独占の概念は John Stuart Mill が最初に指摘したとされるが、[2]公益事業の事業としての出発点はこの自然独占である。19 世紀中葉のロンドンの状況を観察した Mill は、複数で営業されている水道事業やガス事業を 1 社にまとめることによって多くの費用が節約されるはずだと説いた。

　他方、財の必需性は、公益事業によって供給される財・サービスが社会経済のインフラストラクチャーであることを意味する。エネルギー、上下水道、交通、通信等の典型的な公益事業は、一般消費者にとっては生活必需、企業にとっては事業活動の基礎を提供している。したがって、一定の品質を確保し安定的にかつできる限り安価に財・サービスが提供されること、これが世にいう「公益事業の公共性」の基本的な構成要素である。わが国においては、度重なる震災、災害においてライフライン維持の重要性が実感されており、各種公益事業の存在意義が再認識されている。

　公益事業は、Mill が概念のうえで提示した自然独占をまさにリアルに獲得することから始まった。その初期段階では、独占を獲得するための激しい競争（cut throat competition）が各分野で繰り広げられた。後述するように、近年各公益事業分野で競争政策が導入されているが、この産業が成立する時点ではまさに私的独占を目指しての競争であった。

　身近なところでは、明治大正期の日本の電気事業が典型例である。1887 年に東京電燈（後の東京電力）の火力発電によって始められた電気事業には明治期に数社が参入、1 つの家屋に複数の電線が敷設されるという事態も発生した。施設重複を回避するため東京市長が介入するなどの措置がとられたが、事業者間競争は完全に止むことはなかった（後には東京市自身が事業者として参入している）。大正期になると送電技術が発達、中部地

方の水力発電を電源とする事業者が参入するなど、覇権争いは第二次世界大戦のための戦時統合（日本発送電の設立）まで続いた。

　19世紀末のアメリカの電話事業においては、ウエスタン・ユニオン社（エジソン系）との特許戦争に勝利したベル電話会社（後のAT&T）が突出する存在であった。ベルの特許権は1894年に期限切れとなり、20世紀になって数々の地域電話会社との間で独占を巡る競合が生じた。AT&Tは、稀代の経営者Theodore Newton Vailが、先進の技術力（ベル研究所の設立）、長距離通信回線の独占による高額な接続料、そしてアメリカ全土を網羅するネットワークの便益という戦略を採用し独占の形成に成功する。この全米網羅のネットワークこそVailが "Universal Service" と名づけたものであり、それはマーケティング戦略として誕生したものであった。電話事業の場合、供給費用面だけではなく、加入者の増加がネットワーク価値を高めるという「ネットワーク外部性」が加わる。Vailは、この効果をうまく利用し独占を形成したのである。[3]

　19世紀末から20世紀にかけて、このような破滅的競争による社会的ロスを回避し独占者による搾取を予防するために、公的に独占を認める代わりに事業者の行動を制約するという事業規制の概念が登場した。典型的にはアメリカの事業規制がそれであり、連邦レベルでは、1887年設立の州際通商委員会（Interstate Commerce Commission）に始まり、20世紀前半の両大戦間には、連邦動力委員会（Federal Power Commission）、通信委員会（Federal Communication Commission）、民間航空委員会（Civil Aeronautics Board）等数々の規制機関が設立され、直接規制が開始された。

　もっともこの種の事業規制が簡単に導入されたわけではない。アメリカでは、公的権力によって自由な民間企業の行動を制約することは、そもそも合衆国憲法に反するのではないかという訴訟が提起された。19世紀後半、シカゴは全米の農作物の一大集積地となっていた。イリノイ州政府は、全米農業共済組合（The National Grange）の要請に応じて当地の穀物倉庫の使用料金に上限を設けた。これに対する事業者側の主張は、この価格規制は合衆国憲法修正第14条に反するというものである。[4]

　有名なMunn vs. Illinois Caseとよばれるこの訴訟において、1876年アメリカ最高裁判所は、private industries that affect public interests に対

する州政府の規制（具体的には価格規制）は合憲であるとの判決を下した。これが民間企業に対する公的介入の根拠であり、その後の公益事業規制の契機となった。

　アメリカの公益事業が民間事業者と公的規制の組み合わせという形態をとったのに対し、ヨーロッパでは公企業がそれを担った。ヨーロッパ型の公企業は、イギリスの公共放送 BBC が先駆であり、公共目的の実現と企業性（効率性）の発揮という明確な理念を掲げて誕生した。それを主導したのは労働党の政治家 Herbert S. Morrison である。イギリスではその後、1979 年に Margaret H. Thatcher が宰相となり広範かつ大胆な民営化を実施するまで、労働党と保守党の政権交代に応じて公企業化と民営化を繰り返すこととなる。ただ、自然独占を基本とする公益事業においては公企業としての運営が長く、それはヨーロッパ大陸諸国も同様であった。

＊　　　　　＊

　民間企業に対して、法的な参入制限（事業免許・事業許可）によって独占を許容する一方で、価格や料金を公的に認可するとともに事業計画に介入するという規制方式、いわゆる「公益事業型規制」は、自然独占論を根拠として登場し、長らく、少なくとも 1970 年代の後半までは安定したシステムとして定着していた。これに終止符を打つ契機となったのは、1978 年のアメリカの航空規制緩和政策の登場である。

　アメリカの航空輸送は、参入規制に守られた少数の事業者によって供給されてきた。それにはもちろん軍事的な意味もあったが、幼稚産業保護論から始まりサービスの維持安定と拡大を旗頭に 1930 年代から上述民間航空委員会による厳格な規制が行われてきた。米国内の州際航空輸送は trunk airline とよばれる数社の大手航空会社に限定され、新規参入は認められなかった。事業者間の競争がなかったわけではないが、価格（運賃）が規制されていたことから、それは過大な便数設定（利用のし易さを増すことで利便性を高める）や異常に質の高い機内サービスなど偏ったものであった。

　規制緩和はアメリカ独特の実験行政的な手法によって始まった。テキサス州とカリフォルニア州において、州政府の権限で州内航空輸送の自由化

が導入された。両州とも複数の有力航空会社が価格競争を展開し利用者の支持を得た（テキサス州で競争の中心となったのは、その後全米でLCC革命をもたらすサウスウエスト航空である）。そして、この成功事例を参考に連邦レベルでの規制緩和が実現することとなった。この理論的支柱となったのが、William J. Baumol等が提唱したContestable Market Theoryである。[5]

　アメリカの航空規制緩和は、その後公益事業系の各種分野に波及した。鉄道や物流等の運輸分野は言うに及ばず、電気通信、金融（必ずしも公益事業に分類されない）、そしてエネルギーがその対象となった。

　航空を含むこのような大規模な規制政策の見直しが行われた背景には、マクロ、ミクロ両面での経済の構造変化があげられる。マクロ経済の側面でいえば、アメリカ経済の変調がある。第二次世界大戦に勝利した西側諸国は、1960年代にかけて安定した経済成長を謳歌した。しかし、ベトナム戦争泥沼化の影響を受け、米ドルはブレトンウッズ体制による世界の基軸通貨としての地位を失った。さらに、第4次中東戦争を契機とする原油価格の高騰等の要因が重なって、不況とインフレが同居するスタグフレーションが出現した。

　このようなマクロレベルの経済不全を、ミクロの産業政策とりわけ市場機能の強化によって補修しようとするモメンタムが働いた。さらに1970年前後から活発化した安全、環境、労働条件等への意識の高まりが、一般産業も含んだ公的規制（社会的規制）の拡大を印象づけた。結果として産業への過剰介入を伴う「大きな政府」から、Ronald Reagan, Thatcherに代表される新自由主義を基調とする「小さな政府」への移行が叫ばれた。

　以上の外的要因に加えて、公益事業型規制そのものについてはいわゆる「規制の虜（regulatory capture）」の議論が展開された。すなわち、公共の利益の追求を前提に行動するはずの規制者、規制機関が種々の利害調整の結果被規制企業、産業の「囚われの身」となり、事業者側に有利な行動をとっているという主張である。結果的に規制は所期の目的を達成することができず、コスト・プッシュ型のインフレの一要因となる。規制パフォーマンスの低下である。

　被規制産業側に内在していたもう1つの要因は技術革新である。巧みな

戦略で全米の独占を獲得した AT&T は、米独禁当局から 3 次にわたる訴訟を起こされながらも独占の地位を維持した。しかし、1960 年代から長足の進歩を遂げた通信技術と台頭顕著なコンピュータの融合は、AT&T自身に旧来型の電話ネットワークに依存するビジネスモデルの変容を迫るようになった。

AT & T は、1982 年、公益事業として制限されていたコンピュータ分野への進出という自由度を手に入れる代わりに、長距離通信部門と 13 の地域電話会社への分割（divestiture）、長距離通信における競争導入とAT&T のみを対象とした非対称規制という「劇的な和解案」に合意した（実際の分割は 1984 年 1 月）。アメリカの電気通信市場は、AT&T の分割を契機として 1996 年の事業法改革によって、地域通信部門を含んだ競争体制に移行している。

AT & T の事例で示唆されたのは、事業者を分割するという構造的改革による競争導入である。この手法は、ネットワークを利用して供給を行うほかの事業にとって有効である。たとえネットワーク部門が自然独占性を有していても、その部分を分離し公益事業型規制を課すことによって全体としての競争導入は可能である。

電力供給の場合、かつては燃料調達から発電、送電、配電、供給に至る垂直的な供給チェーンによる（地域）独占が前提とされた。しかし、需要曲線の右方へのシフトによって、少なくとも発電における規模の経済は失われたことが明確になった。そうであれば、送配電というネットワーク系と発電および小売りを切り離すことによって、発電や小売部門における競争の導入は可能となり、それが社会的余剰を増大させるとの主張が大きくなった。

アメリカの電力産業では、北東部 3 州（Pennsylvania, New Jersey, Maryland）において発電と小売りを結びつける卸取引のプール組織 PJMが戦前から機能していた。PJM はまさに垂直分離型の電力供給システムであり、その実態を踏まえつつ同様の供給特性を有する都市ガス産業を含んだ競争導入（わが国においてはエネルギーシステム改革）が実施されることとなった。PJM 型の組織を経済学的に詳細に分析し市場の有効性を説いた歴史的名著が、Paul L. Joskow と Richard Schmalensee である。[6]

＊　　　　　＊

　第二次世界大戦の終結以来75年の歴史の中で世界経済の変曲点はいくつか存在するのかもしれない。ただ、こと公益事業分野に関していえば、公権力による独占の確保と価格決定等の事業内容への介入という旧来の図式に対して、1970年代から80年代にかけての世界の経済的、政治的変曲点を契機として構造変化が生じたと捉えられる。それが本書『公益事業の変容』の原点である。

　公益事業の構造的変化は、それが最初に始まった航空輸送分野でさえいまだ安定的、定常的状況に達したとは言い難い。また、ここでは取り上げられなかったが、通信との境界が完全に崩壊した放送分野、基礎自治体による供給という構造が破綻に瀕している上下水道事業等においても大きな「変容」が求められている。本書は、これらを含めた公益事業の現状と今後について学会気鋭の研究者による論考をまとめたものである。この分野の研究者、実務家、そして政策立案執行者の参考に供されれば幸いである。

　最後になったが、公益事業学会をこれまで築き上げ発展させていただいた諸先輩方に感謝の意を示すとともに、ご協力をいただいてきた行政、団体、企業の方々にここに記して御礼申し上げる次第である。

注

1) James C. Bonbright (1961), *Principles of Public Utility Rates*, Columbia University Press.

2) John Stuart Mill (1848), *Principles of Political Economy, with some of Their Application of Social Philosophy* ［末永茂喜訳 (1967)『経済学原理 (1)』岩波書店］.

3) 20世紀後半になって、電話のネットワーク外部性を理論的に分析したのは、ベル研究所研究員 Rolfs の論文である。Jeffrey. Rohlfs (1974), "A Theory of Interdependent Demand for a Communications Service," *Bell Journal of Economics*, 5, pp.16-37.

4) 合衆国憲法修正第14条は、合衆国市民権を得たものに保証される権利について州政府はそれを制限してはならないと規定している。

5) William J. Baumol, John C. Panzar, Robert D. Willig (1982), *Contestable Markets and the Theory of Industry Structure*, Harcourt Brace Jovanovich.

6) Paul L. Joskow and Richard Schmalensee（1983）, *Market for Power: An Analysis of Utility Deregulation*, MIT Press.

令和 2 年 8 月

公益事業学会会長　山内　弘隆

目　次

▶ 第**1**章 ▏▏

公益事業とは何か

その定義と概要

　公益事業は 19 世紀末からの工業化の進展とともに生まれ、その各産業は 20 世紀に入ってから大きく発展した。ここでは公益事業が誕生・成長し、20 世紀終盤に改革の時代を迎え、21 世紀に経済社会全体の持続可能性・地球温暖化問題に直面している一連の流れの中から、最初に公益事業が生まれ、社会に不可欠なものとして定着していく過程と、公益事業がどのように整理・定義されていったかについて、当時の産業・社会の変化とともに概説する。

1　公益事業はいかにして生まれたのか

　世界が近代化の時代に入った 18 世紀後半以降、それまで農業・商業・わずかな工業によって成り立っていた世界各地の社会経済に、劇的な産業技術の革新が大きな影響を与えるようになり、都市化や国民国家の形成が一気に進行した。特に工業化の進展はそれまでに使われていた郵便や馬車、風車や薪といった通信・移動（運輸）・動力や暖房の手段が電気通信、鉄道、電気、ガスといったまったく違う新商品・サービスに入れ替わった。また旧式技術では限定的な普及しかできなかった水道も、都市への人口集中によって規模が急拡大した。

　具体的には、欧州を中心とした蒸気機関をはじめとする動力革命と製鉄技術が鉄道運行（線路・車両）を、化学技術が石炭を使った都市ガスや熱供給サービスを可能にした。また一方、米国を中心とした電気の商用利用

2

可能な形での利用技術確立は電気事業の基礎となり、電報電話をはじめとする通信サービスにも応用された。さらに、進む都市への人口集中とその成長が長い歴史をもつ水道業を拡大・効率化させた（表 1-1 参照）。

　それらの新商品・サービスは、人々にとって非常に利便性の高いものであったし、都市化が進行し、近代化・産業化が加速する社会経済にとってなくてはならないものであったが、それらを効果的な形で提供するには一種の大きな仕組み（後の言葉でいうネットワーク）が必要となってきた。鉄道は一路線であるよりも複数路線で、かつ拠点となる中心（乗り換え駅）を使って組み合わせた方がより遠くへ効率よく移動できるとはるかに合理的かつ利便性が高く、水道・ガス・熱はまとめて作って多くのユーザーに届けなければそもそもサービスが成り立たない。電気はさらに特殊であり、三相交流システムと多くの発電所による協力の仕組みが発明された1890 年代以降は規模が大きくなるほど費用だけでなく品質が安定し、その集まりに参加するだけで（ネットワーク接続）得られる保障供給能力が発生するようになった。これらの仕組みの便益のうち価格とサービスの利便の多くは「規模の経済」や「ネットワーク外部性」という形で、財・サービスと市場の特徴は「自然独占」として今日説明されているものである。（第 2 章参照）

　19 世紀後半から始まったこれらのサービスは、それぞれの発足時期から都市部を中心に多くの事業者が乱立し、場合によっては事業者間の競争、事業統合、公的機関の介入等さまざまな経緯を経て運営されていた

表 1-1　各公益事業の創業期と貢献した産業技術

公益事業	創業期	発展期	貢献した産業技術等
電　力	1880 年代	—	鉄鋼、電気、銅精錬、窯業
ガ　ス	1890 年代	—	鉄鋼、基礎化学
水　道	古代〜中世	1800 年代	製鉄
交　通(旅客)	中世	1800 年代	製鉄、蒸気機関
通　信	1890 年代	—	電気、基礎通信
放　送	1900 年代	—	電気、基礎通信

出所：筆者作成。

が、特に、1920 年代、世界的な工業化の加速によって本格的な発展期を迎えた。電力の送配電ネットワークと発電技術の基礎、ガス供給システム、近代水道、鉄道ネットワーク、電報電話のサービスシステムがそれであり、現在から約 100 年前の出来事である。この時期から事業経営、経営形態、公的規制や価格のあり方といった課題が現れる、実質的な公益事業のスタートとなった。

2　公益事業の定義

　1920 年代前後から公益事業の経営、規制のあり方についていくつかの変化があった。1917 年に近接するロシアでの社会主義革命を経験した欧州では、民間で行われていたいくつかの公益事業が公営化や国営化に向かうこととなり、逆に米国ではもともと電気事業をはじめ多くの事業が非規制下で行われ、資本統合が進んだ結果、不公正な価格づけや独占力の行使がみられた面もあり、1930 年代に電気は規制体制に移行したほか、航空・通信といった公益事業も規制体制が整備されるようになった。

　また規制主体として国以外に地方自治体が公益事業サービスを管理・規制したり、直接運営したりしようとするケースも世界各地で生まれた。それらは公益事業サービスを都市経営の一環として考え、都市の範囲を規制対象としており、事業者との報償契約の形をとったり、場合によっては買収しながら事業運営に関わった。歴史的には欧州で 19 世紀からガス灯やそのためのガスパイプライン、地域暖房による熱供給サービスとして始まっており、1900 年代以降の電気事業、ガス事業の発展とともに多くは電気・ガス・熱供給、交通等多機能の公益事業者となった。特に欧州の自治体経営による公益事業者は今日でもシュタットベルケ（Stat Werke）として知られており、米国でも小規模な市町村経営の電気事業はマニュシパル（Municipal）とよばれ、多く存在している。

　同じ時期、日本の場合は行政による民間事業の半強制的買収（日本国有鉄道の設立や日本を代表する都市経営電気事業となった大阪市による大阪電灯の買収）など、特殊な事情もあったが、たとえば電力の場合 1920 年

代末からの電力生産設備の過剰が起こった結果、家庭用電気料金の上昇と大口料金の続落が併存するようになり、米国とは違う理由で規制の必要性が高まった。

こうした情勢によって、欧州、米国、さらには日本を含む多くの国・地域で公益事業についての自然独占を前提とした価格の決定や投資計画に関して制度整備が行われるようになり、その経緯の中から今日の公益事業（Public Utility）の範囲と概念が形成されてきた。鉄道をはじめとする交通分野、電気・ガス等のエネルギー分野、当時はほとんどが公営だった水道分野、放送・通信分野が主な構成である。

日本では第二次世界大戦による混乱期を経て、1949 年に公益事業学会が発足した。その規約に示された公益事業の定義は次のとおりである。

> 「公益事業」とは、われわれの生活に日常不可欠な用役を提供する一連の事業のことであって、それには電気、ガス、水道、鉄道、軌道、自動車道、バス、定期船、定期航空、郵便、電信電話、放送等の諸事業が包括される。

（公益事業学会規約 1949）

ただし、以降の社会と産業技術を考えると、この時代の日本には一般消費者が持つ商品としての自動車はあまり普及していなかったし、航空機も一般的旅客手段ではなく、その後発展する携帯電話や高度情報通信はまだ存在していない。また逆に言えば技術革新や商品・サービスの入れ替わりが極めて速く進んだ 1945 年からの 70 年あまりで、公益事業の商品・サービスの多くがまったく姿を変えていないのは極めて珍しい、ということもできる。それは、これらのサービスの供給方法が 20 世紀前半でかなり成熟し、かつサービス自体のイノベーションによる変化がほとんどない姿をしているためである。中でもエネルギーや流体を物理的なネットワークで送っている電気・ガス・水道は技術上の変化がほとんど起こっていない。

次に公益事業がなぜ経済学や経営学、さらには法学の研究対象になってきたのか公益事業の特性から考えてみよう。その理由とは主に、

①供給しているサービスに規模の経済性（初期投資が巨大で、限界費用
　が低いため、自然独占性があると考えられた）。

②①の結果、独占企業は利益最大化のためには供給量を絞って独占的価
　格を設定し、社会的に望ましい供給量まで供給しない可能性があると
　考えられた。つまり、この分析は供給を義務付けるような規制の必要
　性に結びつく。

の2つであり、規模の経済＝自然独占、社会的に十分供給されることの
必要性が大きな要件になっていることがわかる。[1]

　すなわち、19世紀後半からの近代産業技術で生まれたさまざまな商
品、サービスのうち、主に製品の形をしないサービスで、初期的に大きな
投資を必要とし、必然的に事業規模とユーザーの範囲・規模の大きいもの
が以降公益事業として論じられていくこととなったのである。

3　公益事業をめぐる諸問題とは

　こうした歩みの必然として、公益事業には表1-2に示すように常に論じ
られるいくつかの重要な論点、研究されてきた論題がある。その最大のも
のは価格であり、それは初期の公益事業から国・行政が与えていた事業免
許や公益事業サービス供給のために必要な設備である電柱や線路の設置に
関わる公益事業特権とセットになったものである。発足当初の公益事業は
電気対ランプや蒸気機関、鉄道と馬車といったシステム間競争相手をもっ
ていたことと、まだ供給コストが高いため普及過程にあり、自由な価格設
定にしておいても事業者は努力して安い価格設定を目指すことから特に社
会的な問題は生じなかったが、そのサービスがほかの既存サービスを品質
で駆逐し、まさに生活や産業になくてはならないサービスになるとともに
に、事業者による自由な価格設定では望ましくないケース（たとえば
1910年代の米国の電気）も出てきた。

　競争による自由な価格設定に不都合があると考える以上、その価格水準
には当然根拠が必要になる。公益事業のコスト構造は通常の商品に比べて

表 1-2　公益事業研究をめぐる主な要素とその理由

項目	論点となる理由	主な議論・論点
価格	水準と根拠	価格の根拠
設備	価格の根拠として	事業運営上適切か
投資計画	サービス水準、価格の根拠	事業運営上適切か
供給水準	需要家の利便	費用とサービス水準のバランス
供給義務	社会的利便	コスト、需要家間の公平
安全確保	社会的要請	コスト回収
災害復旧	社会的要請	公的支援、仕組みづくり

出所：筆者作成。

投資回収＝資本費が大きくなるため、価格に対する規制や認可は、当然ながらその根拠としての設備費用や投資計画の適正性判定を必要とするようになる。また、その投資の回収期間の長さから資本コスト（金利）の参入も必要になる。また、価格や経営行動への規制の適正性評価としては公益事業の生産性も重要な研究論点となりうる。

　さらに、公益事業サービスの供給水準や範囲についても、事業者の経営と社会のニーズをいかに合致させるかが論点となる。交通の場合のサービス頻度や電気・ガス・通信の供給義務もそうした論点である。また公益事業が一般産業よりもより高いレベルで要求されるものに安全確保、災害時の供給確保と復旧の問題があり、これらは特に21世紀に入ってより大きな論点となってきた。

　そして、1980年代以降すべての公益事業をとりまく問題として、「公益事業であり続ける部分」と「非公益事業＝競争する企業の活動になりうる部分」に分けるという考え方の登場がある。エネルギーや情報通信の自由化や規制改革、鉄道の上下分離、水道等の民営化という言葉に代表されているコンセプトがそれであり、これらがここ40年ほどの公益事業をめぐる最大の論点となっている。

　さらに21世紀に入ると、世界の経済・社会全体の持続可能な発展（サステナブル・ディベロプメント）に関わる課題が公益事業にも押し寄せた。典型的なものが地球温暖化問題であり、多くの温暖化ガスを排出する電力・ガス産業や交通・運輸産業はその対応を迫られ、至近でいえば2020

年に世界を襲ったコロナ・ショックも交通、水道をはじめ各公益事業に大きな影響を及ぼしつつある。

4　本書の構成：公益事業をどう理解するか

本書は、公益事業の歩みと最新情勢について、「公益事業の変容 ──持続可能性を超えて」というテーマの下で全体を俯瞰しつつ、各公益事業の理解すべき論点、今後の論点を網羅するものである。

まず、公益事業全体をめぐる基礎的知識と現在の公益事業に至る全体の流れを各公益事業共通の概論として前半の第 1 章から第 5 章に配置した。第 1 章では公益事業の始まり、定義、その論点を示し、第 2 章では公益事業の分析の基礎フレームを当初の独占モデル、自由化モデル両方にわたって解説した。

それを受けて第 3 章では公益事業が創業当初から現在の姿に至る重要な転換点となった 1980 年代前後の自由化・市場システムの導入以降の動きについて、世界に先駆けて変化が起こり、以降の公益事業改革に大きな影響をもたらした欧州・米国を中心としてまとめた。続く第 4 章では同じく日本の公益事業改革を、電気通信や国鉄の公社改革から順に解説し、電気・ガス・水道を含めて現在までの流れを概説している。

第 5 章では、前半をしめくくる形で現在の公益事業が共通して直面するデジタル技術の衝撃やイノベーションの影響、日本特有の問題としての人口減少下の公益事業の持続性問題など、最新情勢と展望をまとめている。

各産業の詳説と直面する課題、展望は後半各章にとりまとめている。第 6 章では電力・ガス事業の 2020 年までの最新制度改革とその影響、事業全体の今後の課題と各プレーヤーの対応を、第 7 章では水道事業の現状と、人口減少下の課題を克服する手法等の周辺論点をとりまとめている。第 8 章の交通では、鉄道・バス・タクシー・道路等多岐にわたる産業の現状と課題、さらには各交通事業をつないで今後の国土・人口構造に対処できる可能性がある MaaS 等の新展開にもふれている。第 9 章では交通と並んで電話・携帯電話・インターネットサービス、放送等多種多様なサービスを

持つ情報通信サービスを網羅し、今後の公益事業としての論点が何になるのかも示唆している。

　後半をしめくくる第10章では、代表的な持続可能性の課題である地球環境問題と災害対応レジリエンスを取り上げた。地球温暖化防止と脱炭素社会への取り組みは、公益事業に限らずあらゆる企業・個人にとって重要な論点となっているが、この章では地球環境問題のスタートとなったリオデジャネイロの地球サミット以降の世界の枠組みを振り返るとともに、脱炭素社会の構築に向けて重要な役割を果たす電気・ガス・交通等の公益事業の対応とその課題、展望を取り上げている。さらに、2018・2019年に日本を襲った地震や台風で大きな課題となった公益事業の対応方策についても解説した。

　さらに、2020年のコロナ・ショックについては、第5章、第7章など各章で公益事業への影響とポスト・コロナの社会と公益事業の姿についてふれている。

　読者には、前半の公益事業の流れを感じてもらいながら、各産業についてはまとまった産業解説として読むことも、必要に応じて重要項目を確認できるハンドブック的な使い方もできるように配慮している。

注

1)　実際にはたとえば初期の電気・ガス事業において独占価格よりも電気・ガスのプロモーションの方が重要な課題であり、企業家たちはなんとか需要を拡大しようと値下げを試みることも多かったため、すべての公益事業が初期に公益事業定義や規制の必要性の前提となった状況にあったわけではない。

参考文献

Ryoshin Minami (1987) *Power revolution in the industrialization of Japan, 1885-1940* (Hitotsubashi University Institute of Economic Research), Kinokuniya Company.

T. P. ヒューズ（1996）『電力の歴史』平凡社。

公益事業学会（2005）『日本の公益事業 ──変革への挑戦』白桃書房。

佐々木弘（1981）『現代公益企業論』白桃書房。

竹中龍雄（1977）『公営公益企業論』千倉書房。

中瀬哲也（2005）『日本電気事業経営史』日本経済評論社。

西村陽（2000）『電力改革の構図と戦略』電力新報社。

野村宗訓（1998）『イギリス公益事業の構造改革 ──競争移行期のユーティリティーズ・ポリシー』税務経理協会。

橋爪紳也・西村陽編、都市と電化研究会著（2005）『にっぽん電化史』日本電気協会新聞部。

橋爪紳也・西村陽編、都市と電化研究会著（2020）『万博と電気（にっぽん電化史④）』日本電気協会新聞部。

米倉誠一郎（1999）『経営革命の構造』岩波新書。

▶ 第**2**章 ▏▏

公益事業に対する規制の基礎理論

1　はじめに

　公益事業に対してはほかの産業以上にさまざまな規制が実施されてきた。本章は公益事業に対してどのような根拠でどういう規制が実施されてきたかについて述べている。まず第2節では「市場の失敗」を紹介し、その是正・補正のための政府の関与・干渉（公的規制）の種類について紹介する。次に第3節「経済的規制の基礎理論」として、料金水準や料金体系の決定とインセンティブ規制、参入・退出規制について整理する。また第4節「社会的規制の基礎理論」としては、特に公益事業に関わりが深い安全規制と環境規制を取り上げる。そして最後の第5節では、本章の小括に代えて時代環境の変化と規制の変容についてふれている。

2　公益事業に対する規制の種類と根拠

(1) 市場機構と不完全競争

　公益事業として扱う各種の商品やサービスなど（以下「財」）も「市場」で取引される。市場は、青果や鮮魚などを扱うような市場とは限らず、デジタル空間や概念的なものであってもよい。需要者（消費者、買手）と供給者（生産者、売手）との間で、ある価格である数量の財が交換・取引されるところが市場である。

　個々の需要者は財を消費する（商品を使用したりサービスを享受したり
する）ことで満足を得て、市場価格 p が与えられるとその人の最適な消費
量が決まる。これをすべての需要者について合計し、需要量と価格との関
係について表したものが市場需要関数で、図 2-1 では右下がりの直線 D
が需要曲線になる（一般に、市場価格が上昇すれば需要は減少する）。

　他方、個々の供給者はさまざまな設備や原料、人などの要素を投入して
財をアウトプット（生産・提供）しており、各種のインプット量とそれを
もっとも有効に使用して得られたアウトプット量（以下「供給量」）との
関係は生産関数とよばれる。また、すべてのインプット価格が与えられて
いる下で費用を最小化するインプットの組み合わせが選ばれるという仮定
に立って、個々の供給者の供給量とその供給に要する費用の関係を示した
ものが費用関数である。この供給者が利潤最大化するように供給量を決定
するという仮定（公準）に立つと、費用が増加している領域で、市場価格
が自らの限界費用（供給量を極めて小さく 1 単位増加させた時の費用）
に等しいところがこの供給者の供給量となる。これを市場全体で集計して
市場価格と供給量との関係を示したものが市場供給関数で、図 2-1 では右
上がりの直線 S が供給曲線になる（一般に、市場価格が上昇すれば供給

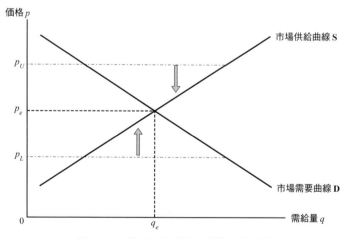

図 2-1　市場における需要と供給、市場均衡

出所：筆者作成。

量は増加する）。

　もしもある時点において、図 2-1 の市場で p_U という価格がつくと供給量が需要量を上回る（超過供給）ために需給の差に応じて価格は低下していく。また逆に p_L という価格がつくと需要量が供給量を上回る（超過需要）ために需給の差に応じて価格は上昇していく。こうした調整の結果[4]、市場価格は需給が一致する点に落ち着き、この時の価格 p_e は市場均衡価格とよばれる。このようなはたらきを「市場機構（マーケット・メカニズム）」といい、あるいは価格がシグナルとなって需給が調整される役割に着目して「価格機構（プライス・メカニズム）」ともよばれる。

　市場機構が円滑に機能するとき、経済的にはもっとも効率的で社会的に望ましい状態が実現できる[5]（専門的には「社会的余剰が最大化される」という）。よく「自由化が望ましい」といわれるが、これは「自由市場での市場機構の円滑な機能を通じて社会的に望ましい状態が実現できる」という期待に基づく見方である。

　このように市場機構がもたらす成果はとても素晴らしいものであるけれど、ただし市場機構が円滑にはたらくためにはいくつかの条件がある。第 1 に取引される財の品質やサービスがまったく同じで、供給者の間にもまったく差がないこと、第 2 に情報が完全であって市場価格や取引対象の財の性質などのすべての情報がすべての供給者とすべての需要者に平等に知られていること、第 3 に特定の供給者ないし需要者の行動が取引価格水準にまったく影響を与えないこと、逆に言えばすべての供給者と需要者は取引価格が（あたかも天によって決められたかのように）与えられたものとして行動すると仮定する（これを「プライステイカー」の仮定という）。この仮定が成り立たないような状況は、たとえば売手である供給者が 1 社しかおらず（「売手独占」の市場）自社の利益を最大化するように好きな価格を設定できる状況や、売手としての供給者の数が少なく（「売手寡占」の市場）その行動が市場へ与える影響力が大きい（これは「市場支配力がある」などといわれる）状況などであって、これらは「不完全競争」の状態と総称される。不完全競争は市場機構のはたらきを妨げるので、もしもその問題の程度が大きい場合には、たとえば法的措置や規制対応などの形で何らかの対処策が講じられることになる。売手が独占や寡占ではない、

すなわち多数の供給者が存在するという状況は、その市場への参入と退出とが自由で、制約や障害がまったく存在しないという条件によって担保される。

　また、以上の諸条件のほかにも、市場機構のはたらきを十分に発揮できなくしてしまう要因がある。たとえば、①公害のように市場での売買取引を経ずに他者へ影響が及ぶような場合（このように、他人に与える損害や利益が市場取引内部で扱われない場合を「外部性がある」という）、②生命保険のように加入する当人と引受ける保険会社との間で知識や情報（保険金支払いの確率に影響する当人の健康状態など）に差がある場合（このように、取引に関するリスクのタイプなどの保有情報に取引当事者間で差がある場合を「情報偏在ないし情報の非対称性がある」という）、③一般道路の利用のように多くの人が同時に使えて、しかも利用料金を払わない人に使わせないようにできない財（このような財を「公共財」という）などがある。先述の不完全競争やこうしたさまざまな要因で市場機構が本来の機能を十分に発揮できないような場合を総称して「市場の失敗」という。

　ここで注意しておく必要があるのは、市場機構が完璧に機能する市場（これを「完全市場」という）も、逆にまったく機能しない市場も、それぞれが抽象概念であって実際の純粋な形はまずあり得ないということだ。先ほどあげた例を見てもわかるように、市場取引外の要素（外部性）も、取引主体間の情報格差（情報の非対称性）も、また複数の人が同時に利用できるかあるいは特定の人のみが利用できるか（公共財かどうか）の要素も、いずれも「妥当する程度の問題」であって、実際にはすべての市場が「不完全」な要素を多少なりとももっているグレーゾーンにあり、また、たとえば供給者が市場に何社あってそれぞれのシェアがどのような状態を「寡占」として問題視するべきか否かという点についても、明確に線引きするのは難しい。現実の市場がどの程度、完全競争市場の状態で近似できるかは、産業の特性や市場の実態などを踏まえてケース・バイ・ケースで判断する必要がある。政策などで個々の具体的な市場を論じるにあたっては、まずは丁寧に状況を観察・分析することが重要で、それを欠いてしまうと実態を踏まえない見当外れの空論に陥るおそれがある。

(2) 公的規制の種類と概要

　市場の失敗を是正・補正するために、政府が市場における供給者の行動に関与・干渉することが公的規制[7]であり、植草（1991）によって公的規制は表2-1のように分類されている。狭義の公的規制は政府（行政官庁）が許認可等の法的手段によって経済主体としての供給者の意思決定に直接介入する「直接規制」であり、経済的規制と社会的規制に大別される。経済的規制は、自然独占性や情報偏在が存在する分野において資源配分非効率の発生の防止と需要者の公平性の確保を主な目的として、供給者の参入・退出、価格、サービスの量と質、投資、財務・会計等の行動を許認可等の手段によって規制することをいう[8]。また社会的規制は、労働者や消費者の安全・健康・衛生の確保、環境の保全、災害の防止等を目的として、財の質やその提供に伴う各種の活動に一定の基準を設定したり、特定行為の禁止・制限を加えたりするほか、基準認証制度等を設けて規制することをいう[9]。他方、経済主体の意思決定に直接的には介入せずに市場機構の機能を阻害する行動を制限するなどの規制を「間接規制」あるいは「ルール型規制」といい、主に独占禁止法の競争政策等がある。

　公益事業に関する規制議論においては、直接規制、特に経済的規制がこれまで中核となってきたが、現代では、地球環境問題、原子力安全、自然

表2-1　広義の公的規制

項　目		主目的	主要政府活動
間接規制			
	不公正競争規制	不完全競争への対応	独占禁止法、民法、商法等による独占行為等の不公正競争行為規制
直接規制（狭義の公的規制）			
	経済的規制	自然独占等への対応	公益事業規制等における参入・退出、価格、投資等の規制
	社会的規制	外部性・非価値財への対応	公害防止、環境保護、健康・安全確保、麻薬取締、火薬取締等

出所：植草益（1991）p. 26 をもとに作成。

災害対応やレジリエンスへの問題意識の高まりなどから社会的規制について論じられることも多い。また間接規制については、従前の直接規制が一部ルール型規制へとシフトする例もあるほか、特に競争政策に関しては、グローバル化の更なる進展やネット取引の隆盛、プラットフォームの重要性が増していることなどを背景に、公益事業に関わる領域でもさまざまな議論が活発化しており、本書の後段でも事例の一部が紹介されている。なお、課税や補助金、情報提供等の金銭的・非金銭的手段を通じて経済主体の行動を誘導することは「公的誘導」とよばれるが、近年の行動経済学における「ナッジ」（選択構造の設計手法）の活用等を公益事業に関して応用する動きなどもある。

　ここで代表的な経済的規制について概観しておく。①参入規制は、後述する「自然独占性」をもつ産業の「規模の経済性」を確保して効率性を高める観点から、市場で活動しうる供給者数を制約し、特定の供給者に活動を認めることである。②退出規制は、①の参入規制を課した産業の供給者が市場から退出してしまうと供給確保が困難になると見込まれる場合に実施される。③価格規制は、資源配分効率や社会的余剰の観点から、価格（規制産業では料金とよばれることが多いため、以下「料金」という呼び方を併用する）の水準と体系とを規制することである。④財の質に対する規制は、主に消費者保護の観点や健全な事業の発達の観点から規制され、⑤投資規制は、過大な投資による価格への影響や過度な競争による悪影響の回避を狙いとして供給者の投資を制限し、さらに⑥財務・会計等の規制は、適正な業務執行、消費者保護の観点、健全な事業の発達の観点などから設けられている。

　次に社会的規制については、健康・衛生の確保、安全の確保（自然災害の防止、産業・労働災害の防止、交通事故の防止、製品・サービス事故の防止など）、そして公害防止・環境保全などが、産業横断的で広範な分野にわたって実施されており、そのスコープは地球温暖化などのグローバルな問題にも及ぶ。社会的規制の根拠は、リスクへの対処、公共財、非価値財、外部性、情報の非対称性などの「市場の失敗」であり、公益事業に特化されない一般的なものが多い。なお、社会的規制については経済的規制と必ずしも明確に峻別できないことがある[10]ことに注意しておく必要がある。

　規制の手段は法律に基づく許認可等の制度が基本となる。政府（行政官庁）などの規制者の関与の大きさによりさまざまな強さをもつ規制があり、もっとも強い規制は、許可、認可、免許、承認、指定、承諾などの、一般的な禁止を特定の場合に解除する行為や特定の権利等を設定する行為などである。次に、認定、確認、証明、認証、試験、検査、検定、登録、審査などの、特定の事実や行為などがあらかじめ定められた基準等を満たしているか審査・判定し、これを公に証明する行為等があり、さらには、届出、提出、報告、交付、申告などの、一定の事実を規制者に報せ、規制者はそれを確認・受理するという手続きがある。[11] 一般に「自由化」とよばれる規制改革では、たとえば従来許認可を要した行為が届出のみで良いと制度変更されるなど、これらの規制手段が強いものから弱いものへと再設計されることが多い。

(3) 規制の根拠と留意点

　規制の根拠はこれまでみてきたように「市場の失敗」にある。伝統的な公益事業規制の根拠として第 1 にあげられてきたのは、市場において供給者が 1 社のみ（独占）であることが技術的・経済的理由で支持される場合であり、これを「自然独占性がある」という。この技術的・経済的理由として次のようなものがある。①空港滑走路や通信の周波数のように資源が希少である場合。②巨額の設備・装置を必要とするなどにより供給規模が拡大するにつれてアウトプットの財 1 単位当たりの平均的な費用（平均費用）が低下する領域に供給量がある場合（これを「規模の経済性がある」という）。③複数の財を供給するケースで、それぞれを単独で供給するよりも複合的に供給する方が要する費用が小さくなる場合（これを「範囲の経済性がある」という）。④供給のために高額の大型設備などが必要で、いったんそれらを購入した後は、他者への売却等もできずに投下した費用の回収が困難な場合（これを「費用の埋没性ないしサンクコストがある」という）。

　次に、公益事業規制の根拠として、当該事業の「公益的な性質」があげられることがあるが、これは経済学的な概念としての「公共財」とは異な

り、たとえば「生活に必要不可欠だ」という必需性や、「多くの人々があまねく使う」という公衆性などを指すように見受けられる。その判断には主観的・相対的要素が多く含まれてしまい、またこれらの判断はしばしば市場機構の枠外で捉えられることが多いことなどから、規制の根拠としては問題が多い。たとえば電気通信事業における「ユニバーサルサービス」は、固定加入電話などの生活必需的な財をわが国の誰もが地理的にも経済的にも合理的に利用可能であることを担保する基金制度を設けているが、これらは経済的規制の根拠というよりもむしろ福祉問題や地方公共財供給選択の問題として整理されよう。また、競争構造をもつ産業に対する規制の根拠としてはほかに、供給の量・質・価格が安定して保たれること（供給安定性）や、供給条件などが需要者間で非合理的な差がないこと（公平性）などもあるが、これらも含めて漠然とした価値判断の議論になりがちであるので、実際の規制を考えるにあたっては、実態をよく観察してその根拠を冷静に検討する必要がある。

　以上のように、経済的規制の主たる根拠は規模の経済性等に由来する自然独占性にあるが、その技術的・経済的理由に関係する主な概念と留意点についてもあらためて簡単に述べておく。

　①の資源の希少性は主に物理的制約によるものであるが、たとえば技術進歩や代替的資源の利活用の拡大などにより、市場における相対的な希少性の程度が変化しうる可能性があるため、その規制根拠としての妥当性も時とともに変わり得ることに注意が必要である。

　②の規模の経済性については、規制対象とする市場の範囲をどう考えるかという問題がある。たとえば電気事業は、扱う財の物理的性質[12]から伝統的に発電・流通・小売を垂直一貫して行う１つの事業として捉えられ、自然独占性を有する公益事業として公的規制の対象とされてきたが、分散型電源の相対的な経済性の向上やITの進展等に伴う取引費用の低減などを背景に、発電分野・送配電ネットワーク分野・小売分野をそれぞれ別の市場として切り分けて再規制する考え方が生じ、現在ではわが国の電気事業について自然独占性を主な根拠とする規制は送配電ネットワーク分野に限定されている[13]。

　また③の範囲の経済性については、複数の財を供給する場合にそれらに

共通する費用がかかることが多いので、その共通費用をそれぞれの財にどのように分けて考えるか（費用配賦の問題）が重要な論点の1つになる。たとえば需要者のタイプの別（ビジネス利用であるか一般家庭の利用であるかなどの需要形態の違いや、都市部か中山間地域かなどの需要場所の地理的条件の違いなど）をそれぞれ単独の財とみてそれらを複合供給すると考えた場合、共通費用の分け方によってそれぞれの供給に必要な費用の額は変化して、それぞれの財市場での競争条件に影響を及ぼす。公益事業においては、その公益的な役割への期待感から不採算部門についても財を供給継続することが望まれることがあるが、同一供給者において当該事業を持続的に経営するためには採算部門から不採算部門への何らかの補填（「内部相互補助」）が必要となる一方で、特に採算部門には利益期待から新規参入が集中する傾向がある（こうした現象は「クリームスキミング」などとよばれる）。またネットワーク型供給システムを有する公益事業において、一部の採算部門にのみ参入が集中し、あるいは別の政策目的をもつ公的誘導（たとえば環境問題を意識した再生可能エネルギーの導入政策など）の結果などによって、かつては全体として経済的に維持し得ていた供給システムの採算が加速度的に悪化していく問題（第6章で「デススパイラルの問題」として後述）なども近年ますます懸念されている。

　④の費用の埋没性については、たとえば航空産業において航空機のリースや中古市場の存在が費用の埋没性を緩和し、競争可能な市場（「コンテスタブル市場」）であるとの見方が1980年代以降に定着し、[14]それまで独占的構造になりやすいと一般に考えられていた産業についても競争に対する期待がもたれるようになった。

　なお、以上の自然独占性を根拠とする直接規制の経済的規制に関する留意点に加え、間接規制としての不完全競争への対応についてもふれておきたい。公益事業については一般に各事業法による規制が行われるため、従来は独占禁止法の適用除外とされるなど一義的には直接規制の枠組みが主とされてきた。しかし規制改革の進展に伴い市場機構に委ねる領域が増大すると、当該事業法の枠を超えて、当該領域における不完全競争の問題にどう対処するかが改めて問われることになる。先ほど述べた規模の経済性が存在し、加えて設備形成費用の埋没性が大きい事業において、当該事業

を営むうえで必要不可欠な設備（「エッセンシャル・ファシリティ[15]」）が存在する時、新規参入者が新たに設備を形成することは一般に容易ではないため、当該設備を保有する供給者が競争相手に対して当該設備の利用を正当に認めるか否か、また認める場合の利用条件が適正か否かについては競争政策上重要な論点となる[16]。もし仮に競争相手の事業活動を排除することによって競争を制限するとか、競争相手に対して不当な差別的取扱いや不当な対価での取引を強要するような場合は、間接規制である独占禁止法違反に問われることになる。

さて、規制根拠の妥当性が時代と共に変わり得ること、歴史的に規制の根拠とされてきた技術的・経済的理由も進歩や新たな工夫などによってその根拠としての合理性が薄れ得ることについて先に述べたが、その具体的な姿は本書の他章で紹介されるとおりであり、規制の根拠の変容等を背景にして従前の規制が緩和ないし撤廃される「自由化」が多くの公益事業で進んできた。しかしながら先述のとおり、従前の規制を緩和ないし撤廃したからといって完全に自由な市場に移行するということは実際的に考え難く、多くのケースにおいては従前の規制に代わる何らかの形での制約がプレイヤーに課される「再規制」の形態をとる。たとえば従来は自然独占性を有すると考えられていた垂直一貫体制の電気事業者が解体（アンバンドル）され、送電ネットワーク分野に自然独占性を認めつつも、他の発電・小売は自由化するという一連の規制改革の段階において、品質確保や将来にわたる安定供給確保等を担保するための補完的市場を整備し、その円滑な機能を担保するための各種の施策は新旧の各プレイヤーに対して従前とは異なる新たなルールを課すものである（詳しくは第6章を参照）。あるいはまた、従来の経済的規制の中にある種の福祉政策的意味合いが含まれていた場合（たとえばユニバーサルサービスの確保や低所得層に対する料金上の配慮など）、経済的規制の緩和ないし撤廃によってこれが維持されなくなることがあり得るために、新たに公的誘導等の政策が講じられることがある。これは透明性が増すという点では国民経済的にプラスになり得るが、他方で別政策として新たに規制が課されることで従前以上に他のステークホルダー（利害関係者）の介入を招いたり資源配分効率を損ねたりすることも懸念されることに注意が必要である。

　規制の緩和ないし撤廃、再規制、すなわち規制システムの見直しが時代と共に進むことは当然であり、現代から未来にわたるデジタル活用の一層の進展や予想される社会的諸課題などを考慮すれば、その見直しは今後ますます速く大きく進んでいくと思われるが、その新しい規制システムの目的や手段、機能などについては十分な議論を重ねて合意形成を図っていく必要がある。過去の規制改革の議論の中で、規制者が被規制者によって影響を受ける懸念（「規制の虜」）が取り上げられたことがあるが、たとえば規制者は、政治的プロセス、国民世論、官僚機構の評価システムなど、ほかの要因によっても影響を受ける可能性があり、仮にその結果として効率性や社会的厚生が損なわれるようなことがあればそれは「政府の失敗」ないしは「規制の失敗」とよばれる状況になる。今後の規制システムの見直し変革が一層速く大きく進んでいく中では、同時に産業構造等の変化も伴うため、狭義の経済的規制の根拠を離れて、わが国のかつての成長期にみられたような「産業政策」的な意味合いをもつ政策が立案・施行される可能性があることなどにも一定の留意をしておく必要がある。

3　経済的規制の基礎理論

(1) 料金水準の決定方式

　公益事業において価格は通例料金とよばれ、料金規制は経済的規制の中核となる。先述のとおり、経済的規制の主たる根拠は規模の経済性等に由来する自然独占性にあり、その経済的理由となる規模の経済性が存在する領域では、供給規模が拡大するにつれてアウトプットの財1単位当たりの平均的な費用（平均費用）が低下していく。すなわち、図2-2において、平均費用曲線 **AC** が右下がりになる。供給に必要な固定的費用が存在し、かつ規模の不経済が存在しないような状況で、このように平均費用曲線が右下がりの領域となり、このときアウトプットの財を追加的に極めて小さく1単位増加させた時の費用（限界費用）が平均費用を下回っている。[17]
　ところで、本章の冒頭で述べたような市場機構が機能している時は、供給者は市場価格を与えられたものとして行動するプライステイカーであ

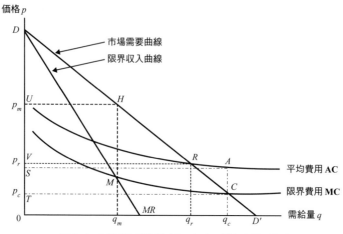

図 2-2　平均費用低減領域における料金水準の決定

出所：筆者作成。

り、その市場価格が自らの限界費用を上回っている限りは自らの供給量を
増やすことで追加的な利潤が得られるため、限界費用が需要量に一致する
まで企業はその供給量を増やし、需要曲線と限界費用曲線とが交わる点
（図 2-2 では点 C）が競争的な均衡となる。このように限界費用水準に等
しく料金を設定することを「限界費用料金形成」という。このとき「消費
者余剰」（需要者が支払っても良いと考える価格と実際の市場価格との差
を「得をした分（余剰）」と考えて、これを需要曲線上に位置するすべて
の需要者について合計したもの）は最大となる。

　しかし残念ながら、点 C の供給量と料金の組み合わせ (q_c, p_c) は均衡と
して維持できない。なぜなら、企業が q_c を供給するにはその平均費用（点
A）の水準のコストがかかるので、料金が p_c の水準にあれば 1 単位当たり
線分 AC、供給量について合計すると四角形 $ACTS$ だけの赤字が発生して
しまうからである（赤字になるこの面積は供給量によらず必要となる固定
費総額に相当する）。そこで、企業の収支が均衡するように制約を課し、
供給量に見合う平均費用がカバーされる水準に料金を設定する考え方があ
る。これを「平均費用料金形成」といい、図 2-2 の点 $R(q_r, p_r)$ がその水
準となる。このとき、限界費用料金形成で実現する点 C に比べて供給量

が少なくなり料金は高くなるので消費者余剰は減少する。このため平均費用料金形成は、社会的厚生の観点から最善（ファースト・ベスト）の限界費用料金形成に次ぐ次善（セカンド・ベスト）の料金水準決定方式である。

　こうした平均費用料金形成の具体的な方式として、公益事業においては「公正報酬率規制（公正報酬率：Rate of Return の略称から ROR 規制ともいう）」を伝統的に採用してきた。公正報酬率は経済学の「機会費用」に対応するもので、その公益事業に投じていなかった場合にほかの資産に対する投資機会で得られたであろう収益率に相当する。その公正報酬率を「レートベース」（その公益事業に本当に必要とされ実際に有効に使われる事業資産）に乗じたものが「公正報酬」すなわち「適正利潤」となり、料金収入は供給のために使われる真実かつ有効な適切な原価（「総括原価」）に適正利潤を加えた水準に決定されることから、こうした料金水準の決定方式を「総括原価方式」ないし「総括原価主義」ともいう。よく誤解される点として適正利潤を会計上の利益と混同することがあるが、料金水準が総括原価と適正利潤の和に等しく決定されるということは超過利潤がゼロということを意味している。

　なお、料金規制がなく、供給者が市場を独占して自由に料金設定できる場合を考えると、供給者はもはやプライステイカーではなく自らの利潤を最大化するように料金設定するから、限界収入（極めて小さい 1 単位の追加供給量から得られる収入増分）が限界費用に一致するまで供給され（図 2-2 の点 M の供給量の q_m）、料金はその時の需要曲線の高さ（図 2-2 の点 H の料金の p_m）に設定される（「独占的価格設定」）。このときの消費者余剰は図 2-2 において三角形 DHU の面積に等しく、先の平均費用料金形成の三角形 DRV、限界費用料金形成の三角形 DCT に比べて相対的に小さい。このため、1 社に生産を集中した方が規模の経済性を発揮できるような自然独占性を有する産業においては、独占の弊害を防ぐための料金規制が正当化される。

(2) 各種の料金体系

　植草（1991）p.96 は「料金体系」を次のように概観している。

　料金体系とは、単一のサービスを提供している産業において、費用の構造（固定費と変動費の割合等）や需要の構造（家庭用、業務用および産業用や少量需要と大量需要等の需要種別、ピークとオフピークの需要負荷別等）を考慮した各種料金の構成をいい、また異なる生産・供給設備で異なるサービスを提供する産業においては、サービスごとの料金水準の構成および上記の費用構造および需要構造を考慮した料金体系をいう。

　料金体系は線形料金と非線形料金とに大別できる。線形料金は料金を需要量や最大需要規模の線形関数として表現できるもので、需要量によらず定額で課される定額料金制や、需要量に一律の単価を乗じて求める均一従量料金制がある。非線形料金は需要量単位当たりの料金（料金単価）が必ずしも一定とはならないものの総称であり、公益事業で多く用いられる例として二部料金がある。これは需要量とは無関係の固定的料金を基本料金として課し、これに加えて需要量に応じて変動する可変的な料金を従量料金として課すもので、伝統的には先ほど述べた費用逓減領域において限界費用料金形成を行った場合に赤字が発生することについて収支を均衡させる発想で考案されたとされる。すなわち固定費総額（図 2-2 の四角形 $ACTS$ の赤字部分）を需要者の総数で割って基本料金とし、従量料金を限界費用水準に等しく定めて二部料金とすることで点 $C(q_c, p_c)$ が実現できる。

　固定費比率が著しく高い電気事業などにおいて、二部料金の基礎的な理論に従ってそのまま基本料金を設定しようとすると著しく高い基本料金水準となって需要の機会が失われたり、不満が高じたりする需要者が生じかねない。実務的には需要者の受容性にも配慮されつつさまざまな料金体系が考案されてきた経緯がある。たとえば都市ガス産業における段階別逓減従量料金制は、月間使用量の多寡に応じていくつかの段階的に変化する基本料金と、同様に使用量に応じてそれぞれ逓減していく均一従量料金とからなる複数二部料金（図 2-3 に例示）が多く採用されている。段階別逓減従量料金が規模の経済性を根拠とする平均費用の逓減状況を考慮したものとしばしば説明されるのに対して、たとえば家庭用電気料金で採用されてきた三段階逓増料金や水道・下水道料金で採用されてきた多段階逓増料金

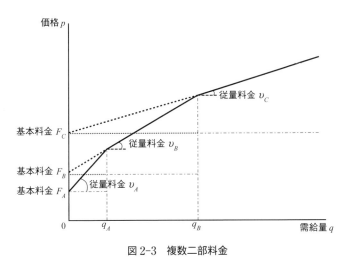

図 2-3　複数二部料金

出所：筆者作成。

などの段階別逓増料金には、節電や節水といった資源節約的な意味合い
や、月間使用量の少ない需要家に対する福祉政策的な意味合いがあると説
明されている。

　次に、需要者のタイプを需要量の多寡や需要負荷のパターン（ピークと
オフピークの需要負荷の形状など）などによって区分する料金体系があ
る[18]。公益事業では、家庭用、業務用、産業用などの用途、1年の季節、1
日の時間、1週間の平日／休日、さらには混雑時間帯／閑散時間帯の別な
どによって、それぞれ異なる料金制度が適用される例がある。こうした料
金体系は需要のタイプ別に異なる料金を課すことから「価格差別[19]」の一
種とも捉えられるが、一般に価格差別は企業が消費者余剰の回収を目的と
して行われる行為を指すのに対して、料金理論における需要種別の料金体
系等は被規制企業の固定費回収等を目的とするものとして区別して考えら
れている。

　こうした料金の算定プロセスについてみると、まず総括原価を計算し
て、次にそれを個別の原価計算によって需要種別ごとへの原価配分を行
い、契約種別ごとに料金率を決定するという手順で計算される[20]。このよ
うに個々の適正な原価を適切に配賦して料金率を算定することは伝統的に

「個別原価主義」とよばれてきた。個別原価の計算にあたっては、複数の需要種別に対する供給に共通してかかる費用を個別の需要種別に対応する原価へ配賦しなくてはならない。この方法として一般的にはそれぞれの需要種別に対する供給のために要した活動量や資産の用いられ方などを基礎として可能な限り合理的に共通費用が配賦されるが、なかには必ずしも明確に区別できないものもあり、また先述の範囲の経済性が存在する場合にその寄与度が特定困難な場合があるといった問題もある。料金規制が緩和された状況で、もしも個別原価主義によらないで需要のタイプ別に異なる料金を課すような場合には、共通費用を恣意的に配賦して不当に内部相互補助を行っていないかどうか、また上述の価格差別のように不当に消費者余剰が供給者に回収されていないかどうかなどの点を注視する必要がある。

(3) インセンティブ規制

公益事業においては先述のとおり公正報酬率規制（ROR 規制）が伝統的に料金規制の中核として採用されてきたが、この方式は単なる費用積み上げ方式とは異なり料金認可期間を通じての費用低減を供給者に促す機能を有するものの、①供給者の内部効率化のインセンティブ（報奨や罰則などの誘因）が弱いこと、②規制関連費用が肥大化しがちで、また規制当局に裁量余地があることで非効率性等が懸念されること、③投入要素の配分非効率（供給者が相対的に資本を多く用いる技術選択をしがちな傾向）が懸念されること、等の問題がある。これに対して料金制度に関する「インセンティブ規制（誘因型規制）」は、供給者に効率化努力を促してその成果の一部を供給者に与え、また所期の成果を達成できない供給者に対しては罰則を与える仕組みである。成果を基準としてその一部や罰則を与えることから「成果基準規制（Performance-Based Regulation: PBR）」ともよばれ、実務面では多様な形態が存在している。

公益事業において適用事例が多いインセンティブ規制として「プライス・キャップ規制（価格上限規制）」がある。この基本的な考え方は、公正報酬率規制による原価査定を伴う料金改定を廃止して、事前に規制者と被規制者とが一種の料金改定契約を結んで、この契約料金を上限とする範

囲で被規制者に自由な料金改定を認めるものである。この規制が複数財を供給する事業に適用される場合、上限価格は適用対象事業の加重平均に設定され、改定後の加重平均料金がその上限価格を下回る限りは自由に料金改定できる。上限価格の事前設定のもっとも基本的な形態では、従前の料金水準に物価上昇率と生産性向上率の期待値を加除する。このほか、たとえば原料費変動、税制等の制度変更、投資調整、品質評価などの要素が加味されて、適用される事業や国・地域等によって多様な制約式が採用されている。プライス・キャップ規制は、被規制者の効率性向上インセンティブの付与、料金改定の柔軟性と規制費用の削減が可能であるという利点がある。他方課題として、適正な価格上限設定の困難さや制度の複雑化、料金が上限にはりつく懸念、品質確保の懸念などが指摘されてきた。

　なお、規制者と被規制者との事前契約において被規制者が自由に改訂できる上限範囲を定めておく方法は、その対象を価格とする以外に収入や利益率などにするバリエーションがある。収入上限（レベニューキャップ）を事前に設定する方式の場合、今後の人口減少等に伴う縮小均衡的な経済社会の到来が予想される下では、単価を規制するプライス・キャップ規制とは異なり、柔軟な単価の変更によって被規制者に対する影響が緩和される可能性がある（ただし、あらかじめ需要量減少を見越した収入上限を設定する場合や、収入上限設定期間中の需要変動に対する機動的な調整ルールなどを設定する場合には、この限りではない）。また利益率の上限を事前に設定する場合には、想定利益と実績利益率との関係によって需要者（の代理人としての規制者）と供給者（被規制者）とが利益を分配するプロフィット・シェアリングとよばれる方式の1つとなる。

　またこのほかに、ヤードスティック規制とよばれる仕組みがある。これは比較基準（ヤードスティック）を用いて供給者間に間接的な競争を惹起して費用削減努力を促す方式で、比較基準には間接的な競争相手の費用や費用削減努力の水準の平均値などが用いられる。わが国の公益事業においては、電気事業、都市ガス事業、大手民鉄などで料金査定の際の1つのプロセスとして採用されているが、純粋な理論を実務に応用することは必ずしも容易ではなく、相互に比較対象となる被規制者の同質性を確保する目的で需要条件等によって類似の被規制者をグループ分けすることなどが行

われるため、規制者の裁量余地や比較可能な供給者数が少ない等の問題が
ある。

(4) 参入・退出規制とその他の経済的規制

　以上本節(1)項から(3)項で述べてきた料金規制が公益事業に対する経
済的規制の中心となるが、それぞれの事業に対する事業規制として、第2
節で概観した参入規制、退出規制、質に対する規制、投資規制、財務・会
計等の規制が課されている。

　各事業に対する規制の基本は各事業法に規定され、各事業法はその目的
としておおむね「事業の運営を適正かつ合理的なものとして、消費者の利
益を保護し、事業の健全な発展を図る」旨を記載している。この経済学的
な解釈について、植草(1991)は、「事業の適正かつ合理的な運営」に関
して、自然独占分野の産業における独占企業の市場支配力の濫用(独占的
な価格設定や価格差別およびサービス供給における顧客の差別的取扱い)
の防止による資源配分効率の達成と、企業の内部効率の確保とを規制の目
標として指摘している。また「消費者の利益保護」に関しては、独占的価
格設定、価格差別、内部相互補助および差別的取扱いによる所得再分配効
果の回避を指摘して、「事業の健全な発達」に関しては、企業の長期的観
点での適切な投資を可能にする企業財務の安定化を指摘している(以上、
同書 pp. 62-64 の趣旨を抜粋)。

　市場で活動しうる供給者数を制約する参入規制は、先述のとおり自然独
占性をもつ産業の規模の経済性を確保して効率性を高める目的のものや、
たとえば空港離発着枠や周波数などのように資源の希少性がある場合の割
当などに加えて、競争的な構造をもつ事業においても過度な競争防止の観
点から規制者が当該事業の市場における需給バランスを見て参入を制限す
るものがある(いわゆる需給調整規制によるもの)。また参入供給者数を
制限することによる競争の制限に加え、需要者保護を目的とした参入資格
要件の設定なども広義の参入規制といえよう。

　退出規制は、特に自然独占性が強い事業において参入規制がある場合
に、その企業が市場から退出すると供給確保が困難であると見込まれる場

合に「供給義務」などを当該企業に課す形で実施される。退出規制は一義
的には事業継続に関しての規制であるが、経済的には、すでに供給してい
る需要先への供給継続、新たな供給申込がある場合に応諾する義務、基本
となる供給条件の設定などもこれに類するものである。こうした規制の対
象となる事業者は、自由市場に委ねた場合に、生活必需的な財の供給が受
けられない需要者が生じるのを防ぐことなどを目的とした、いわゆる「ラ
ストリゾート」とよばれる存在となる。これは「国民生活に不可欠なサー
ビスが、全国あまねく（地理的利用可能性）、誰もが利用可能な料金など
の適切な条件で（経済的利用可能性と、非合理に差別的な価格設定や品質
等の差別的取扱いを排除する非差別性）、安定的に供給が図られるべき」
とする「ユニバーサルサービス」の考え方につながるものである。広義の
退出規制を課す場合、企業の長期的観点での安定的な事業の継続が求めら
れることから、先に述べた「事業の健全な発展」に関わる施策にも併せて
留意する必要がある。

　財の質に対する規制の手順は、事業法などにおける業務規制などで一定
の質の確保を担保し、事業の監督・監査などでチェックされ、質の維持が
図られていない場合は業務命令や罰則等が課されることになる。電気の品
質（周波数や電圧など）のように技術的に明確に線引きできるタイプの質
もあるが、混雑度や快適性など定義や測定が困難なタイプの質については
曖昧さが増すため、これらが参入規制やインセンティブ規制などに結びつ
く場合は、特に注意を要する。たとえば質の確保を目的に需給調整的な対
策を講じる場合は、目的に曖昧さが含まれてその判断・適用には規制者の
裁量余地が大きいことから、その是非について議論になりやすい。

　投資規制は、過大な投資による価格への影響や過度な競争による悪影響
の回避を狙いとして供給者の投資を制限するものであり、特に自然独占性
を有する分野では二重投資の回避が重視される。また装置型産業の性格を
もつ公益事業では、投資の意思決定から稼働までのタイムラグが市場の需
給に与える影響を考慮して、二次的市場の整備や何らかの投資シグナルを
発する方策などが講じられる。

　財務・会計等の規制は、適正な業務執行などを担保するために事業規制
などで規定されており、たとえば顕著な装置型産業の特色をもつ場合など

に一般事業会社とは異なる会計ルールが適用されている[21]。

4 社会的規制の基礎理論

(1) 安全とリスク（安全規制の考え方）

　社会的規制はすでに述べたとおり健康・安全・環境（頭文字をとって「HSE」ともよばれる）の確保等を目的として、財の品質・提供などの各種活動に何らかの基準を設定したり制限を加えたりする規制である。公益事業はその扱う財（電気・ガス・水道や、航空・鉄道等の運輸など）が需要者に直接大きな影響を与える可能性などから特に安全確保が重視されており、たとえば電気事業に対する規制の歴史を紐解くと経済的規制に先立ち安全確保を目的とする社会的規制が実施された経緯[22]などもある。公益事業の安全規制（歴史的に「保安規制」ともいわれる）においては、財（製品・サービス）の安全品質、それらを製造・提供するための設備・機器類、用いる原材料や、それらを安全に保つための仕組み（検査や監査等のシステムなど）を対象として、その財の供給事業者に対して、事業の許可・登録・届出、基準の設定・適合義務、検査・検定・型式承認・認証などの手段で社会的規制が実施されている。

　安全規制の経済的な考え方の基礎となる説明を図2-4に示した。横軸には規制によって要求される安全基準の程度を、縦軸にはその基準を達成するための費用とリスク（生命や経済社会にとって望ましくない事象・結果の不確実さの程度）の貨幣的な経済的評価額をとっている。安全について何も対策を講じない場合の初期値を R_I とし、規制要求水準を大きくするほどリスクは低下するが、どれほど要求を強めてもすべてのリスクを完全にゼロにすることはできない。また要求水準が強まるほどそれに応えるための限界費用は増加すると考えられ、費用曲線は図のように逓増的な形になるだろう。社会的にみて効率性の観点で最適となるのは、リスクと費用とを垂直方向に足し合わせた曲線（図中の **R＋C**）が最小になる点[23]であり、このとき安全基準の水準は S_E に決定される。なお、実際の望ましい安全目標水準の議論においては、これらリスクや費用についての知識は規

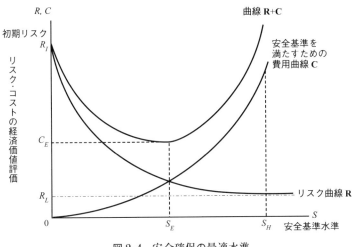

図2-4　安全確保の最適水準

出所：筆者作成。

制者にとって限定的であり、またリスクの許容性の程度[24]や生活者の受容性の程度などの考慮すべきさまざまな事項が存在して、これらはその時々の技術や意識などにも立脚するので、社会や時間と共に考え方は変化しうる。一般的な安全とリスクについてはもとより、たとえば原子力発電の安全性などのようにその影響範囲と影響程度が広範かつ重大な懸念に及ぶような対象については、その検討プロセスの透明性や科学的合理性などにも十分に留意して、社会や時代に応じて特に丁寧に議論を展開していく必要がある。

　さて、規制改革の方向性として、可能な限り直接規制を軽減し、市場機構を重視するという傾向がある。たとえば、かつては許認可型の厳しい直接規制だったものが、補助金等の経済的手段や経済的価値を付与して取引するなどの誘因型・誘導型規制に変化し、さらには事前にルールを定めて事後的な罰則や損害賠償で対応する間接規制（ルール型規制）へ移行する、という動きである。また同じカテゴリーの規制の中でも、たとえば仕様基準（機能や性能を満たすための具体的な設計要件を定めた基準）から性能基準（期待する機能を数値や指標に変換してその能力を定量的に表現した基準）へと移行が進むなど、より事業者側の自主的裁量余地を高めようと

する傾向がある。これにより、最新技術等への柔軟な対応、事業者の安全確保費用の効率化、また副次的効果として自主保安意識の高まりや安全文化の醸成等が期待されている。

(2) 環境と外部性（環境規制の考え方）

安全規制がリスクや情報の非対称性への対処を主な目的とするのに対して、環境規制は主に負の外部性や情報の非対称性に対処する目的をもつ。あらためて外部性とは、ある経済主体（たとえば供給者）の行為が市場機構を媒介せずに（市場の外で）他の経済主体に対して付随的な効果を及ぼす現象のことをいい、市場機構の効率的な資源配分が損なわれることを意味する。特に公害や地球環境問題などのように、他の経済主体に対してマイナスの効果が及ぶ場合を「負の外部性」あるいは「外部不経済」があるという。このとき、負の外部性を発生させる源の経済主体は、自身が認識する私的費用と自身にとっての私的便益とを勘案して、生産などの自らの活動量を決定するが、実際はその活動に伴ってマイナスの影響（たとえば公害や温室効果ガスの排出とこれに伴い引き起こされる社会的な悪影響など）が社会に及んでいるので「社会的費用」は私的費用以上に大きくなっている。

図 2-5 は限界費用（活動量を極めて小さい 1 単位だけ追加したときの増加費用）を用いてこの関係を図示しており、社会的限界費用と私的限界費用との縦方向の差が「外部不経済」の大きさ（「限界外部費用」）となる。[25] このとき市場機構だけに委ねると、市場の需要曲線と私的限界費用とが一致するところ（図の点 E）で活動量が決まるため、社会的費用を考慮に入れた最適な活動量（点 R の活動量 q_r）と比べると、活動量が過大になって効率性が損なわれている状態にある。このため、排出を伴う活動量への課税などの政策や、排出に対する認定証書の取引（いわゆる排出権取引、排出枠取引などとよばれるもの）の制度化を行うことなどにより、外部費用を市場機構内で明示的に扱うこと（「内部化」）を可能にする施策が講じられる（第 10 章参照）。

なお公益事業のみならず、近年は「持続可能な開発目標（SDGs）[26]」に

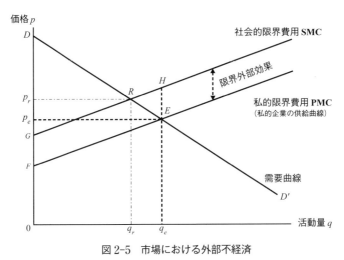

図2-5　市場における外部不経済

出所：筆者作成。

掲げる目標を企業行動の指針と関連付けるなど、各企業における社会・経済・環境に対する統合的な行動が活発化しつつある。このような状況下で、たとえば資金調達に際してこうした目標との整合性が問われるなどの例もある。このように企業活動に対する社会的評価が実際の私的費用にまで影響を与えたり、あるいは自社に対する消費者の購買回避行動などで経営面に影響が及んだりするような場合には、先ほど述べた私的限界費用曲線が上方シフトすることから、制度的な内部化を待たずして、企業の自主的な対応や業界等の関係者による自主的な遵守事項の設定（自主規制）などがより進む可能性もある[27]。

5　時代変化と規制の変容

　以上本章では公益事業に対する規制の基礎理論について簡単に概観してきたが、本章の小括に代えて時代環境の変化と規制の変容についてふれておきたい。繰り返し述べてきたように伝統的な公益事業の規制理論においては特に自然独占を中心とする市場の失敗への対処としての経済的規制を

核としてきたが、これまでに技術進歩や需要動向の変化を背景とする産業融合（従前の異なる産業間の境界が曖昧化して相互参入や相互に代替的な財の提供が行われること）が至るところで進展したことなどから、いまや伝統的な規制理論を純粋に適用可能な領域は限定化されつつある。他方で、本書の他章で詳述されるように、各公益事業ではそれぞれの実情を踏まえた規制改革が順次実施されてきているが、それらは無条件で理想的な市場機構による解決を可能にするものでもなく、旧来の規制に代わる新たな規制的手段の採用（再規制）なども行われるため、ともすると規制の目的や手段の有効性の確認などがおろそかにされてしまう懸念がある。伝統的な経済的規制が基本に忠実な形で適用されてきた時に比べて規制手段が多様化し、また規制プロセスが従来よりも専門化してみえにくくなる可能性もあることから、その国民経済的な評価や検討は適時きちんと行っていく必要がある。

　また、公企業改革の文脈で、主として1980年代以降に進展した「民営化」の新たな展開として、PFI（Private Finance Initiative）やPPP（Public Private Partnership）とよばれる民間参画のスキーム採用が進んできた。[28] 民営化の議論の初期段階においては、自治体などの公的部門による供給か、あるいは私企業による供給か、という単純な二分法で議論されてきたきらいがあるが、現在では公と民、ないしは官と民の間の具体的な役割分担について、たとえばコンセッション契約などの多様な形態が実践されつつある。わが国における今後の人口減少社会の到来の下で、特に持続的発展を図ることが困難になると懸念される事業においては、こうした多様な形態をとったとしてもその本質的な事業採算性や設備保全、技術確保などの厳しい諸課題に直面することが予想されるため、新たな規律やガバナンス方法、インセンティブ付与のあり方などがあらためて問われることになろう。

　このような事業の持続性に関する懸念は、ユニバーサルサービスの今後のあり方にも関わってくる。「ユニバーサルサービス」という概念の学術的に定まった定義はないが、「国民生活にとって必要不可欠（essential）と考えられる共通必需的なサービス」という、いわゆる「ナショナル・ミニマム」のような福祉的意味合いを含んでいる。必要不可欠であるかどう

かは、そのサービスが本当に必須であるのか（代替的なサービスなどは存在しないのか）などによって判断される。ユニバーサルサービスの提供にあたっては、①地理的にすべての人が利用可能であること（availability）、②経済的にすべての人が利用可能であること（affordability）、③不公正なあるいは非合理的な差別がないこと＝非差別性（non-discrimination）が要請されるが、実務的にはこれらに曖昧さや政治的判断等が伴うことが多い。現在、ユニバーサルサービスは、電力、水道、電気通信、郵便、放送など、本書で取り上げる多くのサービスで意識されており、特に相対的に市場シェアが大きいと認められる既存事業者等に対して，そのサービス供給エリア内での、地域間・需要種別間・顧客間の料金・品質等の平準化が求められている（ただし、各事業の事業者の供給範囲により全国規模から特定地域に限られるものまで実態はさまざまである）。こうした地域・需要種別・顧客の間には費用格差があり、それを平準化するためには、当該事業者における内部相互補助、ないし何らかの外部補助によって不採算地域のサービス維持費用が補てんされる必要がある。しかしながら経済的な効率性の観点からは、こうした再配分は、特定のサービスに対してではなくより広い課税ベースの負担によるべきことは自明であり、また第5章で後述するように今後は再考を迫られる可能性がある（ユニバーサルサービスについては、ほかに第3章、第9章を参照）。

　さらにグローバル化、デジタル化、ビジネスモデルの革新などが産業融合を一層加速し、間接規制であるルール型規制の適用にも注目が集まっている。たとえばプラットフォーム（仲介を行う事業者が顧客に提供するシステム・取引手段・取引ルールなど）を提供する事業者（プラットフォーマー）は、市場におけるネットワーク効果（ネットワークで結ばれる需要者の規模が増えるほどそれぞれの便益が増加する効果[29]）によって需要者が他の事業者へ移行する費用（「スイッチングコスト」）を高めて需要者を囲い込むこと（「ロックイン」）などが懸念され、また巨大なデータの収集・分析が可能になってきたことから、競争と規制のあり方が多面的に議論されている。ネットワーク構造をもつ産業の存在やネットワーク効果を利用した収益モデルなどはかねてからある[30]が、産業融合が進む中で、すでに公益事業者とプラットフォーマーなどの協力もさまざまな形で進みつつあ

り、その規制のあり方は今後さらに論じられることになろう。[31]

注

1) 一般ではない（特殊な）ケースとして、その財が下級財であって、正の所得効果が負の代替効果以上に強い場合がある。価格上昇の代替効果は負であり、その財の価格が上昇する時は個々の需要者の需要量は減少し、市場需要曲線は右肩下がりとなる。以下、本書では一部を注として補足するものの、紙幅都合などによって総じて経済的に正確で丁寧な記述を省くため、必要に応じて適宜ミクロ経済学や規制の経済学等に関するテキストの関連個所を参照されたい。

2) すなわち総費用のアウトプットに関する導関数のこと。

3) 競争的な産業では長期の供給曲線は水平となる可能性があり、また産業全体として規模の経済性が存在する場合には供給曲線は右下がりになる可能性がある。

4) ここで述べたような需要量と供給量との差による調整過程をワルラス的調整過程といい、他方需要価格と供給価格との差による調整過程はマーシャル的調整過程という。どちらも均衡に収斂するが、需要曲線と供給曲線の傾きなどによっては安定条件に差が出ること、調整速度が異なることなどの違いがある。

5) 需要曲線の高さで表される社会的な限界便益は供給量が１単位増えるごとに次第に減りながらも増加していき、供給曲線の高さで表される社会的な限界費用と一致するまで需要されて、このとき社会的余剰は最大化される。

6) これらの例のほか、後述する自然独占性や取引費用の存在などが問題となる。また、たとえ市場機構がよく機能して効率的な資源配分が実現できたとしても、分配の公正性や非価値財の問題、経済の安定性等の問題も存在しうることから、これらも広義の市場の失敗に含める場合がある。

7) 市場の失敗に対処するための法律・政策等には、ほかに、マクロ経済を対象とするもの、政府による公共財の提供、産業政策等の財政・金融手段等を用いた公的誘導政策などがある。

8) 植草益（1991）p. 24 における定義を引用。

9) 植草益（1991）pp. 25-26 における定義を一部修文して引用。

10) たとえば「保安確保」や「一定以上の質の担保」を理由に供給者に何らかの制約を課すなどの事例は、実質的な参入制限となり経済的規制と同等の機能をもつ場合がある。

11) 本記述にあたり井手（1997）pp. 51-52 を参考にした。

12) たとえば電気の物理的性格としての同時同量や、物理的特性がまったく同じであるという同質性など。詳しくは穴山（2005）などを参照。

13) さらに言えば、2020 年の電気事業法改正に伴い配電事業（低圧送電ネットワーク

事業）についても新たな事業者の参入が可能になったことから、規制の根拠としての自然独占性は高圧送電ネットワーク事業のみに限定されるようになったといえる。

14) コンテスタブル市場の理論的背景となった論文自体は財の同質性や各企業の費用条件の同一性などの厳しい仮定を置くものであるが、理論面以上に実態面において集中予約システムなどの技術進歩や新規参入者によるビジネスモデルの新展開などを背景とする競争が進展したこともあって、コンテスタブル市場の用語は現在においてもしばしば用いられている。

15) エッセンシャル・ファシリティについての厳密な定義はないが、判例等から、①独占的事業者が独占する設備で、②その設備が事業に不可欠、かつ③その設備を他事業者が新たに構築することが現実的・合理的にみて不可能である場合に、該当するとみなされている。ただし、これらに具体的な判断基準はなく、またこの設備がオープン・アクセスの規制対象となるか否かについては、当該設備を他事業者に提供することが可能かという面や、他事業者の設備利用を拒絶することが競争制限効果をもつかどうかという競争政策上の判断が必要となる。

16) 不可欠な設備のボトルネック性に着目し、新規参入事業者・競争事業者にその利用を認めること（オープン・アクセス）やその利用料金（アクセス・チャージ）などが特に大きな論点とされてきた。

17) 平均費用 **AC** を供給量 q で微分すると $(\mathbf{MC}-\mathbf{AC})/q$ となることから、この値が負、すなわち q の増加に対して平均費用曲線が低減する領域では、$\mathbf{MC}<\mathbf{AC}$ となることがわかる。

18) 上記の複数二部料金は需要量の多寡によって適用される料金表がおのずと異なるため、需要者のタイプを需要量について自己選抜型で分けているといえる。

19) 需要者をタイプ別に分ける場合、購入量の多寡でグループ分けして企業が段階的に消費者余剰を奪うものは第2級価格差別、異なる価格弾力性を有する需要者に対してそれぞれ異なる価格を設定するものは第3級価格差別と外形的に同じになる。なお第1級価格差別は独占者が消費者余剰を完全に汲み尽くすことを指す。

20) 詳しくは穴山（2011）pp.84-85、穴山（2005）pp.89-98 などを参照。

21) たとえば電気事業会計においては、貸借対照表は固定性配列法により表示され、渇水準備引当金、原子力発電工事償却準備引当金などが引当金の部に計上され、損益計算書の営業利益は電気事業営業収益から電気事業営業費用を控除する形式で計算され、固定資産分類が特に定められた明確な基準に従って行われる、などの一般事業会社とは異なる特徴がある。

22) わが国の電気供給事業の開始時（1887）には電気事業に対する特別の法律はなく、1891 年の電気営業取締規則、1896 年の電気事業取締規則で主に工事や安全確認等に関する義務が課された［穴山（2005）pp.56-57］。

23) 本章では数式を用いた解説はしないが、これは費用とリスクの合計を安全基準水準で偏微分した値がゼロ、すなわち安全確保の限界費用が安全確保の限界便益(リスクの負の限界便益)に等しくなるように最適水準を選ぶことを意味している。

38

24) 社会における現時点での評価に基づいた状況下で受け入れられるリスクを「許容可能なリスク（tolerable risk）」という。本章では極めて単純な経済的観点の一例をあげたのみだが、そもそも安全目標の概念や要件などについても本来は多面的な議論が必要である。たとえば日本学術会議総合工学委員会「工学システムに関する安全・安心・リスク検討分科会」（2014）を参照。

25) この図では、単純化のために限界費用と限界便益を線形で表し、限界外部費用を一定の状態（すなわち活動量の極めて小さい1単位の増加によってもたらされる外部不経済が活動量水準によらず一定である場合）を描いているが、当然ながらこの限りではない。

26) SDGs は Sustainable Development Goals の略称で、2001 年策定のミレニアム開発目標（MDGs）の後継として、2015 年 9 月の国連サミット採択文書「持続可能な開発のための 2030 アジェンダ」に記載された持続可能でよりよい世界を目指す2030 年までの国際目標。わが国の企業もこの目標達成に関わる自社の取り組み等を積極的に公表している。

27) たとえ相対的に割高であっても SDGs に整合する取り組みとして再生可能エネルギーを率先して使用することを宣言する企業の存在なども同様に理解することができる。

28) PFI や PPP については、山内弘隆編著（2014）などに詳しい。

29) ネットワーク効果には、加入者増加などによって需要者の便益が増す直接的な効果と、加入者増加によって供給側で規模や範囲の経済性、品質向上などが実現することによって需要者にもたらされる間接的な効果がある。

30) ネットワーク型の産業がボトルネックの性質やネットワーク効果の性質をもつ場合に市場支配力の問題が生じると考えられることは、産業組織論の分野において関心対象となってきた。この点に関する経済学的な解説は鳥居（2014）を参照。

31) 一例をあげると、MaaS（Mobility-as-a-Service）とよばれる新たな交通システムでは、自動運転や AI、オープンデータ等を活用して、従来型の交通・移動手段にシェアリングサービスも統合したサービスが提供される予定である。その実装にあたっては、従来の交通手段の料金設定の考え方から離れたモデル（たとえば毎月定額のサブスクリプション・モデルなど）が採用される可能性があり、たとえばシステムを構成する各サービスに対する経済学的にみて合理的な配賦方法など、伝統的な規制理論を発展させた新たな考え方の構築が必要である。

穴山悌三（2005）『電力産業の経済学』NTT 出版。
穴山悌三（2011）「公共料金の理論と政策」、塩見英治編『現代公益事業——ネットワー

ク産業の新展開』有斐閣、pp. 69-94。

井手秀樹（1997）「社会的規制の手段」、植草益編『社会的規制の経済学』NTT 出版、
　　　pp. 50-79。

植草益（1991）『公的規制の経済学』筑摩書房［新装版：植草益（2000）『公的規制の経
　　　済学』NTT 出版］。

植草益（1997）「社会的規制研究の必要性」、植草益編『社会的規制の経済学』NTT 出版、
　　　pp. 1-20。

鳥居昭夫（2014）「ネットワークにおける市場支配力――ボトルネックの議論を主とし
　　　た経済学的アプローチ」、岸井大太郎・鳥居昭夫編『情報通信の規制と競争政策
　　　――市場支配力規制の国際比較』白桃書房、pp. 11-95。

日本学術会議 総合工学委員会「工学システムに関する安全・安心・リスク検討分科会」
　　　（2014）『報告　工学システムに対する社会の安全目標』日本学術会議。

山内弘隆編著（2014）『運輸・交通インフラと民力活用―― PPP／PFI のファイナンス
　　　とガバナンス』慶應義塾大学出版会。

▶ 第**3**章 ⅠⅠⅠ

市場・競争時代の公益事業：海外

1 はじめに

　19 世紀末に近代産業としてスタートした、水道・ガス・電気・交通・通信事業は、1920-30 年代には主に国営もしくは国が強く関与する公益事業としての形態を確立し、第二次世界大戦を経て、1950-60 年代にかけて発展した。独占もしくは寡占を認められた事業者は、規模の経済性やネットワーク外部性を享受し、安定的に成長することができた。

　しかし、1970 年代に、石油ショックを起因としたスタグフレーションによって世界経済全体の成長が鈍化したことで、公益事業も転換期を迎える。またこの時期、経済学の世界では、フリードリヒ・ハイエクとミルトン・フリードマンに代表される市場原理・金融政策を信奉する「新自由主義」が台頭した。政府介入を排除し、民間企業の活力を利用する米・レーガノミクス、英・サッチャリズムが主導する、民営化と規制緩和の波が公益事業改革を促すことになった。

　本章では、海外、主に欧米における公益事業の規制改革の概要とその意義およびそこから生じた課題について概観する。

2 公益事業改革の潮流

　世界経済の停滞とともに公益事業の成長も鈍化し始め、成長によって規

模の経済性を享受してきた公益事業の生産性は停滞した。生産性の伸びが鈍化すると、それまで指摘されることのなかった国有企業の非効率的な経営や独占の弊害に注目が集まるようになった。独占的国有企業では、競合相手に顧客を奪われる心配がなく、総括原価規制等によってコストを回収できる状況にあったため、コスト削減のインセンティブが機能しにくかった。その結果、過剰な設備の構築、過剰人員の雇用だけでなく、生産性を高める技術や手法の導入が阻害されることも多かった。

　このような状況に対して、新自由主義は市場原理の有効性を説き、独占が容認されてきた公益事業においても、競争の導入によって効率化を促すことが経済成長と社会的厚生の増大に繋がることを主張した。こうした考え方に基づき、各国で公益事業改革が徐々に着手されることになったのである。

　公益事業改革の代表的な手法として、国有（国営）企業の民営化をあげることができる。欧州各国中心に多くの公益事業が国有企業の独占という形で運営されていたが、効率化インセンティブに乏しい国有独占企業の生産性は低く、過剰な設備・人員を抱えて慢性的に赤字に直面する企業が多く存在した。それらの企業に対する補助金支出は財政を圧迫していたため、市場原理の下で民間の資金と知見を取り入れ、効率化を促す政策転換を実行したのである。現実には、民営化によって過剰な人員の整理も行いやすくなる、といった面もあった。

　公益事業の効率化に大きな効果をもつと考えられ、多くの国でとられた規制緩和策が、参入・退出の自由化である。民営であっても独占を認められてきた企業には、効率化インセンティブが働きにくい。そこで、外部からの市場参入を認めて、それらの参入（もしくは潜在的な参入可能性）によって、既存企業も含めた市場全体の効率化を促すのである。民営化と同時に、他の民間企業による新規参入を認める規制緩和を行うケースもあった。

　公益事業には規模の経済性やネットワーク外部性が存在し、参入を認めたからといって、新規参入者が市場を独占し、事業ノウハウを蓄積した既存事業者と競争することは容易ではない。そこで既存独占企業の分割という施策が導入されることもあった。

　企業分割の手法には、独占・寡占企業のシェアを低下させるために事業

エリアや事業分野別に分割する方策と、1つの事業を行う組織をサプライチェーンの機能別に分割する方策がある。

　日本における NTT の東西分割や JR の地域分割、ドイツにおけるドイツ連邦郵便の分割（3事業に分割）などが前者に相当する。エリア別に分かれた旧独占企業同士の競争や代替性のある事業間の競争、もしくは事業別に新規参入を促すことが期待される。

　一方で、後者について、公益事業のサプライチェーンを詳細に見ると、規模の経済性やネットワーク外部性が働きやすい機能とそうではない機能が存在することが多い。そこで機能別に分割し、前者の機能をもつ分野には独占を認め、後者のような分野には新規参入を促せば市場原理を働かせることができる。電話事業におけるローカル通信網、電力・ガスにおける送配電網・ガスパイプラインを他の機能から分離し、他の機能への参入を自由化するケースなどがこれにあたる。

　また、欧州各国や米国の各州では、それぞれの国や州の中で1つの市場を形成していた公益事業について、国際・州際取引の規制緩和を行うことで市場の広域化を図り、各国・各州で独占もしくはそれに近い状況で事業を行ってきた企業同士を競争させているケースもある。単一市場の構築によって「人・財・サービス・資本」の移動を自由化した EU 市場統合が先駆的な実例といえる。

　1980 年の米大統領選挙で当選したレーガンは、新自由主義的な考え方に基づき、減税・歳出削減によるいわゆる「小さな政府」の実現と、通貨供給の削減によるインフレ抑制を同時に行うレーガノミクスとよばれる経済政策を実施した。その1つの柱が規制緩和であった。航空産業ではカーター政権下で成立していた航空規制緩和法に基づき、参入・退出の自由化および運賃規制の撤廃、反トラスト法違反に起因する AT&T の地域電話会社 22 社の分割（資本関係の解消）などが行われた。

　英国初の女性首相となったサッチャーは、1979-90 年までの3期にわたり首相を務め、サッチャリズムとよばれる新自由主義的政策を実行した。英国では国有企業の非効率性が問題視されていたが、サッチャーは、電話・ガス・電力・航空・水道・鉄道といった国有の公益事業会社を次々と民営化し、通信や電力について新規参入を認める規制改革を行った。

　こうした欧米における公益事業改革の潮流は、わが国で同時期に就任した中曽根首相の民営化の推進と行政改革の実施も相まって、世界的な潮流となっていった。

3　公益事業改革のメリットと弊害

　公益事業改革は、経済に大きな影響を与えた。

　最初にあげられるのは利用者の選択肢拡大である。航空産業における格安航空会社（Low Cost Carrier: LCC）や通信産業における新電電（New Common Carrier: NCC）といった新規参入者の出現により、利用者は既存企業以外の事業者から財・サービスを購入することができるようになった。これらの新規参入者は、特定の顧客層にターゲットを絞った商品や、顧客の消費パターンに応じて価格を変える商品、他の財・サービスとのセット販売による割引商品など、創意工夫を凝らしたメニューを用意することが多く、事業者数が増えただけでなく、より幅広い選択肢が提供されている。それに合わせて、多数の選択肢を利用者が比較し適切に選択できるよう、各事業者の情報公開を求める措置がとられ、料金等を比較できるサービスも登場している。

　ドイツポスト、英・水管理公社、日本の国鉄等は民営化後に大幅な人員削減や拠点の統廃合を行って、労働生産性の劇的な向上を達成した。効率化の進展が、料金の低下をもたらす例も多かった。航空産業では、料金規制の撤廃とLCCの参入が相まって、既存の事業者による割引料金の拡大も含めた料金水準の低下をもたらした。通信事業における料金低下は技術革新に起因する部分が大きいが、規制緩和による競争圧力が新しい技術導入を促した面もあろう。

　公益事業改革には、資本規制の撤廃・自由化という側面もある。国有企業の民営化は、公益事業への多様な資本の流入をもたらした。他国の資本やファンド等が参画し、株主として経営への関与を強めている例も多い。特に英国の公益事業ではいわゆるウインブルドン現象が起こっており、たとえば、英国小売電気事業で約8割のシェアをもつ「ビッグ6」の中の4

社は、ドイツ・RWE と E-ON[1]、フランス・EdF（Électricité de France）、スペイン・イベルドローラの傘下にある。また、豪州のマッコーリーキャピタルは、世界中でエネルギー、道路、空港などへのインフラ投資を行っており、こうしたインフラファンドが公益企業の株主として存在感を増している。

　他国資本の参入要因としては、市場の広域化もあげられる。EU 統一市場が象徴的であるが、規制緩和によって、競争上の優位性をもつ企業が国境を越えて公益事業を行う環境が整いつつあり、各国で独占的な地位にあった企業が、他国への進出や他国企業の M&A を通して巨大な公益事業コングロマリットを形成している。フランスのヴェオリア（主に水道事業）、エンジー（主に電気・ガス・水道事業）、ドイツの RWE や E-on（主に電気・ガス事業）などがその代表例である。米国の電気事業においても、同一持株会社が州をまたいだ小売電気事業に携わることを原則的に禁止した公益事業持株会社法（Pubilic Utility Holding Company Act: PUHCA）が 2005 年のエネルギー法によって廃止され、市場の広域化が進んでいる。

　市場の広がりは、地理的エリアのみならず産業間の垣根も取り払い、各国・地域で公益事業間の産業融合を促している。英国ではいち早く電気事業とガス事業の融合化が起こり、同時に契約する顧客に対して割引率を大きくする「デュアル・フュエル」を提供するようになった。また、ドイツの地方自治体が運営する都市公社「シュタットベルケ」は、自由化後の電力市場で配電・小売事業を営むだけでなく、交通、水道、ガス、通信といった公益事業（のうちのいくつか）に参画している。

　新自由主義的思想は、可能な限り市場メカニズムを使って最適な資源配分を達成しようというものである。公益事業は規模の経済性などから市場メカニズムが適切に働きにくいことから、総括原価主義に基づく独占＋価格規制の形が取られてきたが、規制緩和で市場メカニズムが導入されるに従い、市場（取引所）が創設されるケースも出てきた。特に電力分野においては、1 日前や数時間前の商品が取引される現物市場に加え、電力の特性である需給調整機能を取引する需給調整市場、設備容量の十分性を確保するための容量市場など、さまざまな取引が市場を通じて行われている。また、現物だけでなく先物商品も取引されており、米国北東部の PJM[2] エ

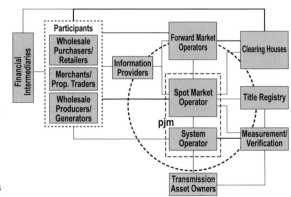

PJM's Role in the Wholesale Market Infrastucture Chain

PJM:
- Operates the system
- Operates the spot market
- Plans the regional transmission system
- Operates an FTR forward Market
- Clears its markets
- Publishes information
- Runs the renewable energy certificate registry

PJM does not:
- Own or maintain the transmission network
- Trade in the market
- Operate or clear the fufures market

図 3-1　PJM 卸売市場の仕組み

出所：PJM interconnection 資料をもとに作成。

リアでは、PJM が運営する現物市場のほかに、主にリスク管理を目的とした事業者により、現物の 2 倍以上の先物取引が行われている。通信における電波帯の割り当てや航空産業における発着枠配分にも、オークションが導入されるようになり、市場メカニズムによる競争が導入されている（図 3-1 参照）。

　公益事業には、低廉な価格以外にも求められるものがある。ひとことでいうと「品質」であるが、その中でも、特に「安全」「安定的な供給」「環境影響の低減」といった要素が、ほかの産業に比べてより重要な「品質」として位置づけられている。私的独占と価格規制という経済的規制の緩和が行われた後も、こうした課題への対応は社会的規制として市場メカニズム外で措置されることが多いが、その一部については、市場メカニズムを通して外部効果を内部化することによりその実現が図られている。前述の需給調整市場や容量市場は、電力の安定供給にかかる価値を取引する市場である。

　また、特にエネルギー産業およびエネルギーを大量消費する産業においては、環境影響、とりわけ地球温暖化に影響する温室効果ガスの排出について、炭素税や排出権取引を使い、市場メカニズムの下での最小のコスト

で目標を達成する仕組みが導入されている。脱炭素社会に向けた取り組み
は世界的に重要な課題として位置づけられ、固定価格買取制度（Feed in
Tariff: FIT）による再生可能エネルギー支援策などの公的な施策も行われ
ている。温室効果ガスがもたらす地球温暖化は、災害の激甚化を招いてい
ると考えられており、公益事業者は実際に増え続けている災害への対応に
も迫られている。

　競争圧力にさらされた事業者が、安全、安定的な供給、環境影響の低減
といった課題に対応し、十分なコストをかけられるように、政府が（社会
的）規制の維持・導入等によって事業者を誘導することは、規制改革が進
展した後にも必要である。市場原理の導入によるさまざまなメリットを需
要家が享受できるようにしつつ、これらの課題に適切に対応できるような
バランスの良い制度設計が今後も求められる。

　また、民営化による政府保有株の民間への売却や電波帯等公共財のオー
クションは、一時的に政府の大きな収入になる。民営化した事業が非効率
な国営企業の下で赤字続きであったとすると、継続的に国の財政を改善さ
せる効果がある。サッチャー政権下で民営化が推進された英国では、1980
年代に入ってから財政赤字は改善され、1988-89年には、ついに財政の黒
字化が達成された。

　公益事業改革がこうしたさまざまな果実をもたらした一方で、改革進展
による弊害も生じている。全体的には民営化、自由化の流れは継続してい
るものの、一部で再国有化（公営化）や規制強化の動きもみられ、弊害の
大きい地域や事業もあることが浮かび上がっている。

　さまざまな公益事業において共通の課題としてあげられるのは、長期
的・計画的投資の不足である。市場メカニズムは、価格シグナルによって
参加者に短期の最適な行動を促すことができるが、公益事業の多くは設備
産業であり、長期にわたってインフラを維持し続けるために計画的な投資
を行っていくことが必要不可欠である。しかし、民営化によって株主への
利益還元を求められたり、自由化によって競争圧力を受けることになった
公益事業会社は、短期の利益確保が最優先課題となり、バランスシートを
軽くするために長期にわたる設備投資を減少させることも多い。

　設備投資の減少は、借入金の減少および減価償却費の減少を通じて原価

の押し下げに貢献するが、安全や安定的な供給といった公益事業に求められる品質に負の影響を与えうる。2003 年に起こった北米大停電は、送電線への樹木の接触が直接的な原因であったと考えられているが、広範囲かつ長時間の停電となった背景には、自由化後の電力流通の広域化等、環境変化に適した設備投資が欠如していたことがあったと考えられている。

また、英国の鉄道改革では、1994 年に民営化されるにあたって、鉄道インフラ（線路・信号・駅舎）部門と旅客列車運行部門を別会社にする「上下分離」という方式が採用された。しかし、鉄道インフラを移管されたレールトラック社の投資不足およびインフラ管理の不十分さに起因して、ロンドン近郊で死傷者を伴う事故が頻発し、レールトラック社はその補償金負担により倒産するに至った。その後、旅客列車運行サービスを維持する必要があるため、公的支援を受けたネットワークレール社が鉄道インフラ業務を継承している。このように民営化のもたらした結果により、再公有化が採用された事例もある。

公益事業改革の重要なメリットである選択肢の拡大や料金の低下については、必ずしも改革後すべての産業で実現できたわけではない。設備産業が多い公益事業では、改革後も規模の経済性が働きやすいという性格に変化はない。機能別に分離されて自由化された公益事業においては、大規模設備を必要としない小売事業（機能）であっても、顧客獲得のための営業費用、広告宣伝費等が発生するため、大規模事業者が有利になる面もある。自由化前に地域独占が認められていた場合、自由化後新規参入および地域を越えた参入が可能になったことで、より大規模な事業者が誕生し、自由化以前よりも寡占化が進んだケースも出てきている。

ドイツの電気事業では、自由化前、主に垂直統合型の 8 大民間事業者がエリアごとに発電、送電、電力小売を行ってきたが、自由化後、8 大電力は、RWE、E-on、EnBW（Energie Baden-Württemberg）、ヴァッテンフォールの 4 つの事業者に集約され、4 社による寡占が進んだ。新規参入者や地方公営の電力小売会社等も存在するため、一概に需要家の選択肢が減ったとはいえないものの、寡占状態がより強固になり、当初低下した電気料金も自由化後 2 年程度で上昇に転じた。もっとも、電気料金上昇の主要因は、燃料価格の上昇と高水準での固定価格買取り等再エネへの優遇策

によるコスト増であり、自由化したから料金が上がったというわけではないが、自由化後の料金引き下げは実現しなかったといえよう。英国の水道事業は、地域独占を認めたうえで事業体の民営化を行ったため、利用者の選択肢が拡大することはなかったが、民営化以降水質の改善や断水の減少など品質の向上がみられた。一方で、ロンドンなどで水道料金が大幅に上昇し、運営会社が配当や役員報酬に利益の大半を回したことなどから、再公営化を求める声も上がっている。

　選択肢の拡大が、必ずしも消費者の厚生を高めるとも限らない。一般的に供給者の市場参入が活発になると、価格競争のみではなく、他の財やサービスとのセットメニュー等、多様なメニューが提供されるようになる。消費者の選択肢は拡大するが、あまりにも選択肢が多くなり複雑化していくと、どの事業者のどのメニューを選ぶのが消費者の効用を最大化するのか、消費者自身にも分からなくなることがある。そのような状況の下では適切な競争が行われず、消費者が選択することを諦めてもともとの事業者からの供給にとどまり、独占・寡占状態が解消されないこともありうる。実際に英国の家庭向け電力小売事業ではこのような事態が起こり、2013 年に規制当局が小売電気事業者の提供するメニューの数を制限する措置を講じている（p. 61 コラム 1 参照）。

　公益事業改革の実施にあたって、その副作用がもっとも懸念される事項の 1 つにユニバーサルサービスの確保があげられる（ユニバーサルサービスの詳細は第 2 章を参照）。ユニバーサルサービスの実現には、不採算分野に対して、収益性が高く超過利潤を得られる分野から内部相互補助を行うことが不可欠であるが、民営化によってファンドや民間資本が経営に関与するようになると、短期的利益がより追求されるようになって、不採算分野の切り捨てが起こりうる。民営化されても、独占事業であれば規制によってユニバーサルサービスを維持することもできるが、自由化によって新規参入が認められれば、採算の良い事業・地域のみに新規事業者が参入してその領域の利益を獲得するクリームスキミングが起こりうる。その結果、もともと収益性の高い分野での競争激化によって利益率が下がれば、不採算分野への内部補助を行う原資が乏しくなり、ユニバーサルサービスの維持が困難になる。

　米国の通信産業では、1984年にAT&T（The American Telephone & Telegraph Company）が分割された際に、独占時代に整備された加入電話網の維持を制度で保証することにより、全国民に対して音声電話サービスの提供を確保するユニバーサルサービス制度が導入された。ユニバーサルサービス維持のコストは、新規参入者も含め市場参加している各事業者が拠出する基金を、ユニバーサルサービスを提供する既存事業者に提供することで賄われている。先進国の中には、高齢化や人口減少が急速に進む国もあり、不採算な事業分野・領域が拡大する可能性も高い。一方で、通信事業における無線通信やエネルギー事業における分散型エネルギー源等技術革新により、既存の「不可欠設備」に依存しないサービスの提供が可能になる、つまり、ユニバーサルサービスと考えられていた商品／サービスの不可欠性（essentiality）が失われつつあるケースもある。ユニバーサルサービスの定義や形自体を今後見直していく必要が出てきている。

　民営化や自由化後の競争進展に伴う事業者の合従連衡によって、公益事業者の株主は独占時代よりも多様化し、そのガバナンスのあり方は大きく変容を遂げている。英国の公益事業では、先述のように自由化後他国事業者が多数参入している。重要な社会インフラを担う公益事業を外資が保有することに対して抵抗感をもつ国も多く、外資による株式保有比率に上限を設けたり、外資の投資に対する審査を厳格化して、投資案件の成立自体を阻止したりする外資規制を課しているケースもある。また、外資に限らず、従来その国の公益事業の資本を有していた投資主体から他の主体に資本の所有者が代わることで、ガバナンスの仕組みが変わり、インフラ産業が本来有していなければならない機能が損なわれることもある。

　公共事業改革に伴う弊害の数々は、ガバナンスの変容の影響受けている部分があると考えられている。近年空港や道路、水道等の民営化において実施されているコンセッション方式においては、所有権を国や地方公共団体が有したままで、運営権を譲渡することになるため、メンテナンス等の責任主体が不明確であったり、自然災害への対応が不十分になりがちであると指摘されている。民間が知見、ノウハウをもつ運営部分を譲渡して所有権を公的部門に残すコンセッション方式は、巨額な資金や資産保有のリスクを民間から切り離しつつ、財政の健全化を含む民営化と同様のメリッ

トを公的部門にもたらす擬似的な民営化手法として、今後さまざまな公益事業において導入されるケースが増加すると考えられる。しかし、その導入にあたっては、責任分界の問題や事業の持続可能性について、産業ごとの特性も踏まえた慎重な検討が必要となってくるだろう。

4　個別産業における公益事業改革の変遷

(1) 黎明期（–1980 年代）

　現在に至る公益事業改革の大きな潮流は、主に米国、英国において1980 年前後から始まったといえる。

　米国の電力産業では、1978 年に公益事業規制政策法（Public Utility Regulatory Policies Act: PURPA）が成立した。この法律は、1970 年代に起こった二度の石油危機に対して、エネルギー利用の効率化や再生可能エネルギー等石油代替エネルギーの利用を促すために作られたが、自然独占を認めていた既存電力会社以外の企業が発電設備をもつことを許容するという、自由化の嚆矢となるものであった。電力産業における改革は、発電部門において独立系発電事業者（Independent Power Producer: IPP）の参入が認められ、卸売市場が自由化されることからスタートするケースが多い。

　ガス産業においても、1985 年に連邦エネルギー規制委員会（Federal Energy Regulatory Commission: FERC）が州際ガスパイプラインの開放を命じる指令（Order436）を出し、第三者アクセス（Third Party Access: TPA）による託送が認められて、卸売市場が開放された。ただし、この指令は事業者の自主的な行動を求めるにとどまるものであったため、競争はあまり進展しなかった。

　航空産業における規制緩和は、1976 年の民間航空委員会（Civil Aeronautics Board: CAB）による運賃の規制緩和に始まり、1978 年には航空規制緩和法（Airline Deregulation Act）成立により新規参入が自由化されることとなった。ボーモル等が唱えた「コンテスタビリティ理論」によって、市場で潜在的な競争相手が参入可能な状況であれば、公益事業

においても参入（退出）規制は必要ないと考えられるようになったのである。この規制緩和によって新規参入が相次ぎ、運賃の低下と航空便数の増加が実現した。規制機関であるCAB自体も1985年に解散したが、1980年代後半には、新規参入者の倒産や収益が悪化した既存事業者も含めた合併再編が相次ぎ、市場は急速に寡占化するに至った。

　通信産業では、1984年に市場の85％程度のシェアを有し実質的に独占していたAT&Tが分割された。AT&Tは、1974年に提起された反トラスト訴訟に対し、研究開発と機器製造分野をグループ内に留める代わりに地域通信事業（市内通話）を分離することに合意した。こうして、地域ごとに地域ベル電話会社（Regional Bell Operating Companies: RBOCs）が誕生し、AT&Tには長距離通信事業が残ることになった。通信市場は、長距離通信と地域通信に明確に分離されることとなり、AT&Tは地域通信事業に、RBOCsは長距離通信事業に進出することが禁止された。小規模な独立系事業者が双方の市場に存在していたが、競争は主に長距離通信の市場において進展した。

　英国では、1980年代サッチャー政権の下で、多くの国営企業が民営化された。1979年の石油会社BP（British Petroleum）の政府保有株式売却に始まり、1990年代にかけて、航空宇宙、自動車、鉄鋼、石炭産業等、公益事業に限らず、ほぼすべての国有企業が民営化されるに至った。

　公益事業では、1984年に英国通信公社を民営化し、BT（British Telecom）が設立されたほか、1987年には、ロンドン・ヒースローなど7つの空港を運営する英国空港運営公団（British Airport Authority: BAA）の株式が売却されるなど、国営企業の民営化が進んだ。水道事業においても、10の流域管理庁が運営していた上下水道が1989年に完全に民営化されている。フランスでも、1984年のパリ市をはじめとして、公設民営の形で水道事業の民営化が行われている。

　ただし、英国における民営化は、あくまで英国病といわれた1970年代までの経済停滞から脱却し、「小さな政府」を目指すサッチャー政権が、財政の改善や労働生産性の向上、労働組合の影響力軽減等を目指して行った施策であり、民営化後に既存企業の独占的な地位に大きな変化が起きたわけではない。1982年にいち早く小売市場の部分的な自由化が開始され

たガス産業等一部を除き、英国において多くの公益事業で規制緩和が実施されたのは、1990年代に入ってからである。

(2) 拡大期（1990年代）

　1980年代に英米で萌芽を見た公益事業改革は、1990年代に入って、地理的にも事業領域的にも大きく拡大することとなる。

　地理的拡大における主役は、EU諸国だったといえよう。EUは、ECを基礎として1993年「マーストリヒト条約」に基づいて発足した。発足当初の加盟国は、英国・フランス・ドイツ・イタリアなど12か国である（1995年には15か国に拡大）。

　1985年、ECは「域内市場白書」を発行し、282項目にも及ぶ単一欧州市場成立に向けた必要な法的措置をあげた。それらを踏まえて、1987年の単一欧州議定書では、1992年末までに域内市場統合を完成することが明記され、市場統合の動きが加速した。単一市場には、「商品の移動に係る制限の撤廃」「域内での競争を歪曲しないように保証する制度の創設」「市場統合に必要な各国の法制の調和」といった規制改革が必要とされ、1992年末の時点で、各国で目標の9割以上の法令採択が完了している。

　EUでは、さまざまな条約や法令が出されているが、特にEU市場統合に向けた規制内容の統一を促す指令（Directive）が公益事業の規制改革にとって重要な意味をもっている。EU指令に基づいて、加盟各国は定められた期日までに国内法を制定・改正することが求められる。

　電力産業では、1997年に発効したEU指令に基づき2年以内に大口需要家の供給者選択を可能に（するような法整備を）しなければならないこととなった。ただし、北欧諸国では、これに先立って1991年にいち早くすべての需要家に対する市場開放を行ったノルウェーをはじめ、1990年代前半には小売市場の自由化が実施されている。

　ガス産業でも、1998年にEU指令（第1次指令）に基づいて、パイプライン部門の会計分離とTPAによる託送での大口需要家向け小売供給自由化が行われた。また、それに先立つ1996年には、スペインで大口需要家に対する小売市場が開放され、自由化が始まっている。このように、

EUではいち早く小売市場を開放しようとする加盟国間で改革に向けた競争意識も働いた。

　通信産業では、1990年の「電気通信サービス競争指令」に基づいて、付加価値サービス、データサービスの専用回線等での排他的独占権の廃止による一部自由化が実現した。その後、1996年には「完全競争指令」が出され、1998年からEU域内の電気通信市場は全面的に自由化されることとなった。また、1996年には「移動体通信の自由化に関する修正指令」も出されている。

　鉄道産業では、1991年に、列車の運行と線路等のインフラを（会計的に）分離し、インフラへのオープンアクセスによって列車運行に関して新規参入を認めるEU指令が出された。それに先駆けて、スウェーデンでは1988年に上下分離が実施されていたほか、1997年にフランス国鉄（Société Nationale des Chemins de fer Français：SNCF）が運行会社のSNCFとインフラ管理者（Réseau Ferré de France：RFF）に分離されるなど、各国で上下分離が進んでいる。

　EU加盟国である英国でも、1990年代に規制緩和が本格的に始まった。電力産業では、1990年4月に発電および送電を担っていた中央電力発電庁（Central Electricity Generating Board：CEGB）が発電会社3社と送電会社1社に分割され、地域別の12の配電局はそのまま配電会社として、それぞれ民営化された。同時に発電および大口需要家に対する小売分野への参入が自由化され、1999年には家庭用を含むすべての需要家向けの供給が自由化されている。1980年代にすでに大口需要家への小売自由化が行われていたガス事業においても、1998年に家庭用を含む小売全面自由化が達成されている。

　通信産業では、BT設立後もBTとマーキュリーによる複占政策が取られてきたが、1991年に国際通信を除く分野で、1996年には国際電気通信分野で複占が廃止され、市場参入が自由化された。また、政府は1997年にBTの黄金株を放出し、BTは完全に民営化されることとなった。黄金株とは政府が民営化企業に介入する権限を認める特別な株式である。黄金株の保有は競争を促進する点からは矛盾する措置と理解できるので、ほかのケースでも順次撤廃されることになった。

　鉄道産業では、EU 指令を受ける形で、1994 年に全国の鉄道インフラを管理するレールトラック社と地域別に 25 の列車運行会社を設立し、上下分離が実施された。分割と同時に鉄道インフラ会社を民営化し、運行会社の列車運行権（フランチャイズ）を競争入札することとして、それらの資本関係を分離するなどドラスティックな改革が行われた。

　米国では、1980 年代から公益事業改革が徐々に進んでいたが、1990 年代は、各事業分野において規制緩和の深化がみられた時代といえるだろう。

　電力産業では、1996 年の FERC Order888（および 889）によって、送電網へのオープンアクセスが義務付けられ、卸売市場への参入は完全に自由化された。また、各州の公益事業委員会が所管する小売市場においても、1998 年にカリフォルニア州ですべての需要家が供給者を選択できる全面自由化が実施されたのを皮切りに、複数の州で小売自由化が導入された。

　ガス産業では、1992 年に FERC が州際パイプラインにおいて輸送機能と販売機能の分離を義務付ける Order636 を策定し、（州際）卸売市場の競争を促すこととした。小売市場については、1991 年にカリフォルニア州で、1996 年にニューヨーク州等で開始されている。

　1990 年代は規制緩和の流れが欧米諸国のさまざまな公益事業分野で本格化した時代であったといえるが、こうした中で規制緩和の負の側面が徐々に顕在化し始めた時期でもある。一方通行で進展してきた規制緩和は、それ以降国や事業分野によって異なる展開を見せるようになる。

(3) 揺籃期（2000 年-）

　規制改革の流れが始まって 10-20 年前後を経て、各国、各事業においてその成果と副作用が現れ始めると、それまで民営化・規制緩和一辺倒だった流れに変化が見え始める。

　具体的には、

・規制改革がより加速される
・規制改革をいったん中止、後戻りさせる

・規制改革を後戻りはさせないが、別の規制を導入するなど、新しい規
　制の枠組み構築を目指す

と国や事業によって、さまざまな動きがみられるようになったのである。

　規制改革の副作用とは、前述したように「利用者の安全を脅かす事象」
「安定供給への不安」「料金の上昇」「（再）寡占化の進展」「ユニバーサルサー
ビスの危機」など多岐にわたり、その有無やインパクトの大きさによって
対応は異なってくる。

　米国の電力産業においては、2000 年から 2001 年に起こった「カリフォ
ルニア電力危機」が小売自由化の動向に大きく影響を与えた。カリフォル
ニア電力危機とは、全面自由化されたカリフォルニア州で、供給力不足に
よる停電の頻発、市場価格の高騰による小売電気事業者の経営危機などの
事象が発生したことを指す。その後、卸取引市場の停止と小売電気事業者
の電力購入への税金投入が行われ、更には家庭向け電力供給の自由化が凍
結された。アーカンソー州、ニューメキシコ州では成立した自由化法を廃
止し、自由化実施の無期延期を決める州も出てきた。一方で、13 の州お
よびワシントン D.C. は、小売全面自由化を継続している。

　欧州の電力産業では、市場の寡占化と料金の再上昇が起こった。前述し
たように、1998 年に小売全面自由化が実現したドイツでは、当初新規事
業者が数多く参入し、電気料金も下がったが、自由化前に大きなシェアを
もっていた 8 電力会社が 2003 年には 4 大電力会社に統合されるなど寡占
化が進むとともに電気料金も上昇した。

　英国でも、Big6 とよばれる大手小売会社による寡占化が進む中で小売
料金の上昇がみられたが、その要因の 1 つが自由化当初に導入された強制
プール制度である。発電会社が全供給量を投入し、小売会社が必ずそこか
ら調達するプール市場において、少数の供給者による価格操作が起こった
とされ、2001 年には市場外での相対取引を認める新しい市場制度（New
Electricity Trading Arrangements: NETA）が導入された。

　ガス産業においては、自由化の先行した国・地域もあったが、1998 年に
続き、2003 年、2009 年と 3 次にわたって発せられた EU 指令により、欧
州各国では 2000 年代に自由化が進展した。特に 2003 年の第 2 次指令では

2007 年までの全面自由化が規定され、国営ガス公社（Gaz de France:
GdF）が独占供給していたフランスでも 2007 年にガス市場の全面自由化
が実現した。

　また、EU 指令においては、域内の電力・ガスの流通や取引を一体化す
る統一エネルギー市場の形成が提唱されている。その流れの中で、大手の
電力・ガス会社の相互乗り入れや M & A により、国際的な大企業による
寡占化が進んだ。電力・ガスのデュアルフュエルを提供する寡占企業が周
辺サービスや環境メニュー等を含んだ複雑な料金体系を提示することで、
需要家の選択が困難になるという事態も生じ、英国では電気・ガス料金の
メニューが各 4 種類までに制限されることとなった。

　通信産業においては、自由化とともに成長した巨大企業が不正会計で倒
産するという事件が起こった。同業他社を次々に買収し、1990 年代には
米国第 2 位の長距離通信事業者となっていたワールドコムは、経営状況の
悪化を粉飾した末、2002 年 7 月に当時史上最大の約 410 億ドルの負債を
抱えて倒産した。その前年の 2001 年には、当時世界最大のエネルギー販
売会社だったエンロンが、ワールドコム以前における史上最大の倒産を起
こしている。この 2 社は不正経理後の倒産によりマーケットを混乱させた
もので、必ずしも規制改革の負の側面とはいえないが、規制改革の流れの
中で急成長した 2 社がコンプライアンス、ガバナンス面で大きな問題を抱
えていたことは世界に衝撃を与えた。

　他の公益事業に比して技術進歩のスピードが速い通信産業では、有線か
ら無線へと伝達手段の大きな変革が起こった。無線通信を行うには電波の
利用が不可欠であるが、周波数は希少資源である。そこで、その希少資源
の配分にオークションが導入されるようになった。周波数オークションは
米国では 1990 年代から行われていたが、欧州では 2000 年に英国、ドイ
ツ、イタリア、オランダで行われ、その後も 2000 年代以降多くの国で実
施された。一度オークションが行われた国でも、利用できる周波数帯が増
加したり、4G、5G と新たな技術が登場するたびに行われている。

　航空産業においても、電波同様に希少資源である空港の発着枠（スロッ
ト）の配分ルールが設定されるようになった。EU では、1993 年の空港ス
ロット配分規則が 2004 年に大幅改正されたことを受けて、各国において

発着枠の配分ルールが決定された。2008 年には、金銭を伴う発着枠の取引が欧州委員会に公認され、配分された発着枠の取引に市場原理が導入されることとなっている。また、先行して規制緩和が進んでいた米国に続き、EU でも 1987 年から 1992 年にわたる政策パッケージで域内航空の自由化が実現していたが、さらに 2007 年には EU と米国間でのオープンスカイ協定が締結されるなど、グローバルな自由化が進んだ。

　もっとも早く規制改革が進み、鉄道事業の上下分離と民営化を実現した英国で、インフラ保有会社が実質的に再公有化されたことは前述した。水道産業においても、一部で民営化の見直しの動きがみられる。1999 年に 20 年間の水道事業の包括委託契約を結んだアトランタ市は、契約における要求水準が未達成であるとして 2003 年には委託契約を解除し、市の直営事業とした。1984 年に民間 2 社と委託契約を開始したパリ市では、2010 年の同契約満了後に、市が保有している公社が運営のすべてを継承することとなった。民営化後に再公営化を行った自治体は世界各国に存在するが、一方で、2000 年代以降も民営化もしくは民間企業への委託を進める自治体もあり、水道産業において再公営化が一般的な流れであると断言することはできない。

5　おわりに

　公益事業における規制改革の潮流は、ここ 30 年にわたって世界中に広まってきた。この 30 年以上の間に導入された制度や仕組みについて、上手く機能している事例と失敗に属する事例が出てきている。一方で、この間に公益事業の形自体も変質しつつある。特に技術の進歩などによって、自然独占的であるとされてきた分野が、必ずしもそうでなくなっているケースも出てきている（図 3-2）。そうした技術進歩がもたらす変化については第 5 章に紹介されている。今後の公益事業は、国や地域の特性および事業自体の性質によって、試行錯誤を繰り返しながら、よりよい制度、事業のあるべき姿を模索していく必要がある。各事業における最新の動向については、第 6 章以下で紹介する。

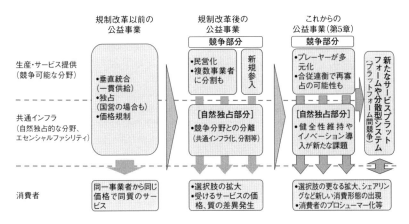

図 3-2　公益事業における規制改革の進展

出所：筆者作成。

注

1)　RWE、E-ON は現在略称が正式名称。
2)　PJM: Pennsylvania＝New Jersey＝Maryland Interconnection の略。3 州に跨る電力の系統運用を担う組織として 20 世紀前半に発足。現在は 10 州以上の系統運用を管理する独立系統運用者。

参考文献

依田高典（2001）「ネットワーク・エコノミクス」日本評論社。
外務省「各国・地域情勢―欧州―単一市場」
　　　（https://www.mofa.go.jp/mofaj/area/eu/market.html）。
厚生労働省「海外の水道事業における民間事業者の関与の状況について」
　　　（https://www.mhlw.go.jp/content/10601000/000483319.pdf）。
塩見英治・鳥居昭夫・岡田啓・小熊仁編著（2017）「自由化時代のネットワーク産業と社会資本」八千代出版。
情報通信総合研究所「AT&T 帝国の凋落」『InfoCom News letter 海外トピックス』2004 年 2 月。
鈴木邦成（2004）「EU における情報通信政策の展開」日本国際経済学会関東支部、

2004 年 5 月 15 日。

総務省「諸外国のオークション制度」
　　　（https://www.soumu.go.jp/main_content/000121936.pdf）。

田中文憲（2017）「サッチャリズムに関する一考察（1）」『奈良大学紀要』第 46 号。

日本エネルギー経済研究所（2008）「米国ガス事業の動向」IEEJ、2008 年 12 月掲載。

野村宗訓（2016）「民営化・規制緩和とインフラ・ビジネスの展開 ——英国の経験からグ
　　　ローバル化の課題を考える」『産業学会研究年報』2016 巻 31 号、pp. 13-25。

服部直美（2012）「諸外国におけるユニバーサルサービス制度の運用状況と全国ブロー
　　　ドバンド普及政策を踏まえた制度改革の動向」KDDI 総研 R&A、2012 年 1 月号。

古畑真美（2007）「国際航空に関する諸外国の制度等」公正取引委員会、政府規制等と
　　　競争政策に関する研究会、2007 年 4 月 20 日。

丸山真弘（2005）「米国・包括エネルギー法の概要」『電力経済研究』第 54 号。

矢島正之（1998）「電力改革 ——規制緩和の理論・実態・政策」東洋経済新報社。

柳川隆・播磨谷浩三・吉野一郎（2007）「イギリス旅客鉄道における規制と経済性」『神戸
　　　大学経済学研究年報』第 54 巻、pp. 59-84。

柳川隆・吉野一郎・播磨谷浩三（2009）「EU とドイツにおける鉄道改革」『国民経済雑誌』
　　　第 199 巻第 5 号、pp. 17-29。

Column 1

公益事業改革のモデルとしての英国の歩み

　公益事業が実質的にスタートする契機となったのは、英国で始まった産業革命であった点は第 1 章に示したとおりである。英国は 1980 年代に公益事業の民営化と自由化を推進したパイオニアであり、業界再編や規制改革についても他国に影響を与えてきた。

　かつて世界一の工業国であった英国は第二次世界大戦後、鉄鋼・造船・自動車などの製造業も含んだ基幹産業を国有化した。しかし非効率な経営体質が蔓延し、「英国病」とよばれる長い経済停滞期に入った。鉄道（BR）、航空（BA）、通信（BT）、電力（CEGB と地域配電局）、ガス（BG）などの国有企業の生産性は悪化し、サービス水準も低かったため国民の不満も大きかった。さらに、英国では労働組合の影響力が強かったので、生産性の低下を回復させる自律的な仕組みが内在していなかった点にも問題があった。

　1979 年に保守党が政権につくと、首相のマーガレット・サッチャーは小さな政府の立場から徹底的な民営化・自由化を断行した。政府は労働組合の弱体化を企図し、民営化と同時に電力「発送分離」や鉄道「上下分離」などのドラスティックな構造改革にも着手し、規制産業に競争原理を適用していった。英国は公益事業の生産性低下を払拭して、活性化を先取りする姿勢を貫き、民営化・自由化の実験場となった。

　しかし第 3 章で述べたように、国有企業改革と垂直統合からの構造分離・市場メカニズムの導入には問題も含まれていた。

　電力業界では 1990 年代に、元国有企業であった発電事業者 2 社による料金操作や、2000 年代以降の化石燃料の料金上昇による小売料金への過剰な転嫁など、自由化の弊害も目立った。大手小売 6 社間の競争が期待されたものの、2010 年代にはガスとのセットメニューなどによって、寡占下で利用者を囲い込む「困惑独占」（コンフューゾポリー）が問題視された。送電部門の所有者は 3 社、配電部門では 14 社が存在するが、運用者は別組織として分離されている。競争が機能する環境は整備されているが、脱炭素化に向けた投資を計画的に実現するのが難しくなっている面もある。

　鉄道については、2000 年 10 月にロンドン近郊のハットフィールドで多数の死傷者を伴う列車脱線事故が起きた。その原因は線路管理会社と列車運行会社が別会社となったために、軌道・信号設備に重点的な投資ができなくなったからである。フランチャイズという新しい手法で、列車運行の運営権が路線別に一定期間、民間企業に譲渡されたが、一部の路線で契約企業が撤退する事態に直面した。旅客運行サービスの停止を避けるために、運輸省はラストリゾート局を創設し、実質的に鉄道を国有化している。英国政府は 2020 年 3 月に、コロナウイルスの影響からフランチャイズを一時的に停止することを正式に公表した。

英国の公益事業規制はファインチューニングを重ねながら、プラグマティズムに基づき新たな課題に対処してきた。マクロ経済の停滞⇒生産性の低下⇒公益事業の構造改革⇒問題点の解明⇒政策内容の変更⇒弊害の再認識⇒再度の政策変更、という革新的な制度設計を継続してきた点は評価できる。近年は公有化や公的関与の局面もみられるが、英国における政策運用は世界の規制改革や官民連携のモデルとみなすことができる。

[野村 宗訓（のむら・むねのり：関西学院大学経済学部 教授)]

▶ 第**4**章 ▊▊

市場・競争時代の公益事業：国内

1　はじめに

　本章では、日本国内における公益事業の制度改革、規制緩和の概要とその意義、およびそこから生じた課題について、第3章での議論を受ける形で検討する。

　日本においても、水道・ガス・電力・鉄道・通信といった、本書が対象としている産業は、19世紀末の文明開化期にそのスタートを切った。軍事上必要であった、あるいは人の健康の維持という問題と関わっていたといった理由から、通信や水道が最初から国や地方自治体による官営の事業として誕生したのに対し、国の財政上の理由等により、鉄道では官営と民営の事業が併存しており、電力やガスでは民営の事業が中心であったという経営形態の違いが存在していた。その中で、民営の事業に対して最終需要家に対する供給の義務付けや料金に対する規制を課し、場合によっては国による事業の買収権についても留保する一方、事実上の地域独占を認めるといった施策を通じて事業を保護する制度（公益事業規制）も整備されていった。

　鉄道事業においては、1890年代以降、民営論と国有論との間で議論がなされたが、国による一元的な経営が利用者にもたらすメリットに加え、外債発行時の担保としての価値という財政面からの要望や、外資に対する規制を含む国防上の観点からの要望もあり、1906年の鉄道国有法によって、主要民営鉄道の国による買収が実施された。1930年代以降のいわゆ

る国家総動員体制の下では、電気事業に対する国家管理が実施され、日本発送電が設立される（1939）とともに、配電統合（1942）が行われた。

　第二次世界大戦終了後、官営の鉄道事業については、1949年に発足した公共企業体としての日本国有鉄道(国鉄)に経営が委ねられることとなった。一方、電気事業については、民営の電力会社（一般電気事業者）が、発電から小売までの垂直一貫の形態で事業を営むという体制（9電力体制）が1951年に確立した。通信については、第二次世界大戦終了までは、国内通信は国有国営で、国際通信は設備を民間が保有しつつ、運営は国が行うという形態で営まれてきたが、第二次世界大戦後は、国内通信は1952年に設立された公共企業体である日本電信電話公社（電電公社）によって、国際通信は1953年に設立された特殊法人である国際電信電話（KDD）によって、それぞれ営まれることとなった。これら事業に対し、水道においては公衆衛生の確保や防火といった見地から、現在でも地方自治体（市町村）による経営が原則とされている。

2　日本における公益事業改革の潮流

　1970年代の二度にわたる石油ショックにより、日本もそれまでの高度経済成長の時代から低成長の時代へと移った。新自由主義の台頭と、レーガン（1981年に米大統領就任）やサッチャー（1979年に英首相就任）の登場と軌を一にして、日本でも中曽根康弘が1982年に内閣総理大臣に就任した。

　このような状況の下、日本でも公益事業改革に関する議論が生まれてきたが、第3章で述べられた欧州や米国での議論と比較した場合、日本には以下に述べるようないくつかの特徴が存在していた。たとえば、欧州や米国では、国と国、州と州の間の取引の規制を緩和することを通して、国や州の中で形成されていた市場の広域化を図ることが行われた。一方、日本では、島国という地理的特徴に加え、すでに国内で一定規模の市場が存在していたこと、さらに米国のような連邦制の国とは異なり中央政府による一元的な規制が行われていたことから、これに相当するようなことは起こらな

かった。また、後で述べるように、日本では電力・ガスといった産業は、原則として民営事業者により営まれていたことから、官営事業者の非効率性から来る民営化を求める議論は、鉄道と通信を主たる対象としていた。

　中曽根内閣は、「増税なき財政再建」を旗印とした行財政改革を進める中、電電公社（1985）と国鉄（1987）、さらに日本航空（1987）の民営化を実施した。その後も規制緩和を求める動きの中、各種の公益事業に対する制度改革が進められた。

　細川内閣の私的諮問機関であった経済改革研究会が1993年2月にとりまとめた中間報告（平岩レポート）は、経済的規制については原則自由・例外規制とし、社会的規制については必要最小限のものとすることを提唱した。また、これより先の1992年6月に、第三次臨時行政改革推進会議（第三次行革審）がとりまとめた第3次答申では、経済的規制の1つである需給調整規制について、原則として10年以内のできるだけ早い時期に撤廃すべきとされた。

　一方、1994年2月に閣議決定された「今後における行政改革の基本方針について」を受ける形で、1995年3月に閣議決定された「規制緩和推進計画」では、通信・運輸・エネルギーなどの分野において取り組むべき具体的な措置が盛り込まれた。3年後の1998年3月に見直しを受け、閣議決定された「規制緩和推進3か年計画」では、①事前規制型の行政から事後チェック型の行政への転換、②横断的見直しの手法の導入、③規制のサンセット方式の導入といった事項が盛り込まれた。

　2001年に内閣総理大臣となった小泉純一郎は、「聖域なき構造改革」を進めるとして、2003年4月に構造改革特別区域法に基づく構造改革特区制度を導入した。また、電源開発（2004）、道路関係4公団（2005）、郵政事業（2007）の民営化を推進した。

3　日本における公益事業改革の変遷

　以下では、第3章において公益事業改革の手法・効果としてあげられていた点について、日本での動きをみていく。

民営化

　電力・ガスといった産業が、基本的に国（官）営であった欧州とは異なり、日本では、これらの産業は一部のガス事業者や卸電気事業者を除けば、民営事業者により営まれていた。[1]このため、官営事業者の非効率性から来る民営化を求める議論は、公共企業体の形態で事業が営まれていた鉄道（国鉄）と通信（電電公社）、特に国鉄を主たる対象として行われることとなった。

　国鉄は、高度経済成長期を象徴する出来事の１つであった、東海道新幹線が開業した 1964 年に初めて赤字を計上し、石油ショック後の経済の停滞により官営事業の非効率性が問題とされるようになる前から、その経営形態については問題を指摘されていた。[2]具体的には、戦後期に大量の引揚者を受け入れたことによる人件費の増大や、建設すべき路線が法律（鉄道敷設法）で規定される中、「我田引鉄」という言葉に象徴されるような不採算の路線の建設が求められたことがその原因とされた。このような事態に国鉄が陥った原因としては、国の直営から公共企業体としての国鉄への経営形態の見直しの際、能率的な経営が目的とされていた（日本国有鉄道法第１条）にもかかわらず、経営・予算・運賃といった面で国の厳しい規制がかかっていたという点にあったといえる。赤字に転落した国鉄は経営の合理化を図ろうとしたが、その一環として行われた生産性向上運動の失敗を経て、労使関係が悪化するといった問題も生じた。公共企業体の職員には争議権（ストライキ権）が与えられていなかった（公共企業体等労働関係法）ことから、争議権の付与を求める組合側は、1975 年 11 月にいわゆる「スト権スト」を実施した。しかし、ストライキの実施によりほぼすべての列車の運行が休止したにもかかわらず、生鮮食品をはじめとする生活物資の輸送に大きな混乱が生じなかったことは、モータリゼーションの進展の結果、特に貨物輸送における鉄道の役割が低下していたということがかえって浮き彫りとなる結果を生じた。

　公共企業体の職員に対する争議権の付与についての議論を行っていた公共企業体等関係閣僚協議会の専門委員懇談会は、「スト権スト」の実施初日であった 1975 年 11 月 26 日に「分割による経営単位の縮小化」や「国として所有する形での鉄道」の必要性といった、経営形態に関する課題を

示す答申を行った。これが、その後の分割民営化に向かう動きのきっかけになった。

　鈴木内閣（中曽根行政管理庁長官）の下、1981 年に発足した第二次臨時行政調査会（第二臨調）は、1982 年 7 月の基本答申で、国鉄の「5 年以内の分割民営化」という方針を示し、9 月には分割民営化の方針が閣議決定された。1985 年 8 月には国鉄再建監理委員会が「国鉄改革に関する意見」を提出し、これを受けて 10 月には「国鉄改革のための基本的方針について」が閣議決定された。その後、1986 年に国鉄改革関連法が成立し、1987 年 4 月に分割民営化が実施された。

　通信については、1982 年 7 月の第二臨調基本答申で、電電公社は「十分な当事者能力を持ち、徹底的に合理化された経営体であるべき」とされたうえで、民営化の方向での改革が求められた。電電公社では、加入電話の積滞解消を目的に、1970 年代前半までに多くの人員を架設対応のために採用したことが人件費増大の原因として指摘されていたが、国鉄のような大きな問題にはならなかった。その意味では、電電公社の民営化に向けた動きは、公共企業体のもつ、国会や内閣による統制を撤廃し、通常の事業規制の形とすることに併わせ、投資に対する自由を与えるといった目的がより強く現れたものといえる。

企業分割

　国鉄は、1987 年 4 月の民営化に合わせ、6 つ（北海道、東日本、東海、西日本、四国、九州）の旅客鉄道会社と貨物鉄道会社（JR 貨物）ほかに分割された。上下分離については、すでに住宅都市整備公団千葉ニュータウン線（現・千葉ニュータウン鉄道北総線）や神戸高速鉄道といった例はみられたが、国鉄の分割民営化の際に、JR 貨物による負担を減少させるといった観点から、第二種・第三種の鉄道事業概念が設けられた。この意味で、日本での上下分離は、自然独占性を有する線路インフラと列車の運行を分離し、後者への競争導入を図るという、欧州でみられるような分離政策とはその目的を異にするものといえる。

　通信については、1985 年の NTT 民営化の際、すでに「政府は、会社の成立から五年以内に、この法律の施行後の諸事情の変化を勘定して会社の

在り方について検討を加え、その結果に基づいて必要な措置を講ずる」旨が規定されていた。また、1988年にデータ通信会社（NTTデータ）が、1992年に携帯電話会社（NTTドコモ）が分社化された。しかし、NTTの再編成に関する議論は紛糾し、当初見直しの期限とされた1989年度中には結論を得ることができず、1995年度に先送りされることになった。しかし、1995年度にも結論を得ることができず、ようやく1996年12月に「NTTの再編成についての方針」がとりまとめられた。この方針に基づき、1999年に再編成が実施され、持株会社の下に東西の地域電話会社（NTT東日本・NTT西日本）と長距離電話会社（NTTコミュニケーションズ）が置かれることになった。

　一方、電力やガスでは、競争促進の観点から、小売部門の自由化（電力・2000年3月〜、ガス・1995年3月〜）を受け、中立性を確保するためにネットワーク部門の機能分離が実施されたが、別法人化（法的分離）は、電力では2020年に、ガスでは2022年にそれぞれ実施されることとなった。

需給調整規制

　新規参入の可否を判断する際に、需要と供給の関係をみたうえで供給が多すぎると判断した場合には新規参入を認めないという規制である需給調整規制は、経済的規制の典型例の1つである。先に述べたように、1992年6月の第3次行革審第3次答申では、需給調整規制を原則として10年以内のできるだけ早い時期に撤廃することを提言した。

　需給調整規制を撤廃し、参入と退出を市場メカニズムに委ねるといった考え方は、通信（1997年11月）、航空（2000年2月）、鉄道（2000年3月）、バス・タクシー（2002年2月）と進んでいった。しかし、電力（2016年4月）とガス（2017年4月）については、それよりも遅れることとなった。また、あまねくサービスを提供する（ユニバーサルサービス）観点から、一般送配電事業者のように、引き続き事業からの退出を制限する例もみられる。

市場の拡大

　先に述べたように、島国という地理的な特徴や、すでに国内で一定規模

の市場が存在していたということもあり、欧州などでみられるような市場の地理的拡大といったことはあまり生じなかった。一方、産業間の垣根の撤廃という点では、電力・ガスの全面自由化にあたり、電力とガス、さらに通信（携帯電話）などとのセット販売といったことが行われた。

資本規制の撤廃

国営事業者の民営化により、資本規制についても撤廃される動きがみられた。しかし、さまざまな理由から、外資に対する規制が残されている。

通信では、通信主権の観点から、第一種電気通信事業者に対する外国人議決権比率の制限（3分の1未満）が電気通信事業法により規定されていたが、1998年の法改正によりこの規定は撤廃された。NTTに対しては、1987年2月に株式が公開されたが、NTT法により外国人による株式保有は禁止されていた。1992年のNTT法改正により、外国人による5分の1未満の株式保有が認められ、2001年には3分の1未満まで拡大された。また、NTT持株会社と東西会社に対しては、外国人が取締役、監査役、執行役に就任することが引き続き禁止されている。

航空でも、旗国主義やカボタージュとの関係もあり、外国人が代表者であるか役員の3分の1以上を占めている会社や、外国人の議決権比率が3分の1を超える会社が保有する航空機は、日本の航空機としての登録ができないことになっている。

これに対して、鉄道や電力・ガスについては事業法に基づく資本規制は存在せず、外国為替及び外国貿易法（外為法）に基づく一般的な外資規制が適用されることになる。第二次世界大戦以降、外資に対する規制は緩和される方向で対応が進められてきたが、電力をはじめとするインフラ事業者に対しては、外国人による10％以上の株式取得に対する事前届出が求められている。2004年に民営化し、株式を公開した電源開発に対し、2008年に外国投資ファンドが20％の株式取得を求め、事前届出を行った。財務大臣と経済産業大臣がこの株式取得の中止を命令した事例が、外資規制が発動された唯一の事例となっている。また、2010年代後半以降、欧州や米国で外資規制が強化される傾向にあるのと歩調を合わせる形で、日本でも2017年と2020年に外資規制が強化された。しかし各種イン

フラを中心とする公益事業を外資から守ることの意味については、必ずし
も明確な説明がなされていないのが、欧米も含めた現状である。

再公営化

　鉄道事業法では第二種・第三種の鉄道事業を制度化したが、これはJR
貨物による負担の軽減や新線の建設を既存の鉄道事業者以外の者に担わせ
ることを目的としていた。しかし、地域交通の活性化及び再生に関する法
律（活性化再生法）で、公的主体が鉄道施設や鉄道用地を譲り受けたうえ
で、第三種事業者として運行事業者である第二種事業者に鉄道施設を無償
で使用させること（鉄道事業再構築事業）が認められるとともに、軌道事
業に対しても同様の対応（軌道運送高度化事業）が認められた。

　一方、電力においては、地域経済の活性化や「電力の地産地消」を目的
に設置された小売電気事業者（地域新電力）に地方自治体が出資する事例
（自治体新電力）がみられる。また、電気事業法の2020年改正では、地方
自治体が配電事業に参画することを可能とする制度の見直し（配電事業ラ
イセンスの導入）が行われた。

注

1)　1972年の沖縄の本土復帰の際に琉球電力公社を引き継いで設立された特殊法人の
　　沖縄電力が、1988年に民営化された。
2)　国鉄の分割民営化を提言した初期の事例としては、産業計画会議が1958年7月に
　　発表したレコメンデーション「国鉄は根本的整備が必要である」（産業計画会議
　　1958）がある。

参考文献

今村都南雄編著（1997）『民営化の効果と現実 ——NTTとJR』中央法規。
公益事業学会編（2005）『日本の公益事業 ——変革への挑戦』白桃書房。
産業計画会議（1958）『国鉄は根本的整備が必要である（産業計画会議第4次レコメンデー
　　ション）』経済往来社（https://criepi.denken.or.jp/intro/matsunaga/recom/

recom_04.pdf）。

丸山真弘（2018）「対内直接投資に対する外資規制のあり方 ──欧州と日本における現状と課題」電力中央研究所報告　Y17006。

Column 2

公益事業の生産性をめぐる議論

　公益事業については、その内外価格差や生産性水準についての厳しい意見があり、たとえば「総括原価主義などの規制におけるインセンティブ強度が低いために効率性が停滞している」といった見方もあるが、評価にあたっては実態に即した丁寧な議論が必要である。

　まず、わが国のサービス産業の生産性が他国に比べて低いかどうかは、比較する両国間の相対価格比やサービスの質についての適切な補整が難しい。また内外価格差を問題視する背景にはグローバルな一物一価を前提とする考え方があるが、仮に購買力平価（同じ商品やサービスの組み合わせを各国で購入する場合にその購入額を等しくするような為替レート）で各国通貨の実質価値がすべての国で同じになると考えても、そもそも非貿易財であるサービス価格はグローバルな裁定（異なる市場で同じ商品の価格差を利用して取引すること）がはたらき難い。

　他方、規制改革が生産性（TFP：全要素生産性）に及ぼした影響に関する一連の研究では、競争阻害的な規制があるほど生産性水準が低い、あるいは、規制緩和が生産性向上に資することが明らかになっており［サーベイとして Crafts（2006）］、特に技術革新が顕著でビジネスモデルが刷新されるような産業分野では、規制の適切な見直しが生産性向上にプラスの影響を与えることが期待される。

　なお、たとえば電力産業のように資本集約的な（資本装備率が高い）産業分野では、資本設備当たりの必要労働量が低い技術を使うので、相対的に労働生産性が高くなる（資本生産性は低くなる）傾向がある。公正報酬率規制（総括原価主義）の下では、生産に用いる労働と資本（機械設備など）の組み合わせの選択に際して資本の割合が大きくなる「アバーチ・ジョンソン効果」が指摘されており、このような場合にはたとえ見かけ上の労働生産性は高くとも投入要素比率の配分非効率が存在することになる。

　また、インフラ型の産業分野では、技術の陳腐化速度が遅いと設備を長期間利用できるため、需要構造変化などに起因して付加価値額が停滞ないし減少する場合には、相対的に設備過剰となって計測される生産性は停滞ないし低下する。今後人口減少が進むわが国では特に留意が必要である。

　しばしば指摘される「規制のインセンティブ強度が低いと経営効率化努力が弱くなる」とか「企業の内部組織の拡大傾向に伴って X 非効率が増大する」といった仮説が妥当する状況か否かは、その産業の特質と技術等の基礎的条件を吟味したうえで多面的かつダイナミックな観点から論じなくてはならない。

　　　　［穴山 悌三（あなやま・ていぞう：長野県立大学グローバルマネジメント学部 教授）］

参考文献

Crafts, N (2006), "Regulation and Productivity Performance," *Oxford Review of Economic Policy*, 22 (2), pp.186-202.

▶ 第**5**章 ⑪⑪⑪

イノベーション[1]と社会変化下の公益事業

1　はじめに

　公益事業においては、本書でこれまで説明されてきたとおり、前世紀から自由化や民営化などによるさまざまな改革が試みられてきた。改革のタイミングは、公益事業の各産業により異なるものの、それらは今日もなお継続中であることが多い。こうした改革への対応に加え、今世紀に入って姿を現した大きな社会変化への対応にも、各産業は迫られている。

　その大きな社会変化とは、デジタル化をはじめとするテクノロジー・イノベーションの興隆、それらにより生まれたキー・テクノロジーを利用した新たな経済活動の仕組みやビジネスモデルの登場、地球温暖化対策などの環境問題への意識の高まりなどである。現在の世界は、こうした社会の仕組みを根本から大きく変えかねない、地球規模の潮流の中に置かれている。

　一方、日本国内に目を向けると、人口減少・少子高齢化、および地方における過疎化の進行、高度成長期に築いたインフラ老朽化への対応など、成熟国に顕著な課題が今後は多数出現する。日本の経済成長の新たな道筋を探ることは重要な課題であるが、公益事業においては事業基盤の維持がより重要な課題であり、その最適化のためには部分的な縮退も視野に入れる必要がある。

　以上の前提を踏まえ、本章では、こうしたイノベーションと社会変化があらゆる産業の構造転換を迫るなか、それらに直面する公益事業の各産業

（セクター）ですでに起こっている、または起ころうとしている現状と課題について考察する。

2　これから起こる社会変化

　公益事業の中には、発生から現在までにおいて、通信のようなテクノロジー・イノベーションを伴って発展し、コンピューターをはじめとするさまざまな IT デバイスと結びついて新たなサービスを提供してきた産業もあれば、基本的には 100 年以上前からのテクノロジーを継承し、パラダイムが変わるほどのイノベーションも出現しないまま今日に至る産業もある。前者では破壊的イノベーションが起こり、後者では持続的イノベーションの世界のみが続いているとの整理も可能である。[2]

　もっとも、ある産業でテクノロジー・イノベーションが発生するのは、その産業を成立させているキー・テクノロジーにおいて、新たな発明や発見がなされたタイミングに依存すると、今後も考えられる。また、サービス・イノベーションの場合、自由化・民営化などの規制改革を経た後、構造変化などにより発生する可能性が高い。

　しかし、社会の基礎的条件の変化や、産業横断的に発生する近年のデジタル化などのイノベーションが複雑に絡み合い、これまで考えられなかった種類のイノベーションも起こりうる。さらに、2020 年初頭から流行した新型コロナウイルス感染症[3]により、この種の疫病リスクが現代社会のあり方を再考させる契機となっている。こうした環境変化は、ライフスタイルに大きなイノベーションを促す可能性もあり、これらにも公益事業は対応を迫られる可能性がある。

(1) 変化要因に関する考察

　ここでは今後の社会を大きく変化させると考えられている複数の要因について考察する。特に、公益事業におけるイノベーションを促すインパクトとして、ここでは以下に例示した 6 つの変化要因について検討する。

6 つの変化要因
① 自由化、民営化、規制改革
② 分散化、多様化、非集中
③ 民主化
④ デジタル化
⑤ 脱炭素化
⑥ 人口減少

①の「自由化、民営化、規制改革」については、公益事業のほとんどが経験していることである。詳細は第 3 章・第 4 章に論を譲ることとするが、規制改革にはイノベーションを興すことを目的とする側面があることをここでは指摘しておきたい。

いわゆるリーマン・ショック後の 2010 年、OECD はイノベーション促進的な構造改革のあり方を示しているが、[4] その一方で日本の国際競争力は OECD 加盟国の中でも低迷していた。そこで政府は、2013 年の第 2 次安倍内閣で規制改革会議を復活させ、構造改革とともにイノベーションの推進を図ってきた。

②の「分散化、多様化、非集中」については、まず分散化には公益事業のネットワーク上のビジネスシステムや設備の分散化という意味だけではなく、地方分権などの中央からの行政権限の分権化なども含む。多様化はライフスタイルから価値観まで、文字どおり多様な意味を含む。そして、コロナウイルス感染拡大を契機に問題視された「三密」[5] を回避するため、これまでの大都市への一極集中から非集中へと流れが逆転する可能性がある。都市空間における経済効率性追求の考え方を見直し、都市の過密化と地方の過疎化をリバランスすることは分散化を促すことにもなる。

③の「民主化」については、まずテクノロジーのオープン戦略があげられる。たとえば、日本発の自動運転テクノロジーである Autoware [6] は、オープンソースによる自動運転 OS の開発を進めている。Google の親会社 Alphabet 傘下のウェイモ（Waymo）などと比較すると後発ではあるものの、コンピューターのオープンソース OS である Linux [7] の自動運転版ともいえる開発スタイルは世界から注目を集めている。

　一方、事業者側での利用が中心であった IT を中心としたテクノロジーを消費者側で利用することや、最終消費者が直接参加する商取引におけるプロシューマー[8]の台頭なども民主化に含まれる。シェアリング・エコノミー（後述）の普及は、テクノロジーの民主化がもたらした典型的な現象である。

　④の「デジタル化」においては、コンピューターの処理能力向上をベースに、人工知能（Artificial Intelligence: AI）が発達し、通信容量の向上やセンサー技術の高度化が生み出す「モノのインターネット」とよばれる IoT（Internet of Things）が普及すると、そこから得られるビッグデータを分析するデータサイエンスの活用が広まり、あらたなビジネスモデル構築、オペレーション最適化、消費者ベネフィット向上などに貢献することが期待されている。

　こうしたデジタル・テクノロジーの活用により、社会システム全体がより良いものへと変貌を遂げる概念をデジタル・トランスフォーメーション（Digital Transformation: DX）[9]という。この世界的な変遷（Transition）に対して、いずれの産業も抗することが難しい状況にあり、公益事業も例外ではない。また、この DX は異業種間の壁も打ち破りかねない。よって、現在の業界ごとの業法のあり方も問われることになる。

　⑤の「脱炭素化」とは、地球温暖化の原因とされている温室効果ガスの排出量をゼロにしようとする世界的な取り組みのことである。18 世紀後半の産業革命以来、人類が化石燃料を大量消費して温室効果ガスを発生させている行動の変容を求めるものであり、こうした気候変動問題への解決策としての地球温暖化対策は、その必要性が指摘されて久しい。近年は SDGs[10] の観点からも脱炭素化が求められている。

　温室効果ガスの過半は二酸化炭素が占めており、脱炭素化のためには、たとえば発電手段を化石燃料消費から再生可能エネルギーに、自動車をガソリン車から電気自動車（EV）に代替するなどの対応が求められている。これらは公益事業の各分野とも深く関係する。こうした代替手段の導入にはインセンティブを伴わないことも多く、補助金などの政策対応が求められることになるが、財政負担軽減などのためにイノベーションの促進がより重要となる。

　⑥の「人口減少」は、とりわけ成熟国での共通課題であるが、特に日本は人類がかつて経験したことのないスピードでの人口減少期を迎えている。図5-1のとおり、日本の総人口は、2008年をピークに、今後80年間で約100年前（大正時代後半）の水準に戻っていく可能性が指摘されている。経済成長において人口減少はマイナス要因となるが、生産やサービスのレベルを維持するためには、ハードウェア・ソフトウェアともにロボットなどのデジタル化技術を積極的に活用し、この大きな社会変化に対応する必要がある。

　一方、これまで人間の需要を満たしてきたインフラが余剰になる、更新投資への原資を供給する（料金を払う）人間が減少するという点で、総じて規模の大きい設備を抱えた公益事業では、持続可能性が低下するなどの深刻な事態を起こしかねない。今後はインフラの維持だけではなく、人口減少に合わせた規模へのインフラの縮退、地域によっては異なる公益事業のバンドリングなどによりコミュニティ維持を図るなど、前例を排した大胆な取り組みが必要になる可能性が高い。

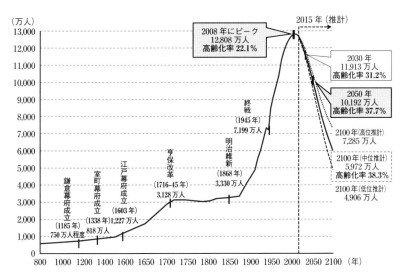

図5-1　日本における総人口の長期的推移

出所：国土交通省（2019）「これまでの国土の状況変化について」[11]。

　最低限度の生活水準を国家として保障するナショナル・ミニマム、地方自治体単位のそれをシビル・ミニマムという和製英語でよぶことがあるが、これらの水準維持をどのレベルに収束させ、どのようなスキームで実現するかが重要なテーマとなってくる。

(2) イノベーションによる構造変化

　テクノロジーやサービスのイノベーションにより、具体的にどのような社会変化が起こるかについては、世界中でさまざまな議論や予想が行われているが、日本では政府の科学技術政策のキャッチフレーズとして登場したSociety 5.0が参考になる[12]。

　狩猟社会（Society 1.0）、農耕社会（Society 2.0）、工業社会（Society 3.0）、情報社会（Society 4.0）に続く超スマート社会（Society 5.0）として、日本が目指すべき未来社会の姿とされている。サイバー（仮想）空間とフィジカル（現実）空間を高度に融合させたハイブリッド・システムにより、経済発展と社会的課題の解決を両立させる人間中心の社会（Society）のことでもある（図5-2参照）。

図5-2　Society 5.0で実現する社会

出所：内閣府[13]。

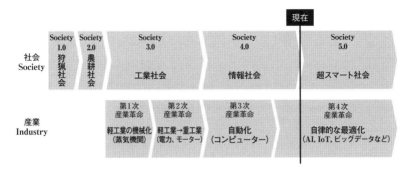

図 5-3　社会（Society）の進化と産業（Industry）の発展

出所：各種資料をもとに作成。

　これは第 4 次産業革命とよばれるデジタル・テクノロジーを中心とした
イノベーションを、あらゆる産業や社会生活に取り入れることにより実現
させる社会のことでもある。図 5-3 は、以上の社会（Society）の進化と
産業（Industry）の発展における、それぞれの段階を時系列で比較したイ
メージ図である。

　Society 5.0 の実現に向けては、政府が策定した未来投資戦略 2017 によ
り具体的な記載がある。翌年に発表された改訂版である未来投資戦略
2018 では、Society 5.0 の実現だけではなく、Society 5.0 とデータ駆動型
社会へのイノベーションをテーマとして掲げている[14]。その基本的な考え
方を表 5-1 に示す。

　未来投資戦略 2018 では Society 5.0 の実現に向けて今後取り組む重点分
野と、イノベーションの牽引力となるフラグシップ・プロジェクトが定
められており、その内容を見ると検討されている方向性を大まかに掴むこ
とができる。具体的には、次世代モビリティ・システムの構築、次世代ヘ
ルスケア・システムの構築、エネルギー転換・脱炭素化に向けたイノベー
ション、フィンテックによるキャッシュレス化、デジタルガバメントの推
進、PPP・PFI の導入加速を伴った次世代インフラ・メインテナンス・シ
ステム、農林業のスマート化、まちづくりと公共交通・ICT 活用などの連
携によるスマートシティ構築、大企業だけではなく中小・小規模事業者の
生産性革命のさらなる強化、である。

表 5-1　未来投資戦略 2018 の基本的考え方

（1）世界の動向と日本の強み

世界の動向

デジタル革命	・ 世界では、ICT 機器の爆発的普及、AI、ビッグデータ、IoT などの社会実装が進み、社会のあらゆる場面で、デジタル革命が進展。
データ・人材の争奪戦	・ デジタル時代の価値の源泉である「データ」や、その「データ」と新しい「アイデア」で新たな付加価値を生み出す「人材」を巡る国際的な争奪戦が繰り広げられている。
データ覇権主義	・ 一部の企業や国がデータの囲い込みや独占を図る「データ覇権主義」、寡占化により、経済社会システムの健全な発展が阻害される懸念。

日本の強み

豊富な「資源」	・ 日本は、企業の優れた「技術力」や大学等の「研究開発力」、高い教育水準の下でのポテンシャルの高い「人材」層、ものづくりや医療等の「現場」から得られる豊富な「リアルデータ」。
課題先進国	・ 日本は、人口減少、少子高齢化、エネルギー・環境制約など、さまざまな課題に直面する「課題先進国」。
新たな価値創造のチャンス	・ 現場からの豊富な「リアルデータ」と AI やロボットなどの「革新的技術」の活用によって、社会課題の解決を図り、新たな価値創造をもたらす大きなチャンス。
優位な立ち位置	・ 日本は、世界に先駆けて人口減少に直面し、失業問題といった社会的摩擦を引き起こすことなく、AI やロボットなどの「革新的技術」の社会実装が可能な優位な立ち位置。

（2）「Society 5.0」の実現に向けた戦略的取組

「Society 5.0」の実現に向けた戦略的取組

新たな国民生活や経済社会の姿	・ 「Society 5.0」で実現できる新たな国民生活や経済社会の姿を、できるだけ具体的に示し、国民の間で共有。
制度・慣行や社会構造の改革	・ これまでの成功体験から決別した「非連続」な形で、従来型の制度や社会構造の改革を一気に進めていく。
今後、諸外国との競争が激化	・ 今後、諸外国もわが国と同様の社会課題に直面し、社会課題解決への技術革新、ソリューション提供競争が想像を超えるスピードで激化。
新たな決意とスピード感	・ この数年がわが国にとって不可逆的岐路であり、新たな決意とスピード感をもって進めていく。

持続可能でインクルーシブな経済社会システムである「Society 5.0」を実現
日本経済の潜在成長率を大幅に引き上げ、国民所得や生活の質、国際競争力を大きく向上

「Society 5.0」：第 4 次産業革命の新たな技術革新

新たな技術革新の社会実装	新しいアイデアで、豊富なリアルデータを活用	革新的なデジタル製品・サービス・システムの創出
・頭脳としての AI ・筋肉としてのロボット ・神経としての IoT		・ 従来の大量生産・大量消費型のモノ・サービスの提供ではない、個別化された製品やサービスの提供により、さまざまな社会課題を解決し、大きな付加価値を生み出す。

出所：内閣官房日本経済再生総合事務局（2018）を修正。

　Society 5.0 自体は、現在見えている技術をもとに設定されたコンセプトや、それに基づいた 2030 年までの一定の目標である。したがって、技術開発速度や経済合理性の観点から、この構想のフィージビリティ（実現可能性）は、その範囲や程度も含めて、現時点では正確にはわからない。しかし、「当たらずとも遠からず」の未来予想を前提とする場合、現在の公益事業のどこに影響を与え、最終的にどのような姿に変容しうるのかについては、一定の予測が可能であろう。

　世界的には第 4 次産業革命がすでに始まっているとされており、[15]産業構造に徐々に変化を与えている。本節 (1) 項の「6 つの変化要因」のうち、主な先進国の公益事業では、21 世紀初頭までに最初の「①自由化、民営化・規制改革」を進めてきた。一方、国・地域や産業によってタイミングは異なるものの、遅くとも 2010 年代半ばまでにはこの第 4 次産業革命が開始されていると考えられており、これと残りの変化要因②から⑥が複雑に絡み合う展開となっている。

　以上で社会や産業の未来に関する青写真を俯瞰したことを踏まえ、以下ではこれからの公益事業について、その産業構造を中心に概観する。

4つの領域におけるイノベーション

　A　競争部分
　B　自然独占部分
　C　新たなサービス・プラットフォームや分散型システム
　D　消費者の新たな行動

（図 5-4 の A から D に対応）

　A の「競争部分」では、市場自由化などの規制改革により、従来は独占状態であった市場を競争状態にするために、エリアが異なる同業の事業者がお互いの市場へ参入すること、あるいは異業種の事業者が子会社などを通じて新規に参入することなどが促進されてきた。

　しかし、異業種からの業界を跨いだ単純な市場参入を超え、今後は異業種間でさまざまな産業融合が起こる可能性が高まっている。デジタル・テクノロジーの進化を背景に、たとえばエネルギーとモビリティが複合した

82

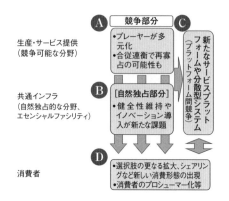

図5-4 〈再掲〉これからの公益事業

出所：第3章 図3-2（p.59）の一部に加筆。

新たなビジネスモデルを探る動きがある。従来のような企業間のM&A
（合併・買収）やJV（共同企業体）などでアライアンス（提携）を行う以
外に、デジタル・テクノロジーの活用に長けたテック系とよばれるベン
チャー企業なども活躍の場を広げつつある。

　自由化や規制改革などにおいて、競争部分と自然独占部分を切り離すた
めに垂直分離（アンバンドリング）が行われるが、競争市場ではプレーヤー
の多元化が進む可能性がある一方、優勝劣敗が顕在化した後、プレーヤー
間で合従連衡が発生する可能性もある。これによる水平統合などで業界や
機能別に再編（リバンドリング）を誘発すると、結果的に新たな形での寡
占・独占などに回帰する可能性もある。

　Bの「自然独占部分」は、構造分離後の一方のピースとして、規制改革
前と同様に規制下に置かれる部分である。公益事業の多くがネットワーク
産業とよばれるが、エッセンシャル・ファシリティであるネットワークへ
の二重投資やそれに起因する破滅的競争は、結果的に経済合理性を欠く。
このような事態を避け、効率的な資源配分を達成するため、この部分に独
占が認められることになる。独占状態の中にあっても、自然独占部分を担
う事業者が競争部分からのアクセスを公平に扱い、その事業運営の効率性
向上に努めることを課すために各種の規制が存在する。

　自然独占部分であっても、エッセンシャル・ファシリティに含まれる物

理的施設の健全性維持や、テクノロジーの漸進的進化を背景としたイノベーションをこの部分にも導入し、事業効率性を高める必要がある。こうしたイノベーションは持続的なものが中心となる。

　一方、デジタル・テクノロジーはこの部分にも破壊的イノベーションを引き起こす可能性がある。具体的には、既存のネットワークを陳腐化させてしまうようなイノベーションが全体に及ぶものから、IoT の進化などによるデータ活用の活発化が新たなサービスやビジネスを生む可能性まで、そのポテンシャルは小さくない。もちろんその可能性の大小は、その産業がもつ資産特殊性や、個別のテクノロジー・イノベーションの破壊力に依存する。

　いずれにしても、この部分へのイノベーションの導入は新たな課題として浮かび上がっている。その最たるものは、競争領域の企業のように、得た利益からどの程度をイノベーション投資に回すのかを自由に決定することが難しいことである。これに対しては、たとえば電気事業にみられるようなレベニューキャップなどのインセンティブ規制の制度設計において、一定のイノベーション投資を認めるなどの制度的措置が必要となる。

　Ｃの「新たなサービス・プラットフォームや分散型システム」においては、ⅰ）この領域で独自に進化してきたもの、ⅱ）ＡとＢのいずれかの領域を出自とする企業から進化してくるもの、あるいは、ⅲ）ＡとＢの間の垂直統合を維持したまま、ないしは部分的なリバンドリングなどで進化してくるものが想定される。

　ここで、プラットフォームのもつ意味を確認すると、もともとは鉄道駅で旅客乗降や貨物荷役を扱うような平らな場所を指す言葉であったが、財やサービスを取り扱うビジネスの場や、それらを提供する企業戦略などに転じて用いられている。近年、GAFA/BAT[16] のような米中の巨大 IT プラットフォーマーが提供するサービスの場を指すことが多くなった。ここ数年で著しい成長を遂げた Uber、Grab などの配車サービスや Airbnb のような民間宿泊施設のマッチングサービスなどは、スマートフォン上のアプリで簡易に提供されるが、こうした事業者がサービス提供する場もプラットフォームとよばれている。

　これらのプラットフォーム型ビジネスが出現してから、産業組織のあり

方に大きな影響を与え始めている。公益事業でもBで述べたネットワーク産業がもつ特性を活用して、テクノロジーとサービスの両方のイノベーションを活用することにより、従来型ビジネスモデルからプラットフォーム型ビジネスへの転換を模索している。たとえば、日本の交通系電子マネーは決済プラットフォームとして生活場面の多くに関与しており、サービス・プラットフォーム形成の嚆矢となっている。これにスマートフォン普及が加わり、そのうえで展開されるさまざまなサービスが融合されることで、日常生活に不可欠な存在となりつつある。

　こうしたプラットフォーム上では、従来からの資本集約型の設備所有や中央集権型のオペレーションが、テクノロジー・イノベーションによる分散化が進むことを背景に、ソフトウェアでオペレーションの最適化を目指すビジネスモデルへの遷移が検討される。エネルギー産業における分散型エネルギー資源（後述）の活用や、運輸産業の配車サービスを起点にしたスーパーアプリ活用[17]などがそれにあたる。

　そしてこれらは、異なる産業を母体としたプラットフォームを形成しつつ、日常不可欠な財を提供する事業者が相互に市場を侵食し、競争するにしたがって、プラットフォーム間競争の様相を呈することが現実味を帯びている。前述のグローバルに展開する巨大ITプラットフォーマーが社会の重要インフラ、ライフラインとしての機能を担うにしたがい、もともとは非公益事業ではあるものの、一方の公益事業をベースとしたプラットフォーマーとのプラットフォーム間競争を起こすのか、あるいは融合してしまうのか、現時点でその最終的な姿を正確に予想することは難しい。

　Dの「消費者の新たな行動」においては、独占から競争へと市場が変化した際に、消費者が複数供給者の価格やサービスを比較して選択できるという基礎的なメリットが享受できる状態から、小売市場を中心に消費者の選択肢がさらに多様化することが予想されている。AからCの領域において発生するイノベーションにより生まれる新たな市場やサービスが、最終的にDの小売市場において提供されるだけではなく、創発的なイノベーションが生まれる可能性もある。

　具体的には、デジタル・テクノロジーが、ⅰ）従来では採算性の問題から到底実現できなかった微細な単位、高頻度、複雑な契約条件等を包含し

た市場取引を可能にすることで、供給者と消費者の間での双方向取引をリアルタイムで実現する、ⅱ）それにより消費者が市場でプロ化することの例えとしての造語であるプロシューマーが出現する、ⅲ）サブスクリプション、シェアリングなどの新形態の経済取引も可能となる、というような進化を遂げる可能性がある。

　コンピューターの処理能力向上というハード側の進化だけではなく、AIの発達を受けたソフトウェア側の進化ともあいまって、今後もデジタル・テクノロジーはさらなる発展を遂げることが予想されている。すでに消費者が商品の所有から利用へと移行し、モノからコトへの消費形態の変化が指摘されるなか、テクノロジーとサービスのイノベーションの双方により、さらなる高度化・多様化が図られる試みも続いている。こうした新しい市場環境では、消費者のカスタマー・エクスペリエンス（CX）（またはカスタマー・ジャーニー）やユーザー・エクスペリエンス（UX）[18]がより重要になるといわれている。

3　イノベーションに直面する公益事業

　ここでは、さまざまなイノベーションが、公益事業やその周辺に対してどのような影響をもたらしているのかを検討する。具体的には、テクノロジーによるイノベーションと、経済・ビジネスモデルによるイノベーションという２つの切り口により、電力、ガス、水道、運輸、通信、放送などの公益事業の産業ごとに検討するのではなく、産業横断的に俯瞰する。

（1）テクノロジーによるイノベーション

　公益事業は多額の設備投資を必要とするインフラ産業である場合が多く、売上高利益率は高いが、総資産回転率が押し並べて低い傾向にある。こうしたことから、IT投資にも従来から慎重にならざるを得ない傾向にあり、テクノロジー・イノベーションによる急激な変化を引き起こすことが、原理的に難しい側面があった。

　公益事業に限らず、テクノロジーによるソリューションには短期的な成果の期待が大きくなる傾向にあり、中長期的な成果をあらかじめ見通すことも難しい。よって、大きな変化を想定するビジョンを描くことは困難を伴う。こうした状況は、公益事業にイノベーションを興すことをますます困難にするが、公益事業の外側で進むテクノロジーの進化がいつまでも影響を及ぼさないと考えることは、もはや現実的ではない状況が生まれつつある。

　以下では、そうしたいくつかのテクノロジーのコンセプトと普及状況などを概観する。

第3次 AI ブームの波及効果

　2010年代のいわゆる第3次 AI ブームでは、ビッグデータとよばれる大量データを用い、AI 自身が知識を獲得する機械学習（マシーンラーニング）、ならびに AI が知識の定義付けを行う深層学習（ディープラーニング）が登場し、後者を利用した画像認識技術も発達した。今回のブームはすでにピークアウトしたとの指摘もあるが、さまざまな波及効果がビジネス面で観察されている。

　たとえば、定型業務自動化のツールとして普及が進んだ RPA（Robotics Process Automation）とよばれるソフトウェアロボットには、AI の機械学習などをエンジンとして組み込んでいるものもあり、公益事業の各産業でも導入が進んでいる。こうしたロボットは、レガシーシステムのうえで稼働させることができるため、抜本的な IT システムの見直しを行うことなく、省力化や業務効率化を比較的容易に実現させる。さらには、昨今の働き方改革との文脈とも符合して導入が加速している。

　また、AI による画像認識技術は、公益事業でも設備の状態監視や老朽化予測などでの活用が進んでいる。たとえば、電力においては発電所のプラントや送電線などでの設備診断、ガスや水道においてはガス漏れや漏水の予防保守としての導管点検、交通では自動運転での活用や渋滞・事故における道路管理など、多方面で実証や実装がなされている。空中での監視の場合、ドローンに搭載したカメラの映像を活用することも広がっている。こうしたテクノロジーの活用は、各産業のレジリエンス（災害からの

回復力）の強化にも貢献している。

データの世紀のキー・テクノロジーは IoT

　IoT はあらゆるモノがインターネットにつながり、モノ（デバイス）同士がサーバーやクラウドを介して相互に連携しながら、データの交換、処理や分析などを行う。センサー技術、通信やコンピューター処理能力の高度化・価格低下などを背景に IoT の普及は進んでいる。総務省（2020）によると、世界の IoT デバイス数は 2015 年の約 165 億個から 2019 年には約 253 億個に増加しており、2022 年には約 348 億個に到達すると予測されている。このうち半数近くはスマートフォンなどの通信機器であるが、コネクテッドカーなどの輸送機器、デジタルヘルスケアなどの医療、工場・インフラ・物流などを含むスマートファクトリーや、複合都市開発としてのスマートシティなどでの活用の拡大が期待されている。

　日本での産業用 IoT の活用はまだ限定的といわれるが、さまざまなビジネスアイデアが生まれつつある。情報技術（Information Technology：IT）と比較すると、エンジン・バルブなどの物理的な機械における運用・制御技術（Operational Technology：OT）は標準化が進んでおらず、セキュリティ上の理由からもネットワークに接続しない閉鎖系システムがこれまでの主流であった。しかし、産業用 IoT の出現により、従来は相容れなかったこれらの領域の融合が進むことで、社会システムの効率化が進むことが期待されている。

　具体的には、IoT を用いることによりリアルタイムで機器やプラントの監視が可能となり、早期の異常兆候の検知や生産性の向上などが期待できると考えられている。前述の AI による各種解析技術などと組み合わせることで、さらに高度な設備管理も可能となる。また、電気、ガス、水道メーターなどを、IoT による包括的管理を可能とするプラットフォームも開発されている[19]。一方、IoT を通してインターネットに接続されるデバイスの増加は、サイバー攻撃の標的が増えることを意味するため、サイバーセキュリティを強化することも同時に必要となっている。

データサイエンスが社会を変える

データサイエンスとは、IoT などを通して得られたビッグデータを、情報科学、数学・統計学、アルゴリズムなどの手法による解析結果をもとに、社会的価値の高い知見を引き出そうとする自然科学の一分野である。古くは計算機工学、情報工学とよばれた研究分野もこの一分野であり、今日では機械学習やパターン認識などのデータアナリティクスにより、ビッグデータからヒューリスティック（発見的）な知見を引き出すデータマイニングもこの一分野となっている。データアナリティクスや、そこから導かれる知見の獲得までを行う職業的専門家（プロフェッショナル）のことをデータサイエンティストとよぶ。

データサイエンスの発達は、後述の「経済・ビジネスモデルなどによるイノベーション」においても広範な領域に貢献しており、データサイエンスとエコノミクスの融合が GAFA/BAT の興隆を支える本質であることも広く知られている。一方、プログラムコードのオープンソース化がかつて進んだように、近年は集合知としてのオープンデータの増大とその活用が、技術的な正の外部性をもつ活動として世界中で存在感を増している。

公益事業ではその公共性の高さから、特に図 5-4 の B の領域で得られたデータは公共財と考えられる。一般送配電事業者 3 社と NTT データの出資によるグリッドデータバンクラボの電力データを活用した社会的課題解決などの取り組みもすでにあるが、スマートメーター導入完了を控え、個人情報保護に配慮した、より中立的な電力版の情報銀行設立も検討されている。こうしたデータインフラの整備が進むことにより、公益事業でもデータサイエンスによる創造的な新事業の開発が期待されている。

イノベーションを支えるインフラとしての5G

携帯電話の通信規格は第 4 世代移動通信システム（4G）[20]でスマートフォンの爆発的普及を促し、モバイルデバイスによる新たな経済圏を出現させた。実効速度が 4G の 100 倍となる第 5 世代（5G）が普及すると、その圧倒的な情報伝達速度によって大容量情報を瞬時に伝送することが可能になる。

これによりビッグデータの伝送も現在より容易となり、前述の IoT や

データアナリティクスなどのビジネス環境が飛躍的に高度化されることが期待されている。また、仮想現実（Virtual Reality: VR）をはじめとした、サイバースペースで人工的な環境を作り出すテクノロジーも一気に進化する可能性がある。

　5G の商用サービス提供は世界 30 か国以上ですでに始まっているが、使用する周波数帯の特性から、必要となる基地局数が多くなる点でのコスト面の課題や、モバイルデバイス側の電池容量の制約問題などもあり、急激な普及には懐疑的な見方もあった。しかし、コロナウイルス感染拡大の影響による在宅勤務増加など、働き方の変容が 5G の普及を加速させると指摘する向きもある。さらに実効速度が 5G の 10 倍となることが見込まれる第 6 世代（6G）の研究もすでに開始されており、情報通信の進歩はとどまる所を知らない。

分散型エネルギー資源が変える電気事業の未来

　分散型エネルギー資源（Distributed Energy Resources: DER）とは、小規模分散型発電（ガス・コージェネレーション・システムなども含む）、蓄電池、電気自動車（EV）、デマンドレスポンス（Demand Response: DR、電力の需給調整に応じて電力消費の増減を行う一種のインセンティブ）や VPP（Virtual Power Plant、DER をアグリゲーターなどの仲介事業者が束ねる仮想発電所）などのうち、電力ネットワークの運用上、電力供給の信頼度維持や経済性向上などに貢献するものを指す。

　これらは従来、需要家の側に設置される機器や節電行動などであることから、需要側資源（Demand Side Resources: DSR）ともよばれる。さらに、需要家側での再生可能エネルギー発電による余剰の発生は、コストが低下した蓄電池などへの貯蔵により需給のタイムシフトが可能となりつつある。その結果、DER 間での P2P（Pier to Pier）とよばれるマイクロ取引を通した電力システム全体の最適化を、デジタル・テクノロジーの活用により実現しようとする取り組みが世界中で進んでいる。こうした市場化は需要家（消費者）のプロシューマー化を促進するとも考えられている。

　AI、IoT、5G といったハードウェアとさまざまなソフトウェア両面における進化や、データサイエンスなどの手法の高度化は、将来のエネル

90

ギー供給の姿を一変させる可能性も秘めている。このように、DER はエネルギーのローカルプラットフォームを形成する各種コンポーネントとなると考えられている。

(2) 経済・ビジネスモデルによるイノベーション

　本節 (1) 項でみたようなテクノロジーによるイノベーションは、あらゆる産業のあり方に変化を迫るものであるが、先に変化を始めた IT 産業周辺では経済・ビジネスモデル自体に変化をもたらすだけではなく、さまざまな新しいビジネスモデルを誕生させている。

　公益事業への影響を考えると、たとえば You Tube や Netflix などのインターネットによる動画配信サービスは、テクノロジーのイノベーションをベースとしつつも、経済・ビジネスモデルにおけるイノベーションでもある。その波及効果は、人間の生活時間における既存の放送産業が占める割合を低下させていることなどに現れている。

　一方、人間の生活時間の移行を放送産業から譲り受ける通信産業は、IT 産業と複雑に絡み合う情報通信産業（ICT）となっており、IT プラットフォーマーを支える重要なインフラでもある。結果的に、公益事業の中でも経済・ビジネスモデルの変化の影響をもっとも早く受けた産業となっている。

　こうした変化が公益事業の各産業で発生するタイミングは大きく異なると考えられるが、本項では可能な限り一般化したうえで、図5-4 の C で現れる「新たなサービス・プラットフォーム」の姿や、D で起こる消費形態の変化などについての足掛かりを掴むことを試みたい。

プラットフォーム競争の時代は到来するのか

　プラットフォームにはさまざまなタイプがあるが、いずれのプラットフォームもそれを提供する事業者のことをプラットフォーマーとよぶ。前節 (2) で言及したとおり、プラットフォーマーはもともと GAFA/BAT などの IT プラットフォーマーのことを指していたが、最近はこれら以外にも、動画配信、配車サービスや宿泊マッチングなどを中心とした特定の

サービス・プラットフォームを提供するプラットフォーマーも包含している。いずれにしても、共通点は商品などの財や情報などのサービスを交換、その対価を決済するなどの場としてプラットフォームを提供することが特徴である。

　前者の特徴はデジタル・テクノロジーを駆使したグローバルでのプラットフォームの形成にあり、従来からのサイバー空間を中心としたデジタル領域だけではなく、近年は金融や決済、実店舗での小売、スマートホームなどのリアル空間への進出もみられる。

　後者の特徴は特定の国や地域に根付いたローカルビジネスをベースとしたプラットフォームの形成にある。公益事業で想定されるサービスや分散型システムによるプラットフォーム形成は後者のタイプにより近い。

　図 5-4 の C で発生しているビジネスモデルでは、非公益事業の巨大化した IT プラットフォーマーが寡占・独占化することが課題となっている。一方、規制改革を経て A と B という形に構造改革を果たした公益事業のプラットフォーム化は、再寡占・独占へと向かうことが予想される。そもそも公益事業においてこうした変化が起こることを予想することは現実的なのか、実現したとしても組織の文化的、能力的な制約からこれらが維持可能であるのかなどを予見することも現時点では難しい。

　構造改革が相対的に早かった通信産業は、IT プラットフォーマーのインフラを担っているが(土管化)、他の公益事業においてもプラットフォームの中で果たす役割が、サービス提供者またはインフラ提供者として棲み分けが進むことも考えられる。電気事業で同じことが起こるとすると、DER の各プレーヤーがサービス提供者となり、電力ネットワーク（送配電線）の所有者がインフラ提供者（土管化）となって、それぞれが分離することを意味する。

プラットフォームで働く新しい経済理論

　プラットフォームのようなネットワーク効果が働く市場では、直接的に契約関係にない場合でも相互にネットワーク効果を及ぼし合うことで、需要（買い手）側と供給（売り手）側の取引が成立する。このようなプラットフォームが仲介機能を果たす構造をもつ市場のことを二面市場または両

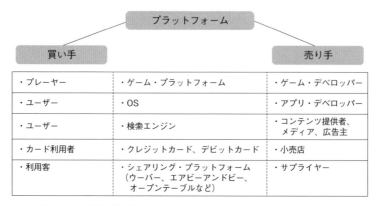

図5-5　二面市場（Two-sided Market）、二面プラットフォーム

出所：ジャン・ティロール（2018）『良き社会のための経済学』をもとに作成。

面市場（Two-Sided Market）とよぶ。図5-5は代表的な二面市場を例示している。こうした市場は、ネットワーク効果の外部性をプラットフォームにより内部化しているともいえる。

　二面市場でのプライシング（価格設定）については、ネットワーク効果の出し手（売り手）側で高くなり、受け手（買い手）側で低くなることが特徴的で、この間の相互補助によって決まる。これは従来の経済学が前提としてきた「限界費用でのプライシングが効率的」という考え方とは異なり、費用と価格の間に一義的な関係性はない。プラットフォーム戦略は二面市場でのプライシングをより有利にするため、無料でプレーヤーやユーザーを大量に引きつけ（フリーミアム）、ネットワーク効果を梃子に自社のプラットフォームを拡大することにある。

シェアリング・エコノミーの現状と課題
　シェアリングは原始社会から存在するものであるが、現代のシェアリング・エコノミー（共有型経済）は、インターネット上のプラットフォームをベースに、ユーザー側ではモバイルデバイス上のスーパーアプリなどに代表されるモバイルアプリなどを活用してシェアリングを実現する。

　財やサービスだけでなく、空間、スキル、お金などを、多くの個人の間で交換、融通、売買、貸借などを行う資源配分の新しい形であり、カー

シェアリングなどのライドシェア、クラウドファンディング、配車や宿泊サービスなどに広がりを見せている。IoTの普及などに伴い、シェアリングがあらゆる分野へ広がり、社会の仕組みを根底から変えると考えられている。

　一方、配車サービスの新興企業株価が伸び悩むなど、その収益モデルに課題を抱えていることが指摘されるなか、コロナウイルス感染拡大による衛生観念の高まりから、シェアリング・エコノミーの先行きを不安視する声も次第に大きくなりつつある。

　しかし、所有から利用への消費形態変化の背景には、持たざる者でも豊かで便利な暮らしが実現されることに支持が集まったことにもある。よって、今後の展開のためには、利用における感染症対策などの衛生面での工夫や、防疫対策自体におけるイノベーションが期待されるところである。

料金課金は変わるのか

　電気、ガス、水道などは、元来リカーリング（継続取引）ビジネスであり、需要側の使用量によって供給側の売上に変動が生じる。リカーリング・ビジネスではほかにも、コピー機のインク代やコンタクトレンズなどの定期購入が前提のもの、ゲーム機業界でみられる顧客の囲い込み（ロックイン）などが良く知られている。

　一方、サブスクリプション・サービスでは、ユーザーがモノを所有するのではなく、モノの利用などのサービスを受ける期間に応じ、定額で料金を支払う。モノの所有や消費に対して、コト消費とよばれる顧客の経験価値を重視したサービスモデルを包括した考え方として使われることもある。

　こちらも古くは定期購読などが転じて有限期間の使用許可の意味となり、コンピューターソフトウェアの利用権として採用されたのがビジネスモデルの起源である。近年はクラウド・コンピューティングの発展やシェアリング・エコノミーの広がりを背景にサブスクリプション・サービスが拡大しており、運輸、教育、メディア、医療、小売り、製造などすべてがそのサービスの対象となっている。

　本項の冒頭で言及したNetflixや音楽配信サービスのSpotifyなどはサブスクリプション・サービスの典型で、既存の放送業界への大きな脅威と

もなっている。運輸における新たな移動サービスである MaaS[21] でもすでに採用されているが、エネルギーでも VPP の管理サービスなどにサブスクリプション・サービスの導入が検討されている。

　前述のリカーリング・ビジネスに現在は分類されているものでも、IoTなどのテクノロジーの進化を背景に、今後はサブスクリプションでのサービス提供が行われるものが続出すると予想されている。

4　地球環境問題とイノベーション

　COP21（2015）パリ協定で気候変動対応の国際的枠組みが形成されたものの、4年後にマドリードで開催された COP25（2019）では具体的な進展が示されなかった。これに対し、アントニオ・グテーレス国連事務総長が閉幕後に遺憾の念を表明するなど、この問題における国際協調の難しさをあらためて浮き彫りにしている。

　こうした国家レベルでの国際協調が難しさを増している反面、企業側では投資家による ESG 投資[22] の観点による投資先選別を強める動きへの対応から、SDGs の達成を掲げる企業が増加している。ESG 投資や SDGs には気候変動対策が含まれることから、企業側で脱炭素化への対応が先行するものと考えられる。

　日本でも、年金積立金管理運用独立行政法人（GPIF）が ESG 投資を考慮した運用を拡大させており、さらには日本経済団体連合会と東京大学との共同研究報告書[23] も発表している。この研究には Society 5.0 の実現も含まれることから、本報告書の副題には「課題解決イノベーションへの投資促進」が掲げられている。いずれにしても、GPIF などの機関投資家が ESG 投資の姿勢を強めることは、地球環境問題の解決に過大なコストをかけることよりも、イノベーションによる解決策を探ることを企業に促すことになる可能性が高い。

　多くの国や企業では 2050 年までにゼロエミッションの達成を掲げている。こうした目標達成が、仮に現在のテクノロジーを用いることで可能であったとしても、採算性・経済性が破綻していれば、持続可能な開発目標

図 5-6　地域循環共生圏（日本発の脱炭素化・SDGs 構想）

出所：環境省「つなげよう、支えよう森里川海」プロジェクト HP。[25]

（SDGs）とはならない。このように考えると、現在のテクノロジーレベルでは達成できない課題解決にこそ破壊的イノベーションが必要となる。直接削減を主体とした気候変動対応に莫大なコストをかけることよりも、より安価なイノベーションの方法論を発明・発見するための投資に振り向ける方が、中長期的には経済合理性が高まる可能性がある。

　一方、ESG 投資に積極的な金融機関には、取り扱う投資ファンドやグリーンボンド（環境債）などにおける各種手数料収入にインセンティブがある。このことから、金融機関が偏向的なマーケティング活動を行うとの批判があり、ESG 投資自体の有効性に懐疑的な見方もある。さらに、地球温暖化の原因とされる温室効果ガス排出量の内訳を見ると、ESG 投資が影響を与えうる企業が排出する量は、そもそも限定的であるとの指摘もある。[24]これらのことから、企業活動のみならず、一般消費者を含めた人間の活動全体に目を向ける必要がある。

内閣府に設置された統合イノベーション戦略推進会議が 2020 年 1 月に発表した「革新的環境イノベーション戦略」や、2020 年 2 月に環境省に設けられた「環境イノベーションに向けたファイナンスのあり方研究会」など、政府でも検討が進んでいる。こうした方針決定に基づくさまざまな取り組みが、地球環境問題の解決に向けたイノベーションの発意において、バランスの取れた後押しとなることが期待される。

5　今後の展望

本章ではイノベーションがもたらす公益事業の変容についての可能性と今後の方向性を探ってきた。未来の姿をクリアに描くことは難しいが、イノベーションを興すうえでの公益事業における課題を最後に簡単にまとめたい。

まず、ユニバーサルサービスについて、人口減少が確実な日本においては、その扱い方についての議論をいつまでも避けて通ることはできない。これまでのネットワークや設備維持の発想では各公益事業の維持が困難になることが各所で指摘されるなか、この課題をイノベーションだけで克服することも難しい。よって、公益と私益、権利と義務、受益者負担の原則などに照らしたユニバーサルサービスの抜本的な見直しなしには、デジタル・イノベーションの掛け声も大きな空振りに終わることが強く懸念される。

次に、一定の区域にコンパクトに暮らすというコンセプトでのスマートシティの形成が前述の課題に対する 1 つの答えだとすると、各公益事業ごとに存在する現行の事業法などの規制が足かせになる可能性が高い。これはデジタル・イノベーションによる異業種間の産業融合においても障害となる。また、プラットフォーム型ビジネスが公益事業においても進展することにより、個人も事業主体になる可能性があることに規制が対応できていない点も課題である。2030 年頃の未来生活をデジタル化推進で実現しようとするスーパーシティ法案が 2020 年 5 月 27 日に成立したばかりではあるが、こうした取り組みの実効性をまずは注視する必要がある。

　最後に、公益事業の各事業主体である企業や自治体などにおける「組織のイノベーション」である。規制改革が進んだとはいえ、規制下の官僚組織で育まれた行動規範やマインドセットを、デジタル・イノベーションにあわせて改革することが容易ではないことを、これらの関係者が一番良く理解しているはずだ。世界で進むデジタル・イノベーションにキャッチアップできない場合、国内の各産業が競争力を喪失し、国民がその経済的恩恵を享受できなくなるだけではなく、自らの生活に利便性の向上がもたらされることもなくなる。イノベーションを阻む制度や規制の見直しを待つだけではなく、それぞれの組織において主体的かつ積極的なイノベーションの取り組みが重要であることを理解するべきである。

注

1)　本章ではイノベーションという言葉を、一般的な技術革新や製品革新などの意味ではなく、シュンペーター（1911）の定義に基づき、創造的破壊が生み出す社会的に大きな変化をもたらす広義の変革（イノベーション）を指すこととする。
2)　クリステンセン（2001）で示された概念。この概念によると、イノベーションには従来製品の改良を重ねる持続的イノベーションと、従来製品の価値を破壊して新たな価値を生み出す破壊的イノベーションがあるとされる。
3)　2019 新型コロナウイルス（Coronavirus disease 2019: COVID-19）が人に感染することによって発症する急性呼吸器疾患のこと。日本では「新型コロナウイルス感染症を指定感染症として定める等の政令」で定められた名称である。
4)　OECD（2010）の日本語版サマリーによる。
5)　新型コロナウイルス感染拡大防止のために回避するべき3つの密である「密閉、密接、密着」の略。
6)　The Autoware Foundation HP: https://www.autoware.org（2020 年 4 月 27 日アクセス）　公開されているソースコードは、以前は GitHub で公開されていたが、現在は GitLab へ移行した。
7)　ヘルシンキ大学の学生であったフィンランド人リーナス・トーバルズが1991 年に個人的に始めたオープンソースの開発プロジェクト。フリー（自由かつ無償）なコンピューターのオペレーティングシステム（OS）のカーネル製作を目的としていた。
8)　生産者（Producer）と消費者（Consumer）とを組み合わせた造語で生産消費者の

こと。未来学者アルビン・トフラーが著書『第三の波』の中で予見した新しい消費者のスタイル。インターネットなどで商品開発プロセスの一部に関与する消費者も含まれる。

9) 2004 年にスウェーデン・ウメオ大学のエリック・ストルターマン教授らが論文 "Information Technology and the Good Life" で提唱した「進化し続ける IT テクノロジーが人々の生活を豊かにする」という概念を表すキーワードとしたことが最初であるといわれている。英語では Trans ✕ X と略すことから、デジタル・トランスフォーメーション（Digital Transformation）は DX と略される。

10) SDGs（Sustainable Development Goals）は、持続可能な開発のための 17 のグローバル目標と各目標に付随する 169 のターゲット（達成基準）からなる国連の開発目標のこと。日本語では「持続可能な開発目標」と訳される。2030 年までに貧困や飢餓の撲滅、格差の是正、気候変動対策など、国際社会に共通する課題解決を目標に掲げている。

11) 1920 年までは、国土庁「日本列島における人口分布の長期時系列分析」（1974）、1920 年からは、総務省「国勢調査」「人口推計年報」「平成 17 年及び 22 年国勢調査結果による補間補正人口」、2015 年からは 国立社会保障・人口問題研究所「日本の将来推計人口（平成 29 年推計）」の各データに基づき作成されている。

12) 日本の科学技術政策を定めた科学技術法に基づき、2016 年 1 月に策定された第 5 期科学技術基本計画（2016 年度–2020 年度）の中で提唱された概念。

13) 内閣府 HP: https://www8.cao.go.jp/cstp/society5_0/index.html（2020 年 4 月 27 日アクセス）。

14) 未来投資戦略は内閣に設置された日本再生本部の会議体である未来投資会議で検討された。未来投資戦略 2017 は 2017 年 6 月 9 日に、同 2018 は 2018 年 6 月 15 日にそれぞれ閣議決定されている。

15) たとえば、ドイツでは Industrie 4.0 とよばれる国家的戦略プロジェクトが 2011 年にスタートしており、世界の中でも先陣を切っている。

16) 米国の Google、Amazon、Facebook、Apple、および中国の Baidu（百度）、Alibaba（阿里巴巴集団）、Tencent（騰訊）のこと。

17) 配車サービスだけではなく、飲食のデリバリー、金融、SNS などのコミュニケーション、MaaS や旅行手配なども包含され、さまざまな日常生活のタスクに対してアプリ 1 つでワンストップサービスを提供するもの。シンガポールの Grab やインドネシアの GO-JEK が代表的。Alibaba の AliPay にみられるように IT プラットフォーマーもこの分野に進出している。

18) 顧客（カスタマー）が商品やサービスを起用（購入）したことにより得られる経験、またはそれに至るプロセス全体を通して得られる「経験価値」をカスタマー・エクスペリエンスといい、CX と略される。また、経験を旅に比喩してカスタマー・ジャーニーともいう。一方、利用者（ユーザー）が、製品、システム、サービスなど利用したことにより得られる経験や体験の総称をユーザー・エクスペリエン

スといい、UX と略される。なお、実務家や 研究者の間で UX の定義に関する明確なコンセンサスはない。

19) たとえば、英 Arm が開発した Pelion IoT Platform は、スマートメーターやその統合的システムである AMI（Advanced Meter Infrastructure）のセキュリティを含むデバイス管理、メーターからのデータ収集と管理、さまざまなネットワーク規格に対応するコネクティビティ管理といった機能を提供している。

20) 第 3 世代（3G）の「長期的進化」により 4G へのスムーズな移行を目指した過渡期の無線通信規格である LTE（Long Term Evolution）や、類似の要素技術をもつ WiMAX（Worldwide Interoperability for Microwave Access）は、ともに 3.9G と位置づけられている。しかし、LTE を 4G と称する通信事業者が世界的に増加したため、最近は LTE が 4G の代名詞となっているが、ITU（国際電気通信連合）の 4G 規格を厳密に満たすものは LTE-Advanced と WiMAX2 のみである。

21) Mobility as a Service の略で、移動の経路検索とともに移動手段の予約、手配、決済を含む一連の手続きがワンストップで完結するサービスをモバイルアプリなどで提供する。フィンランドの MaaS Global 社が代表的。

22) ESG は企業が持続的成長を遂げるために重視するべき 3 要素 Environment（環境）、Social（社会）、Governance（企業統治）の頭文字を取った略称。ESG 投資は、投資判断のための企業価値評価において、定量的な財務情報に加えて非財務情報である ESG を考慮する投資活動のこと。ESG に明確な定義はないが、環境は「気候変動、原子力発電、持続可能性」、社会は「多様性、人権、消費者保護、動物福祉」、企業統治は「経営構造、従業員問題、役員報酬」などの観点から評価される。たとえば、環境負荷の高い企業の株式を売却することをダイベストメント（Divestment：投資撤退）とよび、すでに一般化している。

23) 「ESG 投資の進化、Society 5.0 の実現、そして SDGs の達成へ」https://www. keidanr en.or.jp/policy/2020/026.html#report（2020 年 4 月 27 日アクセス）

24) 英エコノミスト誌の試算によると、株式市場で直接影響を与えることができる上場企業の温室効果ガス排出量は 14% から多くても 32% であり、残りはこれら企業が販売した製品の消費者からの排出であると指摘している（"How much can financiers do about climate change?" The Economist June 20th 2020 edition）https://www.economist.com/briefing/2020/06/20/how-much-can-financiers-do-about-climate-change（2020 年 6 月 21 日アクセス）

25) https://www.env.go.jp/nature/morisatokawaumi/project.html（2020 年 4 月 27 日アクセス）

参考文献

OECD（2010）"The OECD Innovation Strategy: Getting a Head Start on Tomorrow."

ウィリアム・ノードハウス（2015）『気候カジノ——経済学から見た地球温暖化問題の最適解』日経 BP 社。

クレイトン・クリステンセン（2001）『イノベーションのジレンマ——技術革新が巨大企業を滅ぼすとき』翔泳社。

公益事業学会政策研究会編著（2019）『まるわかり電力システム改革 2020 決定版』日本電気協会新聞部。

国土交通省（2019）「これまでの国土の状況変化について」、国土の長期展望専門委員会（第 1 回）資料 2、p. 4。

ジャン・ティロール（2018）『良き社会のための経済学』日本経済新聞出版社。

総務省（2020）「令和 2 年版 情報通信白書」第 1 部、p. 76。

内閣官房日本経済再生総合事務局（2018）『未来投資戦略 2018』。

西村陽・巽直樹（編著）（2018）『まるわかり電力デジタル革命キーワード 250』日本電気協会新聞部。

ヨーゼフ・シュンペーター（1911）『経済発展の理論』岩波書店。

ポストコロナのニューノーマル仮説

　新型コロナウイルス感染拡大により、海外ではいわゆるロックダウン（都市封鎖）が世界各地で実施された。日本でも緊急事態宣言が発出され[1]、外出の自粛などが国民に要請された。過去の例に照らせば、ウイルスによる感染症の流行は遅かれ早かれ収束には向かう。人類は過去にも、天然痘・ペスト・コレラ・インフルエンザなどの感染症の流行により、文明の盛衰や社会システムの変更を強いられてきた。今回もこれらの歴史の教訓を踏まえて、ポストコロナのニューノーマル（新常態）についてさまざまな議論がなされている。

　ポストコロナのニューノーマルがどのような形で定常化するか、不確実性が高い中での断定的な見方はもちろん憚られる。しかし、過去の世界大戦を除けば、疫病への対応で今回のような人間の活動に大きな制限がかけられたことはかつてなかった。それにより、経済活動も凍結された状態がしばらく続いたが、マクロ経済上の影響として長期にわたる景気後退の発生が懸念されている。

　ニューノーマルという言葉は、もともと大景気後退後の金融の新しい常態を指す言葉として使われたが、今はパラダイムシフトなどの言葉と同様、頻繁に使われるビジネスバズワードと化している[2]。その程度の意味であることを前提に、本稿執筆時点（2020年5月）での試案として、ポストコロナのニューノーマル仮説の一例を以下にあげたい。

（ア）第2節(1)項 ②で言及した感染拡大防止で注目された三密回避のために、これまで効率最優先で形成された大都市の再設計、一部都市機能の周辺部あるいは地方への分散が促進される。

（イ）国内外の旅行需要回復に時間がかかるとみられており、今後はインバウンド旅客や交流人口に過度に依存する観光産業は見直され、それに代わる地域産業の育成が目指される。

（ウ）感染拡大時の三密回避とともに、平時の通勤という非生産的活動
の削減、本質的な生産性向上（判子、紙文化の見直し）、多様な働き
方・分散居住の促進のため、リモートワークがさらに活用される。こ
れに伴い、業務管理や人事評価などの組織マネジメントのあり方も根
本から変わる。

（エ）リモートワークにおける日本企業の対応比率が欧米に比べて低い
ことが指摘されており、加えて IT インフラやセキュリティ対策への
十分な備えがないことも顕在化しているが、これらへの反省から本格
的なデジタル化が加速する。

（オ）リモートワーク以外にも、遠隔教育、遠隔医療などに対応するイ
ンフラ環境の高度化がサービス産業の生産性向上を促すとともに、そ
れらの利用関連に伴う支払決済においてフィンテック活用も拡大し、
キャッシュレス社会を後押しする。

（カ）都市機能分散化とともに、地方の人口減少や過疎化にも対応した
中核都市のスマートシティ化が加速する。もちろん、スマートシティ
内部での人口密度は、インフラの効率的維持・運用ができる規模・範
囲とのトレードオフで検討される。

（キ）経済活動停滞による大気汚染減少で、中国ではコロナウイルスに
よる犠牲者をはるかに上回る命が助かったという報告があり[3]、プレ
コロナの環境状態に戻したくないという考え方などから、脱炭素化の
動きが加速する[4]。

（ク）人間に過度な移動を促すことは、エネルギー浪費、環境破壊、感
染拡大を助長することから、移動に関しての経済効率性を追求する
カーシェアリングや航空産業の LCC などが衰退する。

　以上にあげたニューノーマル仮説の前提として、実体経済の悪化が新た
な設備投資やイノベーション投資を後退させる可能性も考慮しなければな
らない。本章の目的はイノベーションと社会変化下の世界で、公益事業が
どのような変化を遂げるかについて検討することである。したがって、コ
ロナ禍の影響によりイノベーションのスピードが加速する分野、鈍化する
分野を見極めたうえで、ポストコロナにおける人間の価値観やライフスタ

イルの変化をも織り込みつつ、公益事業の変化を包括的に検討しなければ
ならない。

　ここであげた仮説に限らず、より広範かつ詳細な検討が必要であること
は論を俟たないが、これらを見渡しただけでも、たとえば物流以外の運輸
の後退、情報通信のさらなる発展（プレコロナでは急速な普及が期待され
ていなかった 5G 普及が加速するなど）、エネルギー利用の分散化といっ
た構図が透けて見えてくる。

　また、スマートシティでは三密は防げないため、こうした都市形成を否
定した居住の極端な分散化を主張する向きもある。しかし、分散化により
1 人当たりの空間を広く確保しようという方向性は、基本的にはコスト増
でしかなく、インフラの効率的維持とのトレードオフになる。よって、イ
ンフラの規模の経済性を、テクノロジー・イノベーションによって克服す
ることにコストや時間がかかり過ぎる、または本質的な解決が困難な場合
などは、人口密度の高いエリアにおける疫病対策にこそ、イノベーション
による解決を図るべきであろう。

　現状では不確実性の高い要素が多く含まれる議論のため、ポストコロナ
のニューノーマルを安易に語ることは慎むべきである。しかし、いずれに
しても産業構造や社会システムを大きく変えるインパクトが残ることが予
想されるため、馴化する前に公益事業にどのような影響をもたらすかにつ
いての十分な検討が必要であろう。Society 5.0 にもコロナ禍を踏まえた
アップデートが望まれる。

注

1)　新型インフルエンザ等対策特別措置法第32条第1項の規定に基づき公示された「新
　　型コロナウイルス感染症緊急事態宣言」のこと。
2)　元は 2007-08 年の世界金融危機（いわゆるリーマン・ショック）とそれに続く
　　2012 年までの大景気後退後の金融の新たな状態を指したが、大きな異変で生まれ
　　た新たな状態や従前は異常とされた事態が恒常化することを意味する、一種のビ
　　ジネス上のバズワード（流行語）になっている。
3)　スタンフォード大学のマーシャル・ブーケ准教授らが G-Feed に公開した "COVID-19

reduces economic activity, which reduces pollution, which saves lives." http://
www.g-feed.com/2020/03/covid-19-reduces-economic-activity.
html?fbclid=IwAR04igshLkjgwk k1gdOksTDXM1zc83Aj-3_yB_
wBDGeHHC2BKb5dDW_YZxzY（2020 年 4 月 27 日アクセス）によると、中国 4
都市の大気中 PM2.5 の濃度推移を分析した結果、2 か月間にわたり大気汚染レベル
が低下したことで、中国ではコロナウイルス犠牲者の約 20 倍の命が救われたと推
定している。

4）　IEA, "Put clean energy at the heart of stimulus plans to counter the coronavirus
crisis" https://www.iea.org/commentaries/put-clean-energy-at-the-heart-of-
stimulus-plans-to-counter-the-coronavirus-crisis（2020 年 4 月 27 日アクセス）

▶ 第**6**章 ||||||||||||||||||||||||||||||||||||||||||||||||||||||||||||||||||||||||||||

電気・ガス事業

1　はじめに

　第4章で説明されたとおり、わが国の電気事業および都市ガス事業（以下「都市ガス」を「ガス」とよぶ）においては、地域独占体制を見直して市場競争を導入する改革が、1990年代半ばから段階を踏んで進められてきた。これが2011年の東日本大震災に伴う、原子力発電所の事故と計画停電の発動を契機に、競争促進の方向に議論が加速することとなる。

　政府は電力システム改革とガスシステム改革の2つを合わせて「エネルギーシステムの一体改革」とよび、その目的を、エネルギー事業者間の垣根を取り払い、多様な主体が多様なエネルギーを供給する市場構造を作り出すことと位置づけている。現在2つの改革は、メインイベントといえる小売全面自由化は終了し、ネットワーク部門の中立性を確保するための法的分離が電気事業は2020年に完了、ガス事業については、2022年に完了予定である。とはいえこれで議論が終結するわけではなく、デジタル技術、再生可能エネルギー技術など新たな技術の潮流を取り込みながら、多様な社会からの要請に応えるべく、エネルギーシステム改革の議論はさまざまな形で現在も進行中である。

　本章では、エネルギーシステム改革をめぐる多岐にわたる議論を網羅的に扱うことはせず、論点を絞って、考察を試みたい。電気事業においては、同事業において決定的に重要な課題である「供給信頼度確保と市場競争の両立」について、ガス事業においては「重要なエネルギー源たるガス

事業にふさわしい改革となっているか」についてである。

2　東日本大震災後の電力システム改革

(1) 電力システム改革の課題──供給信頼度確保と市場競争の両立

　電気は公益事業が取り扱う財の中でも、経済活動や生活に不可欠な財であり、加えて、他の公益事業の事業活動にも電気は必需品である。したがって、電力インフラを「インフラ中のインフラ」とよぶ向きもある。加えて、電気には次の固有の商品特性がある。

　第1に、貯蔵が難しく、需要と同量の供給が常に行われている必要がある。これは、「同時同量の制約」とよばれる。

　第2に、需要と供給のバランスが崩れた時は、最悪の場合は、電力システム全体で広範囲に供給が途絶、つまり広域停電してしまう。これは「ブラックアウト」とよばれ、いったんブラックアウトになってしまうと、復旧に通常数日かかり、社会への影響が極めて大きい[1]。通信事業では、需要が供給を上回っても、通常はその差分のトラフィックが不通となるのみであり、システム全体がダウンすることはまれである。電気事業と通信事業の異なる点である。

　上記の第1の商品特性のため、電気を供給する発電設備・送配電設備は需要のピークに合わせて建設・維持される必要がある。水道やガスなど、他の公益事業でも同様の必要はあるが、第2の商品特性により、電気の需要と供給のバランスが崩れてしまう影響は甚大なため、十分な設備が確保されることの重要性は特に大きい。また、供給支障（つまり停電）を完全に防ぐことはできないものの、その発生頻度、継続時間、発生範囲を一定の水準以下に収めること、すなわち、一定の供給信頼度を確保し、電気を安定的に供給することは、社会的に非常に重要であり、その重要性は改革前後で不変である。

　法的独占の下での電気事業は、電力会社が電力需要を想定し、その想定需要を満たすように長期の供給計画を作成し、その計画をもとに発電設備・送配電設備を建設する。そして、技術的、実務的なさまざまな制約

（同時同量の制約もその1つ）をクリアしながらこれら設備を運用する。これらを一体的に行うことを通じて、社会から求められる供給信頼度を確保し、電気を安定的に供給してきた。電気事業に市場競争を導入する電力システム改革を進めるにあたっては、改革後も変わらない供給信頼度のニーズと市場競争が適切な市場設計を通じて両立されなければならない。

(2) 震災後の電力システム改革の加速

わが国の電力システム改革は、2011年の東日本大震災による原子力発電所の事故や計画停電の発動を契機に、競争促進の方向に議論が加速した。経済産業省は2011年12月、「電力システム改革タスクフォース論点整理」（経済産業省 2011）を公表し、『震災により明らかになった、我が国電力供給システムの問題点を踏まえ（中略）、「低廉で安定的な電力供給」を実現する「より競争的で開かれた電力市場」を構築することを基本理念とし、改革に早急に着手』する方針を打ち出している。

もっとも、計画停電をもって「我が国の電力供給システムに内在していた問題点が顕在化」（経済産業省 2011）とまでする立論には、本来無理がある。計画停電は、電気の供給力が大量に失われた局面において、やむを得ず部分的な停電を許容することにより、同時同量の制約を何とか満たそうとするオペレーションである。世界中どこであっても、このような局面に直面すれば、電力システムの運用者は、手持ちのマニュアルにしたがって粛々と計画停電を発動し、ブラックアウトを回避しようとする。先進国でも計画停電の実施事例は少なくない。東日本大震災が発生した2011年に限っても、寒波が襲来した米国のテキサス州で2月に、熱波が襲来した韓国で9月に実施されている。

こうして始まった議論は、2013年2月の電力システム改革専門委員会報告書［経済産業省（2013）］でいったんのとりまとめが行われ、3段階からなる工程表が示された。第1段階は2015年の電力広域的運用推進機関（以下「広域機関」）の発足、第2段階が電気小売業への参入の全面自由化、第3段階が2020年の発送電部門の法的分離である。

東日本大震災前のわが国の電力システムは、制度上は、契約電力50kW

以上、販売電力量でいえば全体の6割程度の小売市場が新規参入者に開放され、すなわち競争市場となっていたが、新規参入者の市場シェアが小さいこと（震災直前で2%程度）や、欧米の多くの国が採用している構造的な発送電分離を採用していないことがまま批判されていた。つまり、構造的な発送電分離を行っていない点で改革が不十分であり、新規参入者のシェアが小さい点で市場競争が十分に成果をあげていないという批判である。

新規参入者のシェアが伸びなかった理由は、新規参入者が確保できる電源が限られていたことにある。本来発電分野は新規参入者と既存事業者が競争すべき分野であるが、新規参入者による発電投資は初期投資の負担が大きいことなどから大きく進むことはなかった。そのため、震災後、政府は卸電力市場の活性化、換言すれば、既存事業者が保有する電源を市場に相当量投入させ、新規参入者の電源確保を後押しする政策を強力に進めた。その結果、2020年1月時点で、全販売電力量に占める新規参入者のシェアは16.0%まで増加している。

震災前の電力システムは、自由化されたとはいえ、供給信頼度を確保する役目を発送電一貫体制の既存事業者（電気事業法上の呼称は「一般電気事業者」）にもっぱら期待し、新規参入者には多くを期待しないというものであった。しかし、これは新規参入者のシェアが小さくなければ成立しない。新規参入者のシェアが小さいゆえにわが国は「供給信頼度確保と市場競争を両立させる制度設計」の本格的な検討を回避してきたといえる。しかし、震災後、政府は新規参入シェアを増やす政策に舵を切ったので、この仕組みは当然に見直すべきものである。

(3) 供給信頼度確保の考え方の変化

まず、想定される需要を満たすために必要な設備建設・維持について、送配電設備と発電設備に分けて考える。前者は、自然独占部分である送配電部門が引き続き必要な設備を建設・維持する義務を負う。後者は、わが国においては、国内にエネルギー資源がほとんどない固有事情から、単に必要な発電設備の量を確保するのみならず、発電用燃料を安定的に確保する、そのために燃料種および燃料調達先を多様化しリスクを分散する、と

いった取り組みも含まれるであろう。そしてこれは、法的独占が廃止され市場競争が導入された以上、どの事業者にとっても義務ではなくなる。

　しかし、総合資源エネルギー調査会電気事業分科会の答申である経済産業省（2003）を読むと、政府は一般電気事業者に市場自由化後にも必要な発電設備確保の取り組みを期待していたと考えられる。以下に該当箇所を示す。

　　電気事業制度の中核的役割を担う一般電気事業者には、エネルギーセキュリティ及び環境負荷の観点から優れた特性を有する原子力発電や水力発電等の初期投資が大きく投資回収期間の長い長期固定電源の推進に向けた取り組みが引き続き期待される。特に、原子力等の大規模発電事業を推進するためには、送電事業との一体的な実施が求められることを踏まえると、現行の一般電気事業者が、引き続き重要な役割を果たすことが期待される。　　　　　　　　　　　　　　　（P5）

　　段階的な自由化範囲の拡大過程においては、引き続き規制部門の需要家が存在することとなるが、かかる規制需要家への確実な電力供給は、規制部門における独占的な供給者としての位置付けにある一般電気事業者が、現行制度と同じく、約款の認可及び届出・変更命令等の適切な規制の下、責任を持って行う必要がある。一方、自由化分野における需要家向けの最終保障については、現行制度と同様に一般電気事業者が対応することが適切である。この意味でも、発電から小売まで一貫した体制で、規制需要等に対し確実に電力供給を行う「責任ある供給主体」として、一般電気事業者制度の存続が求められると言える。　　　　　　　　　　　　　　　　　　　　　（P23）

　震災前の一般電気事業者は、前述のような義務ではないことを期待され、それに「善意」で応えてきた。しかし、新規参入シェアが増加すれば、既存事業者の善意で期待に応える余力を削ぐことになるので、この「善意に依存して必要な発電設備を確保する」政策は見直されなくてはならない。
　次に、確保された設備の運用についてである。同時同量等の制約を常に

満たすように電力システムを運用し、電気を安定的に供給することは、一義的にはシステム全体の周波数を把握している送配電部門が行う。同時同量のバランスが崩れると周波数が変動し、送配電部門はシステム全体の周波数が一定の幅に収まるように発電機の稼働を指令する。つまり、一義的な責任者は送配電部門であるが、発電部門の協力が欠かせない。この基本は、常に変わらない。

　電力需要は分単位・秒単位で細かく変動するので、発電機の稼働もこの時間軸で細かく調整する必要がある。震災前の制度では、この分単位・秒単位の出力調整は、もっぱら一般電気事業者の発電部門にのみ期待されていた。一般電気事業者は発送電一貫体制であるので、この指令は一般電気事業者の社内調整により行われていた。他方、新規参入者に期待されていたのは、30分同時同量、すなわち30分間の積分値で発電電力量と需要電力量を一致させる、あるいは完全に一致しないまでも差分を一定の幅に収めることにとどまっていた。

　この制度も、一般電気事業者の発電部門のみが分単位・秒単位の出力調整に貢献するという「善意」に支えられた仕組みであり、新規参入者のシェアが大きくなれば限界がくる。その時は、新規参入者も含めたすべての電源が同じ条件の下で貢献する制度に転換する必要がある。そのためには、送配電部門を別企業に分離し、一般電気事業者の社内調整で行われてきたことを、新規参入者も含めた企業間の契約あるいはルールに置き換える必要がある。すなわち、従来の社内調整と遜色ないパフォーマンスを契約あるいはルールに基づく仕組みを通じて再現することが必要になる。電力システム改革専門委員会報告書（経済産業省 2013）が次のように説くとおりであり、わが国で今検討が進められている広域的需給調整市場もそのような仕組みに該当する。

　　新たな枠組みでは、これまで安定供給を担ってきた一般電気事業者という枠組みがなくなることとなるため、供給力・予備力の確保についても、関係する各事業者がそれぞれの責任を果たすことによってはじめて可能となる。　　　　　　　　　　　　　　　　　　　　（P40）

（4）VRE 大量導入による新たな課題

　加えて近年は、風力発電、太陽光発電といった自然変動型の再生可能エネルギー電源（variable renewable energy: VRE）のコストが国際的に低下しており、わが国でも将来の主力電源となることが想定されている。これらの電源は、発電時に CO_2 を排出しない特徴があり、有効な気候変動対策として期待されている。加えて、短期限界費用がゼロであり、発電量が基本的に気象任せでありコントロールが難しいという特徴をもつ。これは従来電気事業者が保有・運用してきた電源とは大きく異なる特徴であり、これらの電源が大量に導入されることは、「供給信頼度確保と市場競争を両立させる制度設計」にも大きな影響を与える。

　以下では、わが国が震災後になって本格的に検討を始めた「供給信頼度確保と市場競争を両立させる制度設計」の現状を説明するとともに、VRE 大量導入を想定した今後の制度のあり方について考察していく。

3　市場競争下における必要な発電設備の確保

（1）必要な発電設備とは

　想定される電力需要に対して、その需要を満たすためには、図 6-1 右の棒グラフに示す量の電源を確保する必要がある。図 6-1 左側の右下がりの曲線は電力需要のデュレーションカーブとよばれ、1 年 8,760 時間の電力需要を大きい順に並べ替えたものである。電気は需要と同量の供給が常に必要なので、年間最大需要相当の電源量がまず必要である。加えて、発電設備の故障や猛暑・厳冬といった気象条件、点検に伴う設備の停止などに備える予備力も確保する必要がある。

　デュレーションカーブの面積は 1 年間の電力需要を表す。自由化前の地域独占（法的独占）体制の下では、一般電気事業者がその需要を満たすために必要な電源を自ら保有するか契約を通じて確保する。そのうえで、各電源の特性に合わせて、すなわち、限界費用の小さい電源はベース需要に、限界費用の大きい電源は限られた時間だけに発生するピーク需要に割

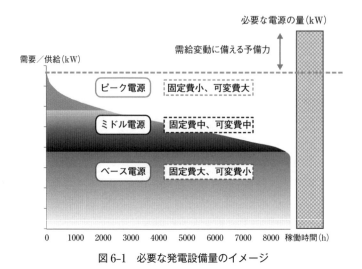

図 6-1　必要な発電設備量のイメージ

出所：筆者作成。

り当てる。[3] これにより、確保した電源を所与として電力供給費用の最小化を目指す。より正確にいえば、電力系統の容量の制約や発電機の起動停止の制約等も勘案する必要があり、これらも勘案したうえで費用最小化を図る。これを「セキュリティ制約下での経済負荷配分（Security Constrained Economic Dispatch：SCED）」とよび、限界費用が小さい電源から並べる序列を「メリットオーダー」とよぶ。そして、これらの電源を確保し、運転する費用（減価償却費、修繕費、燃料費等）は、規制下の電気料金を通じて回収される。

(2)　電気のもつ3つの価値

それでは、電気事業に市場競争を導入した場合にどうなるか。

これを説明するために、まず、電気が3つの価値をもっていることを説明する。3つの価値とは、kWh、kWおよび⊿kWの価値である。kWh価値とはエネルギーとしての価値である。電気事業の最終商品はエネルギーであるので、これまで単に電気の価値といえばこのkWh価値を指すことが多かったと思われる。kWおよび⊿kW価値は消費者からみたとき

の最終商品ではないが、最終商品である kWh が消費者に安定的に届けられるための前提となる価値である。kW 価値とは、kWh の需要が生じたときに発電できる状態にある設備容量の価値である。⊿kW 価値とは、需給の変動を柔軟にフォローし、kWh の品質（周波数・電圧等）を維持する価値であり、柔軟性（フレキシビリティ）の価値とよぶこともある。3つの価値のイメージを図 6-2 に示す。図の横軸は時間であり、わが国における電気の取引単位である 30 分を示す。電力需要は 30 分の間も時々刻々変動している。図の面積Sがその間に消費されるエネルギー、すなわち kWh 価値を示す。電気は貯蔵が難しいので、高さHに相当する発電設備容量が求められる。これが kW 価値である。また、電力需要が時々刻々変動する様を曲線Lで示しているが、電力供給の品質（周波数・電圧等）を維持するためには、この変動に合わせて発電量を調整することも必要であり、これが⊿kW 価値である。

　kWh 価値は照明を使う、テレビを見るなどの行為を通じて個々の需要家が消費する私的財である。他方、kW 価値と⊿kW 価値がことさらに価値をもつのは、先に述べた電気の商品特性、すなわち「貯蔵が難しく、需要と同量の供給が常に行われている必要がある（同時同量の制約）」「需給のバランスが崩れた時の社会的影響が大きい（最悪ブラックアウト）」に起因する。それらが電力システム内に十分確保されていることにより、電力システムの運用が安定する。その価値は電力システム全体で享受され、非排除性をもつので、公共財といえる。

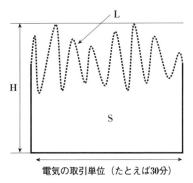

図 6-2　電気のもつ3つの価値
出所：筆者作成。

(3) 必要な発電設備の建設・維持は市場に任せられるか

　地域独占体制から市場競争に移行すると、発電所は費用回収を保証する

制度がなくなるので、収入を確保し事業を継続するためには市場競争に勝たねばならない。電力需要は時々刻々変動するので、時間帯別に市場競争があり、時間帯別に市場価格が発現する。市場価格形成の舞台になるのが、卸電力取引所、特にスポット（1日前）市場であり、供給側・需要側のプレイヤーが提示した入札価格・量を用いて、各時間帯の市場価格と約定量を決定する。これは、SCEDを新規参入事業者、既存事業者を含めたシステム全体で実現しようとする取り組みともいえる。自由化前は一般電気事業者10社個々のシステム内部に限定されたSCEDであったが、自由化後は、卸電力市場を活用することにより、全国大（沖縄、離島を除く）かつ事業者の枠を超えてSCEDを実現することが可能であり、これが実現すれば、電力システムの効率は向上する。政府はこれを広域メリットオーダーとよび、一連の電力システム改革の目的の1つとして位置づけている。

　市場が競争的であれば、各時間帯の市場均衡価格は市場の限界費用（＝限界費用の安い順に電源を稼働させていき、最後に稼働した電源の限界費用）となり、このとき社会的余剰が最大化する（図6-3）。

　他方、このような価格形成の下では、少なくとも限界電源（自己の限界費用が市場限界価格となる電源、図6-3でいえばG4、図6-1でいえばピーク電源）は固定費を回収する原資がまったく得られない。市場からの収入で固定費の回収ができなければ、電源は維持できない。普通の商品であれば、採算の取れない設備が休廃止するのは普通であるが、電気の場合は、必要な発電設備が維持できないので問題になり得る。スポット市場は、電気のもつ3つの価値でいえば、kWh価値を取引する市場（kWh市場）であり、ここで提起される問題を3つの価値を用いて表現すれば、kWh市場からの収入だけで、必要なkW価値の量が維持できるか、という問題である。

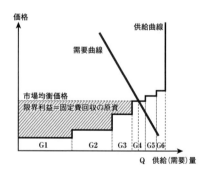

図6-3　電力の市場均衡価格（平常時）

出所：筆者作成。

　これについて、あくまで kWh 市場の需給調整機能に期待すべきとの意見がある。すなわち、必要な kW 価値の量があるならば、kWh 市場がそのための投資が誘引される価格水準を発現するはず、というものである。そのメカニズムは、電力の需給が特にタイトな時間帯（最大需要発生時が代表的）に電源の限界費用を大きく超える kWh 価格が発現すること（プライススパイク）により、電源固定費を回収するために十分な限界利益が得られる、というものである。プライススパイク発生時の市場の需給関係を図 6-4 に示す。供給曲線が垂直に立っているのは、市場に存在する供給力が上限 Q に達し、Q を超える需要は対価 P を収入することで、電気を使うのをあきらめている状態である。

　現実の電力システムでは、このような状態が頻繁に（たとえば毎年）発生する状況ではなく、現実味を感じない向きが多いのではないかと推察する。また、頻繁に発生する状況が望ましい電気の需給状況と考える向きが多いとも思われない。また、仮にこのような状況を容認するとしても、プライススパイクが発生するかどうかは、気象条件や経済状況に大きく依存するので、プライススパイクだけに期待するのでは投下資本の回収の予見性が小さく、投資家が投資に踏み切るのは難しいだろう。

　そのため、世界のいくつかの国や地域で、容量メカニズムとよばれる仕組みが導入されている。これは、電源が発電すなわち kWh を産出したかどうかとは無関係に、電気の供給能力すなわち kW 価値が維持されていることに対して対価が支払われる仕組みである。kWh 市場の変動に左右されない収入源を設けることで、投下資本の回収の予見性を改善し、必要な電源投資の円滑化を図ることをねらった仕組みである。容量メカニズムで支払われる kW 価値の対価を容量ペイメントとよび、容量ペイメントの額を市場で決める場合、その市場は容量市場とよばれる。

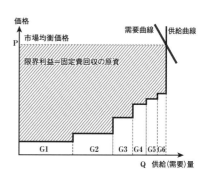

図 6-4　電力の市場均衡価格
（プライススパイク発生時）

出所：筆者作成。

（4）わが国でも容量市場の導入を計画

　前節でも述べたとおり、市場が競争的であれば、各時間帯の市場均衡価格は市場の限界費用となる。ただし、第2章で指摘されたとおり市場競争の多くは不完全競争である。わが国では、不完全競争を完全競争になるべく近づけるため、市場支配力のある大手電力（旧一般電気事業者）は、余剰電力（自社が利用可能な供給力－自社の需要）全量をスポット市場に限界費用ベースで入札することとしている。その根拠は経済産業省（2013）における以下の記述である。

　　　卸電力市場の活性化の第一歩として、第9回電力システム改革専門委員会において、卸電力市場活用の自主的な取組が一般電気事業者9社から表明された。その内容は、卸電力取引所のスポット市場において、売買両建てで、かつ限界費用に基づき入札を行うことや……（以下略）

　上の記述にあるとおり、スポット市場への「限界費用に基づく入札」は大手電力による自主的取組との位置づけであるが、電力・ガス取引監視等委員会が限界費用よりも高い価格での入札を行っていた大手電力に業務改善勧告を発出する［経済産業省（2016b）］など、事実上、既存の大手電力に対する非対称規制となっている。これにより、短期的な社会的余剰は増大するものの、長期にわたって継続すれば、必要な発電設備の維持が困難になるので、わが国でも容量市場の導入が決定し、2024年度向けのkW価値のオークションが2020年に行われたところである。

　加えて、図6-4の需給状況が頻発するような状況ではない中でこの取り組みを継続することは、スポット市場から電気を購入する新規参入者が電源固定費の負担を継続的に免れることになり、公正競争の観点からも望ましくない。容量市場にはこのような状況を是正する意味合いもある。

　容量市場は、市場と称してはいるものの、kW価値という公共財を取引するゆえに規制色が強い市場である点に特徴がある。わが国で導入が予定されている容量市場の仕組みについては、章末の解説を参照されたい。

(5) 容量市場の意味合いと今後の展望

　世界に目を向けると、容量市場は、PJM 等米国東部でまず導入され、すでに 20 年強の経験を積んでいる。欧州では、設備余剰の状態が長く続いていたため必要性が認識されるのが遅れ、英国やフランスで最近実装され始めたところである。ドイツや米国のテキサス州など、導入を見送った国や州もあるが、これらの国や州も、需給が一定以上の逼迫状態になると市場価格を自動的に禁止的な高額に引き上げるなどの代替措置を導入しており、純粋に市場原理に委ねているところは実は多くない。

　容量メカニズム導入の要否については、世界的にも両論ある。IEA（2016）は次のように述べている。

　　信頼度基準が努力目標であり、政策立案者が高い価格と低い信頼度を限られた期間（例えば、数年）にわたって受け入れられる場合には、供給不足時価格を持つ kWh のみ市場で十分である可能性が高い。しかし、もしその信頼度基準が、常に必須の資源のアデカシー[4]の最低値として定義される場合には、容量メカニズムが必要になる。

　わが国において「政策立案者が高い価格と低い信頼度を限られた期間（例えば、数年）にわたって受け入れられる」可能性は低いであろうし、信頼度基準は「常に必須の資源のアデカシーの最低値」として定義されていると思われるので、容量市場の導入に踏み切ったわが国の判断は妥当と思われる。

　また、Eurelectric（2011）は、次のように主張する。

　　kWh 市場が適切な電源投資のインセンティブを発せられないのは、政治的配慮から価格に上限が課される等によって市場が歪んでいるためであり、これらの歪みを除去して純粋に市場原理が機能するようにすれば、kWh 市場だけでもアデカシーの確保は可能である。

　すなわち、容量メカニズムは、kWh 市場が適切な電源投資のインセン

ティブを発するようになるまでの「つなぎ」であり、いずれ廃止するもの、との論である。しかし、VRE が主力電源化し、より大量に導入されることを想定すれば、つなぎとは言い難いと思われる。VRE の特徴は、短期限界費用がゼロであること、発電量が基本的に気象任せでありコントロールが難しいことである。前者は、VRE が kWh 価値の供給源として経済的であることを意味し、後者は、kW 価値の供給源としてはほとんど期待できないことを意味する。

これらが大量に市場に参入すると、電力市場はどうなるか。kWh 市場は、限界費用ゼロの電気が市場に潤沢に流れ込み、価値が下がる。他方、kW 価値は稀少になり、価値が高まるから、kWh 市場を通じて kW 価値を回収できるためには、より極端なプライススパイクが受容される必要がある。これが現実的だろうか。限界費用ゼロの VRE を主力電源とすることが政策の既定路線なのであれば、容量メカニズムは「つなぎ」ではなく、必要な備えと位置づけられるべきであろう。

4　市場競争下における必要な送配電設備の確保

(1) 送配電部門が抱える課題

電力システム改革では、市場競争が導入される発電部門と異なり、送配電部門は自然独占性が維持され、競争中立なインフラとして位置づけられる。すなわち、誰も設備建設・維持の義務を負わず、市場の需給調整機能に期待する発電設備とは異なり、送配電設備は自然独占分野を担う送配電事業者が引き続き建設・維持する義務を負い、その費用は規制料金を通じて回収する。わが国に即していえば、送配電部門の主たる担い手は各エリアに存在する一般送配電事業者 10 社であり、これらの会社はすべての需要家、発電事業者等に対して、正当な理由がある場合を除き、競争中立な託送サービスを提供する義務を負う。その裏返しとして地域独占が認められ、事業維持のためのコストは、規制料金である託送料金を利用者が広く薄く負担することにより回収される。

したがって、電力システム改革後に必要な送配電設備の建設・維持は、

最終的にコストをすべて託送料金に反映させれば良いので、大きな問題は
ないという考え方も成立する。他方、電気料金を極力低廉な水準に抑制す
る観点に立てば、近い将来託送料金の上昇につながりうるいくつかの課題
にわが国は直面している。これらの課題は、主としてVREの主力電源化
と人口減少に伴うものである。

　第1に、送配電設備の利用率の低下である。その原因は1つには、人口
の減少である。特に地方の人口減少が今後急速に進むことが想定されるた
め、送配電設備に限らず、あらゆるインフラが持続性の問題に直面する。
送配電設備の場合は、これにVREの主力電源化が加わる。特に一般家庭
を中心に太陽光発電が自家発として導入されると、電力需要の相当部分が
需要場所（自宅）で発電されるようになり、送配電ネットワークを通じて
購入する電力量が減少する。すなわち、送配電設備の利用率が低下する。

　第2に、設備投資の効率の低下である。地域独占の時代は、発電所への
投資も送配電設備への投資もいずれも、一般電気事業者が主体的に行い、
システム全体の効率を考慮した投資判断が可能であった。他方、自由化後
は、発電の投資判断の主体と送配電の投資判断の主体が別々になるので、
こうしたシステムの全体最適を考慮した投資判断は難しくなる。加えて、
VREは、火力発電所や原子力発電所よりもプロジェクト規模が総じて小
さく、自然変動性があり電源の設備利用率が小さいため、これらのプロ
ジェクトに合わせて特に工夫なく送配電設備を敷設していけば、設備利用
率が小さい送配電設備を大量に敷設してしまうことになる。

　第3に、配電網を中心に機能の高度化が求められていることである。こ
れまでの電力システムは、大規模集中型電源が発電した電気が高い電圧か
ら低い電圧に向けて一方向に流れる前提で形成されていた。今後は、低圧
送電網にも太陽光発電、EV（電力貯蔵）等、電圧発生源が接続され、電
気の流れが双方向に変化し、電圧など電気の品質管理が複雑化する。これ
を設備の冗長度を高めるだけで対応しようとすれば、コスト上昇は避けら
れないので、配電網に接続した諸々の設備・機器からデータを採取しつ
つ、スマートに制御し、運用を効率化し、設備投資を抑制することが求め
られる。ただし、これらのスマートなオペレーションを可能にする環境整
備のためには初期投資が必要である。

(2) 送配電設備の利用率の低下の問題

それでは、これらの課題に対応するためにはどのような取り組みが求められるのか。

地方の人口減少の問題については、先に述べたとおり、送配電設備に限らず、あらゆるインフラが直面する問題である。ただし、全国大手10社に集約され、かつ個々のエリアをカバーするネットワークがすでに整備されている一般送配電事業よりも、より多数の小規模な事業者に細分化されている他の公益事業、公共交通や水道等の方が問題はより深刻である。とはいえ、ここ数年の台風襲来の経験から、災害復旧に時間がかかる山間部系統の維持が負担になるのであれば、基幹系統から切り離しても自立可能な分散グリッドに再構築することも考えられ、実際こうしたアイデアが議論の俎上に上るようになっている。また、送配電網が持続可能でも、水道や公共交通が立ち行かなくなれば生活は成立しない。街区をコンパクトに集約することによりインフラサービス全体の生産性を上げるコンパクトシティの取り組みも各地で行われており、その中で、送配電網が果たす役割を検討することも将来的には必要だろう。

VRE の主力電源化に伴う問題は「デススパイラル問題」として知られる。これは、主として一般家庭の自家発として太陽光発電が普及することにより顕在化する。FIT 等の政策が奏功して太陽光発電の競争力が向上することは勿論望ましいことであり、それゆえに導入する家庭が増えるのは自然なことである。しかし、現在の託送料金の料金体系が送配電事業の費用構造と整合していないために、送配電網を通じて供給される電力（系統電力）との競争条件に歪みが生じる。

表6-1に、東京電力パワーグリッド株式会社の現行の託送料金表（2016年4月実施）を示す。年間最大需要（kW）に応じて課される基本料金と、送配電網を通じて受電した電力量（kWh）に応じて課される電力量料金からなる二部料金制が採用されている。

全体で、費用の32％を基本料金で、残りの68％を電力量料金で回収している。他方で、託送料金原価の構成を見ると、固定費83％、可変費

表 6-1　東京電力パワーグリッド株式会社の託送料金
（2016 年 4 月実施、主なもの、消費税（10%）含む）

契約種別	標準的な供給電圧	単価		基本料金による費用回収の比率
低圧（電灯）	100V/200V	基本料金	214.50 円 /kW	21%
		電力量料金	7.45 円 /kWh	
高圧	6000V	基本料金	555.50 円 /kW	44%
		電力量料金	2.34 円 /kWh	
特別高圧	2 万 V 以上	基本料金	379.50 円 /kW	42%
		電力量料金	1.30 円 /kWh	
			合計	32%

出所：同社の託送料金表をもとに作成、基本料金による費用回収の比率は、経済産業省(2016a)。

2%、需要家費 14% になる（四捨五入により合計は 100% になっていない）。需要家費とは需要家の軒数に比例する原価であり、計量や集金に関わる費用が該当する。電力量には比例しないので、費用構造と整合するならば、電力量料金で回収すべきコストは全体の 2% に過ぎず、残りは基本料金で回収するべきものである。しかるに、現行の託送料金では 68%（一般家庭が主に用いる低圧では 79%）の費用を電力量料金で回収しているため、自家発太陽光発電が導入され、系統電力の購入量が減少すれば、費用負担を過剰に免れてしまう。これは、一般家庭に太陽光発電の導入に過剰なインセンティブを与えていることになり、自家発太陽光発電と系統電力の競争条件を歪めている。しかも、そのしわ寄せが託送料金の上昇という形で太陽光発電を設置していない需要家に寄せられるので、競争条件の歪みはさらに大きくなり、さらに自家発太陽光発電の導入が進む、そして、さらに歪みが拡大する。こうした形で負のスパイラルが生じることから、この問題は「デススパイラル問題」とよばれる。

　この問題を解消あるいは緩和するには、託送料金の体系を基本料金中心に改めて、インセンティブを適正化することが必要である。実際、政府の審議会では、基本料金の比率を上げる方向で託送料金体系を見直す議論がすでに行われている。とはいえ、短期間に費用構造と料金体系を完全に整合させようとすると、一部の需要家にとっては電気料金の値上げとなって

しまうので、政治的に難しい。一足飛びには難しいことを認識しつつ、今後も漸進的に見直しを進めていくことが現実的であろう。

(3) 設備投資の効率の低下の問題

設備投資の効率の低下の問題については、2015年に発足した広域系統についての公的な専門機関・認可法人である広域機関が重要な役割を果たす。広域機関は、中長期的な系統形成についての基本的な方向性となる広域系統長期方針や、B/C分析（費用対効果分析）のシミュレーションに基づいて主要送電線の整備計画を定める広域系統整備計画を策定することにより[5]、発電部門と送配電部門を俯瞰したシステム全体としての合理的な設備形成を目指す。その一環として、新増設電源からの個別の接続要請に対して都度受動的に対応する「プル型」の系統形成だけでなく、特にVREについては、電源立地に適した地域のポテンシャルを考慮し、一般送配電事業者や広域機関等が主体的・計画的に系統形成を行っていく「プッシュ型」の採用に向けた検討を進めていくこととしている。

加えて、託送料金体系を基本料金中心に改める一環として、全体の託送原価の約10%を発電事業者に基本料金として課金する制度改革（発電側基本料金）が2020年以降なるべく早期に導入される計画である。この制度も、新たな電源接続に伴う系統増強費用の地域差を地域別の基本料金単価に反映させることにより、システム全体として効率的な方向に電源立地を誘導する効果が期待できる。

(4) 配電網を中心とした機能の高度化に応える

配電網を中心とした機能の高度化については、具体的に実装する技術について今後の検討を待つ必要があるものの、その前提として、託送料金がある程度上昇せざるを得ないことを社会全体で共有する必要がある。これは、先に掲げた第1、第2の課題にも起因するし、電力需要が頭打ち、減少傾向にあり規模の経済性が働きにくくなっていることも要因として考えられよう。このため、政府は、経済産業省（2020）の中で、不可避な投資

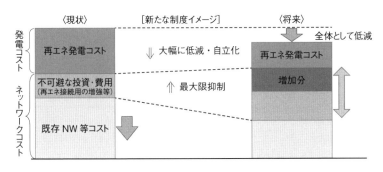

図6-5 政府が考える託送料金制度見直しの方向性

出所：経済産業省（2020a）p. 9 をもとに作成。

の増加を前提としつつ、国民負担を抑制するため、「『単価』の最大限の抑制」×「必要な投資『量』の確保」というコンセプトを打ち出した。政府のメッセージは図6-5に示したとおりであり、ネットワークコストは増加するものの、最大限の費用抑制と主力電源化する再エネ（主として VRE）の大幅なコスト低減により、電気料金トータルとしては、値下げとなるように努めるということである。

　託送料金制度としては、総括原価方式に基づき一般送配電事業者の申請のたびに積み上げた費用を政府が審査する方式から、政府が一定期間ごとに収入上限（レベニューキャップ）を設定する方式に移行することが今後検討される。収入上限方式は総括原価方式に比べ、事業者の効率化努力の成果が直接に利益増に結びつくため、効率化インセンティブが強まる、機動的な新技術への投資がしやすい、等がメリットとして考えられる。

5 市場競争下における電力システムの安定運用

(1) 発送電分離下の需給運用方式

　構造的な発送電分離を行うと、同時同量等の制約を常に満たすように電力システムを運用し、電気を安定的に供給する最終的な責任主体は必然的に送配電部門となる（以下「系統運用者」）。送配電部門は、同時同量の制

約を達成するため、系統インバランスを自らの予測に基づき解消を図るとともにリアルタイムで周波数の変動等を把握し、電源に指令を行う。これを需給運用という。そのうえで、多様なプレイヤーから成る発電部門が契約あるいはルールを通じて、系統運用者に協力する仕組みが必要となる。

　その方式は国・地域により多様であるが、大きく分けて次の2つがある。

　1つ目は、系統運用者が自ら卸電力取引所も運用し、それを通じてすべての電源をコントロールする全面プール方式であり、米国のRTO（Reginal Transmission Organization：地域送電機関）ないしISO（Independent System Operator）で採用されている。

　2つ目は、バランシンググループ（Balancing Group：BG）方式とよばれる。欧州で採用事例が多数あり、日本もこの方式になる。BGは一言でいえばネットワークの利用者、つまり発電部門や小売部門であるが、電力のネットワークを利用する場合は、需要と供給をバランスさせるために一定の秩序に従うことが求められるので、このようによばれる。図6-6がBG方式による需給運用のイメージである。

　BGは自ら獲得した需要とバランスするように自ら保有する電源や卸電力取引などを活用して供給力を調達する。これも一種の同時同量である

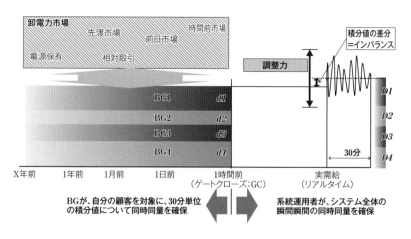

図6-6　BGによる需給運用のイメージ

出所：筆者作成。

が、電気の物理特性として求められる同時同量は瞬間瞬間での需給の一致であり、時々刻々の需要の変化を把握できない BG はそこまでは求められていない。日本の場合は、30 分間の積分値で需要と供給を一致させるよう努めることが求められ、この取り組みは、実際に電気を消費する実需給の一定時間前（日本では 1 時間前）のゲートクローズ（Gate Closure：GC）まで行われ、その後は系統運用者にバトンタッチする。系統運用者はシステム全体の系統インバランス予測や周波数を手掛かりに、その変動に合わせ、発電部門の多様なプレイヤーから調達した「調整力」を活用して、瞬間瞬間の同時同量を達成する。

　なお、BG が GC でいったん確定させた電力需給の計画は、実需給とは一致しない。GC が実需給の 1 時間前なので、その時点の需要予測に基づく計画であるから、需要実績とのずれは当然生じるし、電源が計画どおり発電できないこともある。その計画と実績の差分をインバランスとよび、系統運用者が調整力を用いて補填する。BG はその対価を系統運用者に支払う。

(2) 需給調整市場の整備

　構造的な発送電分離をするまでは、調整力はもっぱら一般電気事業者や卸発電事業者（ライセンス制導入後はその継承会社）が提供していた。発送電分離後は、必然的に新規参入者も含むすべての電源から調達することとなる。

　調整力として活用される代表的な機能は、次のとおりである。上から、需給変動に対して早く反応する順に示す。

・ガバナフリー（Governor Free：GF）：基準周波数と周波数の実績値の差分である周波数偏差に応じ発電機側で自動応答する。
・負荷周波数制御（Load Frequency Contro：LFC）：周波数偏差および連系線偏差（連系線を流れる潮流の計画と実績の差）に基づき系統運用者が発電計画を修正するもので、数秒から数十秒ごとに計算し、数秒間隔で指示値を発出する。

・経済負荷制御（Economic Dispatch Control: EDC）：需要予測・連系
線利用計画の変更に応じ、系統運用者が経済性を考慮して発電計画を
修正するもので、3分から5分間隔で指示値を発出する。

　一般送配電事業者は2017年度から、新規参入者も対象として毎年行う
公募を通じて調整力を調達している。公募に係る調整力の分類を表6-2に
示す。電源Ⅰは、系統運用者が調整力専用に利用権をもつ電源であり、年
間契約で確保する。電源Ⅱは、BGが自己の需給運用のために活用する電
源であるが、GCの段階で余力があった場合、系統運用者が調整力として
活用できるよう提供するものである。制度上はすべてのカテゴリーに新規
参入が可能であるが、現状は、旧一般電気事業者の電源が落札者の大半を
占め、デマンドレスポンス[6]が電源Ⅰ'のカテゴリーに参加している程度で
ある[7]。
　上記の公募形式は、2021年度以降、新たに整備される広域的な需給調
整市場に順次移行していく。また、2020年の法的分離に伴い、系統連系

表6-2　2020年度の調整力の分類

	周波数制御用	需給バランス調整用	
電源Ⅰ	【Ⅰ-a】 ・発動時間：5分以内 ・周波数制御機能（GF・LFC）あり ・専用線オンラインで指令・制御可 ・最低容量：0.5万kW	【Ⅰ-b】 ・発動時間：15分以内 ・周波数制御機能（GF・LFC）なし ・専用線オンラインで指令・制御可 ・最低容量：0.5万kW	【Ⅰ'】 ・発動時間：3時間以内 ・周波数制御機能（GF・LFC）なし ・簡易指令システムで指令 ・最低容量：0.1万kW
電源Ⅱ	【Ⅱ-a】 ・発動時間：5分以内 ・周波数制御機能（GF・LFC）あり ・専用線オンラインで指令・制御可 ・最低容量：0.5万kW	【Ⅱ-b】 ・発動時間：15分以内 ・周波数制御機能（GF・LFC）なし ・専用線オンラインで指令・制御可 ・最低容量：0.5万kW	【Ⅱ'】 ・発動時間：1時間未満 ・周波数制御機能（GF・LFC）なし ・簡易指令システムで指令 ・最低容量：0.1万kW

出所：経済産業省（2019a）をもとに作成。

技術要件において、一定規模以上の発電設備は調整力として活用可能な機能を保持することが義務となった。現在の一般送配電事業者ごとに行われている公募から、エリアを跨いで、多様なプレイヤーから調整力を調達できる体制に移行していく。

　広域的需給調整市場の整備にあたり、調達する調整力の分類の見直しが進められており、見直し後の分類を表 6-3 に示す。容量市場の受け渡しが開始される 2024 年度までに、現在の公募制度から移行する。ただし、一次調整力と二次調整力①のエリアを跨ぐ広域的調達は、技術的な課題があり、今後の検討課題となっている。

　なお、需給調整市場への参加は電源に限らない。前述のとおり現在もデマンドレスポンスが調整力として参加しているが、ICT を活用して系統運用者のニーズに合わせて制御できる電力需要も調整力として活用可能である。今後は、蓄電池などより高速で出力調整ができるリソースが需要側に実装されることが見込まれ、このような多様なリソースを取りまとめて、調整力等を提供するアグリゲーターとよばれるビジネスモデルが登場している。なお、アグリゲータービジネスは、2020 年 5 月の電気事業法の改正により、「特定卸供給事業」として法律上も位置づけられた。

(3) VRE 大量導入による需給運用上の課題と対応

　VRE の出力は気象条件により大きく変化する。しかし、限界費用がゼロであるため、投資がサンクコストとなった VRE の発電電力は可能な限り利用することが合理的である。第 5 次エネルギー基本計画では、発電時に CO_2 を排出せず、近年急激にコストが低下してきている VRE の主力電源化を政策目標として掲げている。ただし、出力が天候に左右される電源が大量に導入されることにより、さまざまな需給運用上の課題が生じる。代表的なものを以下に示す。

　第 1 に、BG による需給予測の精度が低下することである。これは、火力などの従来型電源と異なり、VRE は出力のコントロールができないあるいは難しいことによる。需給予測の精度が低下すれば、系統運用者は調整力をより多く調達することが必要になり、電力システム全体のコスト

表6-3　広域的需給調整市場における商品分類

	一次調整力	二次調整力①	二次調整力②	三次調整力①	三次調整力②
英呼称	Frequency Containment Reserve (FCR)	Synchronized Frequency Restoration Reserve (S-FRR)	Frequency Restoration Reserve (FRR)	Replacement Reserve (RR)	Replacement Reserve-for FIT (RR-FIT)
指令・制御	オフライン（自端制御（GF））	オンライン（LFC信号）	オンライン（EDC信号）	オンライン（EDC信号）	オンライン
監視	オンライン（一部オフラインも可）	オンライン	オンライン	オンライン	専用線：オンライン 簡易指令システム：オンライン
回線	専用線（監視がオフラインの場合は不要）	専用線	専用線	専用線	専用線または簡易指令システム
応動時間	10秒以内	5分以内	5分以内	15分以内	45分以内
継続時間	5分以上	30分以上	30分以上	商品ブロック（3時間）	商品ブロック（3時間）
並列要否	必須	必須	任意	任意	任意
指令間隔	－（自端制御）	0.5～数十秒	1～数分	1～数分	30分
監視間隔	1～数秒	1～5秒程度	1～5秒程度	1～5秒程度	未定
供出可能量（入札量上限）	10秒以内に出力変化可能な量（機器性能上のGF幅を上限）	5分以内に出力変化可能な量（機器性能上のLFC幅を上限）	5分以内に出力変化可能な量（オンラインで調整可能な幅を上限）	15分以内に出力変化可能な量（オンラインで調整可能な幅を上限）	45分以内に出力変化可能な量（オンライン（簡易指令システムを含む）で調整可能な幅を上限）
最低入札量	5MW（監視がオフラインの場合は1MW）	5MW	5MW	5MW	専用線：5MW 簡易指令システム：1MW
刻み幅（入札単位）	1kW	1kW	1kW	1kW	1kW
上げ下げ区分	上げ／下げ	上げ／下げ	上げ／下げ	上げ／下げ	上げ／下げ

出所：経済産業省（2019b）に加筆。

アップになる。このような調整力の所要量の増加はある程度仕方がない面もあるが、VREの出力予測精度の向上などを通じて、増加を抑制すべく、一般送配電事業者と広域機関で取り組みを始めている。

第2に、需要の変動が大きくなることである。典型的なのは、太陽光発電が大量に導入された米国カリフォルニア州である。系統運用者による需給運用は、電力需要からVREが発電した電気を差し引いた残余需要（Residual Load）に対して、同時同量の制約を満たすように運用するが、この残余需要が朝ピークを迎えた後で昼間に向かって大幅に減少し、夕方に向かって再度ピークを迎えるというダックカーブ化が進展している。特に、昼間から夕方に向かって残余需要が急峻に増加することが、需給運用を難しくしている。たとえば、2019年1月1日にはその日の最大電力が2698万kWであったのに対し、14:20-17:20の3時間で残余需要が1553万kWも増加した（図6-7）。カリフォルニアISOは、域外からの電力輸入を急遽820万kW増加させることでこの残余需要の急増を乗り切ったとされる。

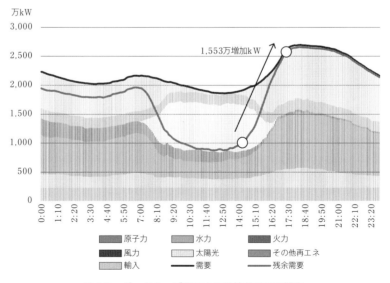

図6-7　ダックカーブ化による需給運用の困難化

出所：CAISO（2019）をもとに作成。

　こうした大きな需要の変動に対しては、電源の調整能力を高める、すなわちより高速な調整を可能とする、運転可能な最低出力を引き下げるといった取り組みが求められよう。また、このような高機能の電源を適切に評価する市場設計も求められよう。加えて、需要側に蓄電池などのリソースが実装されるようになれば、これらを活用するアグリゲーターの出番も増えることになろう。

　第3に、慣性力が不足することである。慣性力とは、火力、水力、原子力等で使用されている同期発電機がもつ機能であり、回転子が運動エネルギーを蓄えており、それが電源や系統の故障時に発生する電力需給の変動を瞬間的に解消する方向に働く。調整力のうち、需給変動にもっとも早く応答するのは、一次調整力であるが、それよりも早く働く。VREは慣性力をもたない非同期発電機であり、VREが増加して、慣性力をもつ同期発電機が不足すると、系統故障が発生した時の周波数低下の速度が速まることになる。これにより、一次調整力が応答を開始する前に周波数低下リレー（UFR）が起動し、停電してしまうリスクが高まる。

　世界的には、系統規模が小さい一方で風力発電の導入が進んでいる英国やアイルランドでこの問題に対応するため取り組みが始まっている。具体的には、周波数が一定の水準以下になった場合に0.5秒や1秒, 2秒等という非常に短時間で応答する新しい調整力の調達を開始している。またアイルランドでは、慣性力を提供する供給力を評価し、契約条件としてその対価を支払う準備を進めている。英国では2020年1月に送電会社ナショナルグリッドが必要時に慣性力を追加的に提供することを条件に、揚水発電所やガス火力発電所と6年の調整力契約を締結したことを公表している。慣性力は、従来は電力システム内に豊富に存在していたので、価値が明確に認識されることはなく無償で提供されていたが、近い将来に不足することが想定される状況に至ったため、有償化の動きが出てきている。これらの動きは、自由化の中で存続が厳しくなりがちな揚水発電等を維持する方策としても注目される。

（4）VRE 大量導入による系統運用の変化

　VRE が大量に導入されると、需給運用のみならず送配電設備の運用にも影響が出てくる。従来、新たな電源を接続するために送配電系統の空き容量を算出する際には、軽負荷期や重負荷期などの特定の時期に電源がフル稼働（出力最大）しても、設備容量がオーバーしない保守的な前提に基づいて行っていた。また、送配電設備は系統事故があっても安定運用が可能なように、つまり、主要系統で 2 回線送電線を敷設する場合は、片方が故障してももう片方で電気が送れるように、2 回線分の送電容量の 50％以下に流れる電流を抑制していた。

　火力、原子力など、規模が大きく、建設工期も長く、送配電設備と一体的に整備することが比較的容易な電源が主力である場合には、このような限られたデータに基づく保守的な運用でも、それほど弊害は生じないが、工期が短く、小規模分散で建設されることが多く、発電が気象条件に影響されるので設備利用率が低い VRE について、これらの考え方で送配電設備を建設・運用すると、時間がかかる系統増強を待たないと新たな VRE の系統接続ができないなど、硬直的な運用の弊害が顕在化する可能性が高い。こうしたことから、従来の運用を見直し、系統増強を最小化して VRE の接続可能量を増やす試みがコネクトアンドマネージである。この取り組みは 3 つの柱で構成される。

　1 つ目が想定潮流の合理化である。従来の保守的な方法を見直して、エリア全体の需給バランス、長期休止電源や自然変動電源の均し効果などから電源の稼働の蓋然性評価等を実施し、需要と出力の差が最大となる断面（最大潮流の断面）で評価することで、既存の送配電設備の空き容量を拡大しようとするものである。2018 年 4 月から適用が開始された。

　2 つ目は N-1 電制である。電力システムは、N-1 故障（単一設備故障）発生時でも安定的に電力を供給することが求められる。従来の考え方では、主要系統で 2 回線送電線を敷設する場合は、片方が故障してももう片方で電気が送れるように、2 回線の送電容量の 50％以下に流れる電流を抑制していた。N-1 電制の下では、系統故障時に瞬時に発電を抑制（電源制限＝電制）して、残る 1 回線で安定供給が確保されることを前提に、系統

が健全な時には50％以上の電流を許容する。N-1電制は2018年10月から適用が開始され、今後、電制の際に発生する費用の精算システムを開発し、2022年度中に本格的な運用を開始する予定である。

3つ目はノンファーム型接続である。系統に空きがあるときには発電することができる新たな電源接続の考え方であり、系統に空きが無くなった場合に抑制することが接続の条件になる。従来の系統接続はファーム型とよばれ、緊急時以外には出力抑制をしない前提で接続の可否を判断していた。広域機関を中心に適用可能性が検討されているが、2019年9月に東京電力パワーグリッドの一部送電線で広域機関の許可を得て、適用が開始された。

欧米では新たなVRE接続に対しては必要な場合は系統増強を行うのが前提であり、N-1故障時や系統混雑を前提に混雑時に抑制することを条件に接続を認めるのはわが国独自の取り組みである。N-1電制では抑制に伴い生じた費用の精算を電制対象事業者と行い、生じた負担額は電制対象外の受益者となる事業者が負担することになっている。ノンファーム接続に関してもメリットオーダーに基づく抑制方式が検討されており、ファーム電源が抑制を肩代わりすることが可能になり、そこで生じた費用を精算することになる。

(5) VRE主力電源化と全面プール方式

本節(1)項で、発送電分離下の需給運用方式には、大きく分けて全面プール方式とBG方式の2方式があると述べた。両方式の違いを改めて整理すると、全面プール方式は、電力システム内の需要と供給に関するすべての情報が系統運用者に常に集中する。系統運用者は、電源の入札価格（kWh価格）のみならず、各電源の起動のための価格、起動時間、出力変化速度、送配電系統の制約なども考慮したうえで全電源をコントロールし、ある程度長期のターム（例：24時間）で、システム全体の最適な需給運用を目指す。

対してBG方式は、実需給の一定時間前のGCまで、各BGが部分最適を追求する。したがって、理論上、システム全体の効率は全面プール方式

に及ばない。また、VRE の大量導入は、BG 方式の運用を難しくする。全面プール方式では電源をコントロールする唯一の主体である系統運用者が常にリアルタイムで需要と供給の変動を把握し、計画をローリングしている。BG 方式での BG は、個々の需要家に設置されている計量器のデータを系統運用者から提供されることを通じて自社の需要を把握し、その先の需要を予測する。そのデータはわが国では 30 分の積分値であり、取得できるまで一定のタイムラグがある。こうした限界があるので、BG が GC時点で確定する需給計画の精度もおのずと限界があるが、それでも一定の精度を期待して運用されてきた。しかるに VRE が電力システムに大量導入されると、それが需要家の自家発として設置された場合でも、BG の電源として活用する場合でも、天候に左右される出力の不確実性が BG による需給計画の精度を下げる。特に天気予報が外れた場合には影響は甚大になる。BG による需給計画の精度が下がれば、系統運用者はより多く調整力を確保する必要が出てくる。BG 方式がもっている非効率の弊害が顕在化し、ゆくゆくは電力システムの安定運用が危うくなる可能性もあろう。

　VRE の導入量が多い欧州では、BG 方式を採用しながら全面プール方式に近い運用を取り入れている事例がみられる。スペインとイタリアでは、系統運用者が一次調整力や二次調整力に相当する十数秒以内の周波数調整を行っている一方で、一定規模以上の発電・小売事業者は、単一の卸電力取引所に参加する義務があり、そこでは全面プールに近い方式で電源の運用計画が作成され、BG の需給計画の大半はここで作成される[8]。この卸電力取引所は、発電設備の起動までの猶予を考慮して、当日の実需給の 3 時間前まで取引を繰り返しており、天候の急変などで大きな需給ギャップが発生したときなど、新たに電源を稼働させる必要があるようなケースでも、スムーズに処理することが可能である。

　わが国は現在 BG 方式を採用しているが、VRE の主力電源化を前提とすると BG 方式を今後も維持するメリットは考えにくい。あえてあげるならば、個々の BG が自らの顧客に対する供給責任を意識しやすいとはいえるかもしれない（法的責任ではもちろんなく道義的なもの）。実際、総合資源エネルギー調査会電気事業分科会の答申である経済産業省（2003）には次の記述がある。

　　事業者による電源の調達は、引き続き自己保有又は長期相対契約によ
　　るものが中心と考えられるが、上記のとおり、卸電力取引市場の整備
　　は、これらを補完するものである。　　　　　　　　　　　　　（P4）

　つまり、2003 年当時は、新規参入者も自己保有または長期相対契約を中
心に電源を調達することが期待されていた。自己保有または長期相対契約
により電源を調達することは、当該電源の kW 価値の負担を長期的にコ
ミットすることを意味する。そのうえで、卸電力取引所は、kW 価値を負担
している事業者同士の補完的な調整の場に必然的になる。新規参入者が常
にこの期待に応えるなら、必要な発電設備は維持され、容量市場は不要で
ある。
　しかし、震災後の電力システム改革では、大手電力の供給力が限界費用
で卸電力取引所に相当量投入され、新規参入者は kW 価値の負担を免れ
得る仕組みとなった。その結果、将来の発電設備の建設・維持に懸念が生
じ、容量市場の導入が決定した。すなわち、上で述べた BG 方式維持を支
持する理屈はすでに崩れている。加えて、BG 方式では前日スポット価格
が指標価格となることが多いが、前日の天気予報が外れて VRE の発電量
が大きく変化した場合、前日スポット価格は当日の需給状況から大きく乖
離したものとならざるを得ない。その点、全面プール方式はリアルタイム
の需給を反映した価格を提供するため VRE 大量導入下でも適切な価格指
標を示すことができる。
　大きな制度変更なので、一朝一夕に実現するものではないことはもちろ
んであるが、VRE の主力電源化を見据え、需給運用を BG 方式から全面
プール方式へシフトすることを、まじめに検討しても良いのではないだろ
うか。

(6) 配電事業ライセンス

　2020 年 5 月、「強靱かつ持続可能な電気供給体制の確立を図るための電
気事業法等改正案（エネルギー供給強靱化法案）」が国会で可決され、そ
の中で電気事業法が一部改正された。「配電事業」という新たな事業類型

が導入されたので、これについて触れておく。導入の背景は、近年の台風被害により発生した停電で倒木などにより設備の復旧が長期化するなか、自前の発電設備や送配電網を組み合わせ、面的利用を可能とするシステムを構築していた区域では、早期に電力復旧がなされていたことがある。

　配電事業は、一般送配電事業者から譲渡または貸与された配電系統を維持・運用し、託送供給および電力量調整供給を行う。平時は主要系統と接続しつつ、災害時は再エネ電源等の分散型電源を利用し、独立運用を行うことが可能な地域配電網（マイクログリッド）を形成することが想定されている。事業規制については、自然独占性があることから、一般送配電事業者と同様に経済産業大臣による許可制とするなど、規制の内容は一般送配電事業者に倣った内容となる。欧州では配電系統運用者がデマンドレスポンスを含めた小規模供給力を活用する市場を構築する動きもあり、わが国でも同様の動きにつながるか注目されるところである。

6　ガスシステム改革

(1) 東日本大震災後のガスシステム改革の経緯

　東日本大震災後の都市ガス事業のシステム改革（ガスシステム改革）は、電気事業で実施された、小売全面自由化、ネットワーク部門の法的分離と整合をとるように実施された（図6-8）。

　よりどころは、経済産業省（2013）における次の記述である。

　(4) ガス市場制度改革
　小売自由化に伴う他業種からの参入、再生可能エネルギー、分散型エネルギー供給システムなどによる多様な供給力の活用により、電気と他の商品・サービスとの垣根は相対的に低下する。こうした中、電力システム改革を貫く考え方は、同じエネルギー供給システムであるガス事業においても整合的であるべきであり、小売全面自由化、ネットワークへのオープンアクセス、ネットワーク利用の中立性確保、エネルギーサービスの相互参入を可能とする市場の活性化、広域ネット

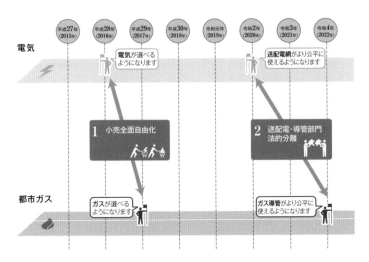

図6-8　エネルギーシステム改革のスケジュール

出所：経済産業省「エネルギーシステムの一体改革について」をもとに作成。

ワークの整備などの、ガス市場における競争環境の整備が必要である。

　政府は、電力システム改革とガスシステム改革の2つを合わせて「エネルギーシステムの一体改革」とよんでおり、その狙いについて、2014年の第4次エネルギー基本計画（経済産業省 2014）には次のように記述されている。

（3）構造改革の推進によるエネルギー供給構造への多様な主体の参加
電力・ガスシステム改革等を通じて、産業ごとに存在していたエネルギー市場の垣根を取り払うことで、既存のエネルギー事業者の相互参入や異業種からの新規参入、さらに地域単位でエネルギー需給管理サービスを行う自治体や非営利法人等がエネルギー供給構造に自由に参加することが期待される。
こうした多様な主体が、様々なエネルギー源を供給することができるようになることで、エネルギー市場における競争が活性化し、エネルギー産業の効率化が促進されていくことになる。

　また、地域に新たな産業を創出するなど、地域活性化に大きく貢献することなどが期待される。

　実際、エネルギー産業を俯瞰してみると、ガソリンや灯油などの石油製品は、2001 年に石油業法が廃止され販売が自由化されている。液化石油ガス（LP ガス）はもともと地域独占の規制はない。そのうえで、電気は 2016 年に小売全面自由化が実施される。都市ガスも小売全面自由化を実施すれば、エネルギー事業者間の垣根が取り払われ、総合エネルギー企業が生まれる基盤が整うことになる。

　他方、天然ガスは、石油と比べて地政学的リスクも相対的に低い、化石燃料の中で温室効果ガスの排出がもっとも少ないという特徴がある。そのため、産業用分野を中心に燃料の天然ガスシフトが進行しており、産業用がけん引する形で需要は順調に伸びている。今後についても、2014 年の第 4 次エネルギー基本計画（経済産業省 2014）では「将来役割を拡大していく重要なエネルギー源」と位置づけられ、ガスシステム改革の目的には電気にはない「天然ガス利用方法の拡大」が掲げられている。

　事業者団体である日本ガス協会も、2011 年に「今後のエネルギー政策の方向を踏まえた都市ガス産業の取組み―2030 年に向けた天然ガスの普及拡大―」を発表している。その中では、2030 年までの目標として「天然ガスコージェネレーションを現状の 460 万 kW から 3000 万 kW と約 6 倍に、ガス空調を約 2 倍に、産業用熱需要に占めるガス比率を約 2.5 倍に、家庭用燃料電池（エネファーム）を 2 万台から 500 万台に、天然ガス自動車を 4 万台から 50 万台に拡大すること」を掲げている。

　その反面、これら技術の社会実装を推進する主体として、既存の一般ガス事業者では限界があることも指摘されている。ガスシステム改革小委員会報告書（経済産業省 2015）は、「都市ガスの小売の現場を見ると、207 の一般ガス事業者（平成 27 年 1 月現在）のうち、エネファームの導入実績があるのは 110 事業者、商業用・工業用コージェネレーションの導入実績があるのは 95 事業者にとどまる」と指摘している。ガスシステム改革は、「将来役割を拡大していく重要なエネルギー源」の市場を成長させていくために、新たなプレイヤーの参入を促す取り組みともいえる。

(2) わが国のガス事業の特徴と競争導入の課題

　同じネットワーク産業であるが、わが国における電気事業とガス事業の事業構造には相当の違いがある。電気事業の場合は、大手10社の一般送配電事業者がほぼすべてのネットワークを保有・運用し、可住区域（国土の約30％）がほぼカバーされている。ガス事業の場合、まず事業者数は全国で約200である。東京ガス、大阪ガス、東邦ガスの大手3社は大企業であるが、8割の事業者は従業員が100人以下である。経済産業省（2015）はこれら事業者をガス調達設備・供給設備の状況により、4つのグループに分類している（表6-4参照）。

　政府は2017年の改正ガス事業法で、電気と同様の観点から、導管を保有・運用する旧一般ガス事業者の導管部門を一般ガス導管事業者と位置づける事業類型の見直しを行ったが、一般ガス導管事業者すべてに電気事業と同様な導管部門の法的分離を適用するのは現実的とは言い難く、法的分離の対象は第1グループの大手3社、すなわち東京ガス、大阪ガス、東邦ガスに限定された。その際の基準は、（ア）導管の総延長数が全国シェア

表6-4　調達・供給設備によるガス事業者のグループ分け

グループ	調達・供給設備の状況	事業者
①	多数のLNG基地 大規模導管網	東京ガス、大阪ガス、東邦ガス
②	LNG基地1、2か所 一定規模の導管網	北海道ガス、仙台市ガス局、静岡ガス、広島ガス、西部ガス、日本ガス
③	導管による卸で調達	117事業者（うち公営20） ※うち、卸供給元が、一般ガス事業者である事業者が58、ガス導管事業者である事業者が60、大口事業者が7、その他が5注2。
④	タンクローリー・鉄道貨車による調達	81事業者（うち公営5）

注1：事業者数は平成27年1月現在。
注2：1事業者で一般ガス事業者およびガス導管事業者から卸供給を受けている場合などもあるため合計は117にならない。

出所：経済産業省（2015）をもとに作成。

でおおむね 1 割以上であること、（イ）保有する導管に複数の事業者の
LNG 基地が接続していること、の 2 つをいずれも満たすことであった。
大手 3 社以外の一般ガス導管事業者は、法的分離は適用されなかったが、
ガス事業法第 48 条第 1 項に基づき、託送供給約款を定め、経済産業大臣
の認可を受ける必要がある。ただし、「託送供給の申込みを受ける見込み
その他の事情を勘案し、託送供給約款を定める必要がないものとして経
済産業大臣の承認を受けた場合は、この限りでない。」ともされていて、
約 200 の一般ガス導管事業者のうち、数十社は託送供給約款を作成してい
ない。

　ガス事業のネットワークがカバーしているのは、国土面積の 6％ 強であ
る。関東、近畿、中部といった大都市圏はカバーされているため、全国の
世帯の 75％ は都市ガスの利用が可能である一方、関東、近畿、中部の三
大都市圏で全国のガス需要の 8 割を占めている[9]。また、たとえば、東京
―名古屋間の導管の接続がないなど、各地域の導管網の相互接続は限定的
であることが、新規参入者にとっては障壁となっている（図 6-9）。

　まず、ガス小売に新規参入するためには、それぞれの地域で LNG 基地
を確保する必要があるが、新規参入者が独自に LNG 基地を建設するのは
容易でないため、既存の LNG 基地の第三者利用の仕組みが導入された。
しかし、これでも、大型 LNG 船一隻の容量は 12 万 kl（≒約 7000 万 m³）
以上、すなわち一般家庭の年間ガ
ス消費量の 20 万件分以上であ
り、新規参入者が分断されたネッ
トワークごとにこれだけの需要を
参入当初から確保することは難し
い。たとえば東京電力は、関東エ
リアに LNG 基地をもっているの
で、東京ガスのエリアに新規参入
することは比較的容易であるが、
中部エリアや近畿エリアに新規参
入することは難しい。

図 6-9　都市ガス導管網の整備状況

出所：経済産業省（2018）スライド 5。

（3）スタートアップ卸導入とその限界

　こうしたことから、規制改革推進会議（2018）は、「LNGを輸入し、ガスを卸供給する事業者は、巨額の設備を必要とすることなどから一部の大手事業者に限られており、現在は新規参入者への卸供給はほとんどなされていない。こうした状況下でガス卸市場を活性化し、小売競争を促進するためには、ガス卸市場の支配的事業者等に対して卸供給を促すための強い措置が必要である」と指摘している。すなわち、約200のガス事業者のうち、LNGを自ら輸入しているのは、大手・準大手の数社に限られ、多くの事業者は導管あるいはローリーなどを通じて、大手・準大手などからガスの卸供給を受けている。同様の卸供給を新規参入者にも提供しないと、ガス小売競争は活性化しないとの指摘であった。

　これを受けて、「スタートアップ卸」とよばれる卸供給の仕組みが作られた。新規参入者は各地域における支配的事業者から、リーズナブルな価格で一定量の卸供給を受けることが可能になる。卸元になる支配的事業者は、表6-4の①グループ、②グループに属する大手、準大手の事業者であり、供給量は①グループが年間100万m³まで、②グループが年間50万m³までになる。買い手は、ガス発生設備を保有しない、かつ需要規模が7000万m³未満の新規参入者である。スタートアップ卸は2020年3月から卸供給が開始されており、2020年5月現在、北海道と鹿児島で2件の採用事例が報道で確認できる。それぞれ北海道ガスと日本ガス（鹿児島）の供給エリアにおいて、家庭用需要への初めての新規参入となる。

　新規小売のガス販売量の直近の実績を表6-5に示す。

　ガス小売の全面自由化の実施から3年が経過したが、家庭用需要への新規参入は、導管網が比較的充実している関東エリアを除くと、東邦ガス、大阪ガス、西部ガスといった大都市部のエリア以外ではほとんどみられない。そのため、スタートアップ卸の更なる活用が望まれるところである。ただし、これを行っても、全国に約200ある旧一般ガス事業者の中で、ガスの小売競争に直面している会社は一握りに過ぎない。前述のとおり、一般ガス導管事業者のうち数十社は託送供給申し込みの見込みがない、つまり新規参入の見込みがないとして、託送供給約款を作成していない。表

表 6-5　ガス小売事業者全体の販売量に占める新規参入者シェアの推移

種別	2017 年 4 月	2018 年 2 月	2020 年 2 月
家庭用	0.0%	2.5%	10.1%
商業用	0.4%	1.9%	5.7%
工業用	12.6%	16.8%	20.1%
合計	8.2%	10.8%	14.7%

出所：経済産業省（2020b）スライド 25 をもとに作成。

6-4 の③グループ、④グループのスタートアップ卸が適用されない都市ガスエリアで、家庭用需要家の選択肢をいかに確保するかが引き続き課題といえる。

　実はこれらエリアの大半では、ガス小売の新規参入がない、あるいは見込まれないにもかかわらず、小売全面自由化を契機に料金規制が廃止されている。LPG、石油、電気等の他燃料との競合があるからという理由である。経済産業省（2015）によると、（当時の）一般ガス事業の供給区域の中であっても都市ガスの普及率が 5 割を下回る事業者が 109 に上っていたとのことである。そして政府は、2017 年 4 月の小売全面自由化にあたり、自由化後も経過措置として料金規制を残す事業者を指定したが、その指定基準の中で、都市ガス利用率（＝供給区域内の一般世帯のうち、都市ガスを利用している世帯の比率）が 50% 以下の事業者は指定しないこととしている。この取り扱いには疑問がある。

　LPG、石油、電気は、いずれも全国どこでも利用可能なサービスである。つまり、この競合は全国どこでも存在するわけで、109 の事業者の供給区域に限られるわけではない。当該エリアの都市ガス利用率が低いのは、需要密度が小さく導管敷設のコストが嵩むために、そのようなコストが不要な LPG などに対して競争上不利となってしまう可能性はある。しかしそれは自明ではない。当該事業者の導管部門が他の一般ガス導管事業者に比べて非効率である可能性も、ガスの卸売契約が非効率である可能性も排除できない。この可能性はどのようにチェックするのか。前者については他の一般ガス導管事業者との比較査定（ヤードスティック）を行う、

後者についてはガス卸売契約にあたって、競争入札を行うことを義務付けるなど、適切な対応が考えられるのではないだろうか。

(4) 熱量バンド制への動き

　規制改革推進会議（2018）では、ガス卸供給の促進のほかにも、一段の競争促進のための課題をいくつか提起している。その中に、「熱量バンド制への移行」がある。規制改革推進会議（2018）の記述を引用する。

　　我が国では「標準熱量制」が採用され、LNG に LPG を添加して熱量を調整したガスでなければ、一般ガス導管事業者の導管に流通させることができない。また、一般ガス導管事業者以外の者による導管網の整備も一定の範囲に制限されている。これらの結果、LNG を輸入して都市ガスの小売供給を行う事業者にとっては、熱量調整設備の確保が実質的な参入要件、参入障壁となっている。

　　一方、欧州各国や韓国など諸外国では、一定の範囲（バンド）内の熱量で都市ガスを供給することができる「熱量バンド制」が採用されている。現行の標準熱量制をやめ、熱量バンド制に移行すれば、小売事業者の新規参入を促すだけではなく、熱量調整に要する費用が軽減し、ガス料金の引下げにつながる可能性がある。また、熱量が異なる導管でも広域的に接続しやすくなり、地域間の競争が促進される。工業炉など一部の需要家のためにガス全体の熱量調整をするのは無駄であり、不公平であるとの指摘がある。

　この指摘を受け、現在熱量バンド制へ移行する可能性について、審議会で検討が進められているところである。検討のポイントとしては、①事業者や消費者の移行コスト（既存の燃焼機器への熱量変動対策コスト）、②体積課金から熱量課金へ変更される際の公平性の担保、③制度移行によるメリットがあげられる。熱量バンド制への移行は将来、再生可能エネルギーの余剰電力で製造した水素を、都市ガスに混入させて活用する可能性を拓き得るものであり、今後の議論が注目される。

注

1) わが国では、2018年9月の北海道胆振東部地震に伴い北海道全域のブラックアウトが発生しており、これが、第二次世界大戦後では初めての事例である。

2) 正確に言うと、海外では、停電の開始時間がアナウンスされることは普通はないので、計画停電という呼び方は一般的ではない。地域を区切って順番に停電させるという意味の輪番停電（rolling blackout）という呼び方が一般的である。

3) 電源にはさまざまな種類があるが、おおむね可変費（限界費用）と固定費はトレードオフの関係にある。つまり、可変費の安い電源は固定費が高く、可変費の高い電源は固定費が安いことが多い。したがって、可変費が安く固定費が高い電源は稼働時間の長いベース電源に向いており、可変費が高く固定費が安い電源は稼働時間が短いピーク電源に向いている。

4) 電力の需要に対し、それに供給する発電設備、送配電設備が一定の事故を想定した余力も含めて充足されていること。

5) 広域系統長期方針と広域系統整備計画を合わせて「マスタープラン」とよぶ。

6) 需要家が電気の利用を制御することで、需給運用に貢献すること。発電所の出力を増加させることと需要を抑制することは、需給運用への貢献は同値であるので、系統運用者の指令に従って制御できる需要は調整力として対価を得ることが可能である。

7) そもそも、電源 I'のカテゴリーは、デマンドレスポンスの普及を目的にデマンドレスポンスの参加しやすさに配慮して整備されたスペックである。

8) このスペインとイタリアの方式を、準全面プール方式とよぶことがある。

9) 全国的なガス体エネルギーの家庭向け供給としては、都市ガス以外にプロパン事業者も相当数の世帯をカバーしており、2018年時点で都市ガス・旧簡易ガスが全体の53%（2730万軒）、プロパンガスが47%（2400万軒）となっている（資源エネルギー庁・日本ガス協会・日本LPガス協会の各資料より）。

参考文献

CAISO (California Independent System Operator) (2019) "Production and Curtailments Data - 2019."

Eurelectric (2011) "RES Integration and Market Design: Are Capacity Remuneration Mechanisms Needed to Ensure Generation Adequacy?"

IEA: International Energy Agency (2016) "Re-powering Markets: Market design and regulation during the transition to low-carbon power systems."（荻本和彦・岡本浩・戸田直樹ほか訳「電力市場のリパワリング ——低炭素電力システムへの

144

移行期における市場設計と規制」)。

規制改革推進会議（2018）「規制改革推進に関する第3次答申——来るべき新時代へ」。

経済産業省「エネルギーシステムの一体改革について」（https://www.enecho.meti.
　　go.jp/category/electricity_and_gas/energy_system_reform/pdf/schedule.pdf
　　アクセス日　2020年6月1日）。

経済産業省（2003）「今後の望ましい電気事業制度の骨格について」総合資源エネルギー
　　調査会電気事業分科会報告。

経済産業省（2011）「電力システム改革タスクフォース『論点整理』」。

経済産業省（2013）「電力システム改革専門委員会報告書」。

経済産業省（2014）「エネルギー基本計画」（第4次、2014年4月閣議決定）。

経済産業省（2015）「ガスシステム改革小委員会報告書」。

経済産業省（2016a）「第1回 送配電網の維持・運用費用の 負担の在り方検討ワーキング・
　　グループ事務局提出資料」。

経済産業省（2016b）「東京電力エナジーパートナー株式会社に対する業務改善勧告を
　　行いました　電力・ガス取引監視等委員会 プレリリース」。

経済産業省（2018）「ガスシステム改革の現状と今後の課題について　第1回ガス事業
　　制度検討ワーキンググループ　資料5」。

経済産業省（2019a）「一般送配電事業者による2020年度向け調整力の公募調達結果等
　　について　第44回制度設計専門会合 資料7」。

経済産業省（2019b）「需給調整市場について　第25回制度検討作業部会 資料5」。

経済産業省（2020a）「持続可能な電力システム構築小委員会 中間取りまとめ」。

経済産業省（2020b）「電力・ガス小売全面自由化の進捗状況について　第25回電力・ガ
　　ス基本政策小委員会　資料3」。

わが国で検討されている容量市場

各プレイヤーの役割とタイムライン

容量市場の運用における各プレイヤーの役割は次のとおりである。タイムラインと合わせて、図1に整理した。

広域機関（電力広域的運営推進機関）は、kW 価値の必要量を決め、オークションを実施する。落札した kW 価値を一括確保し、小売電気事業者から容量拠出金を請求して、落札した kW 価値の保有者（発電事業者等）に対して、容量確保契約に基づき対価を支払う。

発電事業者等は、オークションに応札し、落札した場合は kW 価値を提供し、対価として容量確保契約金を受け取る。

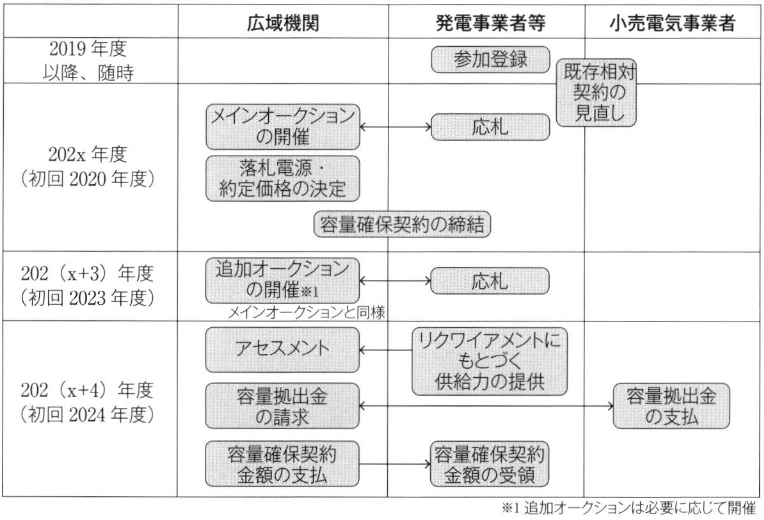

	広域機関	発電事業者等	小売電気事業者
2019 年度 以降、随時		参加登録	既存相対契約の見直し
202x 年度 （初回 2020 年度）	メインオークションの開催	応札	
	落札電源・約定価格の決定		
	容量確保契約の締結		
202（x+3）年度 （初回 2023 年度）	追加オークションの開催※1 メインオークションと同様	応札	
202（x+4）年度 （初回 2024 年度）	アセスメント	リクワイアメントにもとづく供給力の提供	
	容量拠出金の請求		容量拠出金の支払
	容量確保契約金額の支払	容量確保契約金額の受領	

※1 追加オークションは必要に応じて開催

図1　容量市場において各プレイヤーが実施する主な業務

出所：OCCTO（2019a）スライド9をもとに作成。

　小売電気事業者は、広域機関に対し、容量拠出金を支払う。これにより、公共財であるkW価値を確保する費用を平等に負担する。

容量市場のオークション

　容量市場は、広域機関が買い手、発電事業者等が売り手となるシングルプライスオークションになる。買い手である広域機関は、4年後（メインオークションの場合）の電力需要想定と需要の変動、電源の計画停止に備えたバッファーの必要量に基づいて、全国で必要なkW価値の調達目標量を定め、その調達目標量に基づいて需要曲線を設定する。kW価値は公共財であるので、市場競争の当事者である発電事業者等や小売電気業者の利害とは独立して設定される。

　2020年の初回オークションにおける調達目標量は、想定される最大3日平均需要×112.6%である。最大3日平均需要からの上乗せ分12.6%の内訳は、持続的需要変動・偶発的需給変動分7.4%＋厳気象対応（10年に一度程度の厳しい気象条件）2%＋稀頻度リスク対応（大規模自然災害等への対応）1%＋電源の計画停止のためのバッファー2.2%である。

容量市場の約定（全国市場）

　需要曲線は下図に示した形状となる。

　kW調達量＝目標調達量のときのkW価格を指標価格とよぶ。調達できるkW価値の量が目標調達量を下回ると、電源新設のインセンティブが

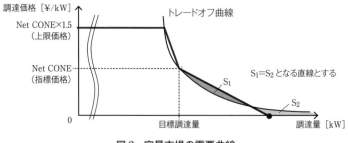

図2　容量市場の需要曲線

出所：OCCTO（2019b）スライド10を加工。

働くように、指標価格は新設電源のコスト（NetCONE：CONE＝Cost of New Entry）に設定する。わが国の場合、NetCONE はコンバインドサイクル発電（CCGT）を新設し40年運転するために必要なコストを、40年均等化することにより算出することとしている。

　需要曲線は、目標調達量と指標価格の交点を通過する右下がりの形状とする。売り手である発電事業者等は、電源等ごとに、応札量と応札価格（円/kW）を決めて応札する。容量市場への応札は電源等の義務ではないが、落札した場合には、小売電気事業者が相対契約等に基づき活用しない供給余力がある場合には、全量を卸電力取引所や需給調整市場に応札する等の義務を負う。応札価格を安価な順に並べた供給曲線と需要曲線の交点が約定価格となり、約定価格以下の応札をした電源等が落札電源になる。グラフの形状から想定できるとおり、約定量は常に目標調達量に等しいわけではなく、オークションの結果、約定量は目標調達量よりも多い場合も少ない場合も起こりうる。約定量が目標調達量を上回れば、約定価格は指標価格を下回り、約定量が目標調達量を下回れば約定価格は指標価格を上回る。

エリアごとの供給信頼度チェック

　ここまで説明したのは、全国市場での約定処理である。次のステップとして、エリアごとに得られる供給信頼度のチェックを行う。すなわち、全国市場での約定量から期待できる供給信頼度［需要1kWあたりの年間停電量の期待値（年間EUE）により算定する］を基準値とし、地域間連系線の制約を踏まえて、各エリアの信頼度を算定する。連系線の制約が大きく、エリア内に落札した電源等が少ないエリアでは、信頼度が基準値に満たないことがある。基準値に満たなかったエリアは、全国市場の約定処理で落札できなかった電源等を追加して落札させることで、基準値を満たすよう調整する。他方、この反動で基準値以上の信頼度となるエリアもありうる。その場合は、全国市場の約定処理で落札した電源を減少させても基準値を満たす場合は、その処理を行う。この処理を行った場合、エリアごとに約定価格は異なる価格となる（市場分断）。

需要曲線の形状の意味合い

　需要曲線の右下がりの形状の意味合いについて説明する。この形状は kW 価値調達コストと停電コストのトレードオフ曲線をもとに、それを単純化したものである。トレードオフとは kW 価値を調達するコストと停電の機会損失の期待値のトレードオフである。すなわち、kW 価値を多く調達すれば、停電のリスク［＝停電により機会損失の単価（円 /kWh）× 停電の確率］は低く抑えられる。しかし、kW 価値の調達コストが大きくなるので、むやみに約定量を増やすことは、社会全体のコストを増大させることになり、正当化されない。目標調達量よりも多く約定させる場合は、指標価格より安い kW 価値単価であることが必要である。需要曲線は、約定量を増やすときにそれが正当化される単価の水準を表現している。

　他方、kW 価値が希少で、応札価格が指標価格を上回ってしまっている場合はどうか。このとき、指標価格を上回る価格で目標調達量相当を約定するよりも、目標調達量以下に約定量を抑制して、その分停電のリスクを甘受する方が、社会全体のコストは小さくなる。需要曲線は、社会全体のコストが最小化される約定量と約定価格の関係を表現している。同時にそのような価格が発現することにより、kW 価値の市場への供給を増やす効果が期待できる。そして、目標調達量から約定量を増減させたときに、減らしたときに停電リスクが増大する度合いと、増やしたときに停電リスクが減少する度合いを比較すると、前者の方が大きいので、需要曲線の形状は下に凸、つまり目標調達量と指標価格の交点よりも左側の傾きがより大きい形状となる。

容量確保契約と容量拠出金

　オークションで落札した電源等は、広域機関と容量確保契約を締結し、これが kW 価値の対価を支払う根拠となる。この契約には、実需給期間における供給力提供の方法（リクワイアメント）について定められており、広域機関は、電源等のリクワイアメントの達成状況に応じて、kW 価値の対価（容量確保契約金額）を支払う（未達成の場合は、ペナルティを課す）。

　広域機関は、容量確保契約に基づき電源等に容量確保金額を支払うとともに、小売電気事業者に対して、容量拠出金を請求する。容量拠出金は、

広域機関が電源等に容量確保金額を支払う原資となる。各小売電気事業者への請求額の算定は、市場分断するケースもあるので、エリアごとに行う。負担する比率は、エリアの最大需要発生時における小売電気事業者間のkW比率に基づき算定する。具体的にいうと、各エリアが負担すべき容量拠出金総額を、当該エリアの全国需要に占める割合により算定し、それを12等分したものを毎月、各小売電気事業者に請求する。各小売電気事業者が負担する比率は、当該年度の4月から9月については、実需給年度の前年度の7月、8月、9月の各月の最大需要発生時（1時間）における電力使用量を合計したものの比率を用いて算定し、10月から3月については、実需給年度の前年度の12月、1月、2月の各月の最大需要発生時（1時間）における電力使用量を合計したものの比率を用いて算定する。いずれの場合も、実績でシェアの変動があった場合は補正を行う。

参考文献

電力広域的運用推進機関（OCCTO）（2019a）「容量市場の概要について」。
電力広域的運用推進機関（OCCTO）（2019b）「需要曲線の設定について　第19回容量市場の在り方等に関する検討会 資料4」。

▶ 第**7**章 ▥▥▥▥▥▥▥▥▥▥▥▥▥▥▥▥▥▥▥▥▥▥▥▥▥▥▥▥▥▥▥▥▥▥▥▥▥

上下水道事業

1 はじめに

　現在、わが国の上下水道事業は非常に困難な状況に直面している。その大きな要因は事業環境の変化であり、具体的には人口減少・少子高齢化、施設の老朽化、巨大台風・ゲリラ豪雨など自然災害の頻発があげられる。加えて、上下水道事業はその創設時から市町村が主体となって普及・拡大を行っており、現在においても法により市町村営が原則（水道）もしくは必須（下水道）となっている。水道の需要は節水機器の普及などの影響により、人口減少が始まる以前より減少傾向にあり、結果として水道料金収入・下水道使用料収入が減少している。一方、老朽化した施設の更新投資、自然災害に対する備えに対する投資は増加する一方であり、比較的小規模な事業者ほど経営状況は悪化している。このような状況に対し、日本政府は広域化・共同化、官民連携を促進することで課題を克服しようとしている。本章では、上下水道事業の現状と近年の政府による施策の動向、および広域化・共同化、官民連携の状況を整理するとともに、諸外国の状況を概観する。

2 上下水道事業の現状

わが国において、水道管を用いた圧力給水による「近代水道」が整備さ

れたのは、1887年の横浜であった。当時の日本では、港湾都市を中心に水系伝染病による人的被害が甚大である一方、木造建築が基本であったために、いったん火災が発生すると瞬く間に延焼を引き起こし、幾度となく大惨事をもたらしていた。このような中、「公衆衛生の確保」と「防火対策」を主な目的として、市町村営を原則とした水道事業が建設・運営されることになったのである。

一方、下水道の整備が開始されたのは1884年の東京であった。当時の大都市では雨水排除がうまく機能しないために大雨による浸水被害が頻繁に発生し、さらには低地に滞留した汚水が原因で伝染病が蔓延することがあった。そこで、「雨水排除」と「汚水処理」を目的とした公共下水道の整備が開始されたのである。

このように、近代的な「圧力給水による水道」と「公共下水道」が開始されたのはほぼ同時期であったものの、その両事業の歴史的発展過程には大きな違いがある。

図7-1は1965年以降の水道・下水道事業のそれぞれの普及率を示したものである。水道の普及が急激に進展したのは1950年代後半から1980年代にかけての高度経済成長期であった。図7-1より明らかなように、水道

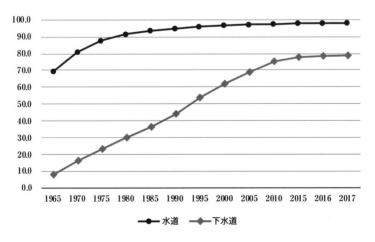

図7-1 上下水道事業の普及率

出所：厚生労働省（2020b）および国土交通省（2019a）をもとに作成。

の普及率は 1980 年にはすでに 90% を超え、2017 年現在においては 98.0% となっている。日本は島国であり、国土面積に占める森林の割合が 70% 程度であることを考慮すれば、日本は今日において「国民皆水道」という目標を十分に達成している。

　一方、公共下水道の創設そのものは近代水道と時を同じくしたものの、その普及は水道に大きく後れを取ることとなった。その要因は飲用に用いられる水道の方が雨水排除や汚水処理の下水道よりも社会的ニーズが高かったということもあるが、もう 1 つには日本は歴史的に農業大国であり、一部の都市部を除き後背地には農業地が広がりそれら地域では昔からし尿を農作物の肥料として用いる習慣があったことも影響していると考えられる。

　実際に下水道の普及が拡大を始めたのは第二次世界大戦以降の産業が急速に発展する時期以降であり、その社会的ニーズが高まったのも公害が社会問題となり河川や海域の汚染が拡大した 1960 年代以降のことであった。それまで市街化区域を中心に公共下水道の整備が進められていたものが、1965 年以降（法令の整備は 1970 年）には河川流域による汚水の広域的な処理を担う流域下水道の整備が開始され、1970 年代には農業振興地域の汚水処理を行う農業集落排水施設、漁村の汚水処理を行う漁業集落排水施設、市街化区域以外の汚水処理を行う特定環境保全公共下水道が整備されていくこととなった。

　図 7-1 にも示されているように、普及率の伸びは順調に推移し、2015 年頃には 80% 近くにまで達している。ここで注意しなければならないのは、下水道の普及率は「下水管渠により汚水を処理場に集め集合処理を行う」場合であり、いわゆる浄化槽による汚水処理は含まれていないという点である。浄化槽による処理を含めるとほぼ 90% に達するが、その場合でも依然としてトイレを水洗化できていない人口が 10% 程度ある。

　上下水道の歴史的経緯の特徴を見てきたが、次にその産業構造について概観しておこう。上下水道事業ともに、その設立当初より市町村営主義が維持され今日に至っている。水道は水道法により民間企業による所有・運営が認められているが、その場合には関係市町村の同意を得なければならない。一方、公共下水道については下水道法において市町村による設置・

管理が義務付けられている。集落排水施設は浄化槽法が根拠法令となっているが、現時点で民間による設置は行われていない。表7-1は経営主体別の事業者数を示したものである[1]。

データの出所が総務省の『地方公営企業年鑑』であるため、水道事業に関しては民営の事業者が表には示されていない。日本水道協会の『水道統計』によれば2017年度末現在において民営のものが9事業者存在しており、簡易水道事業においても多数の民営事業者が実際に存在していることが確認できる。

表7-1に示されるように、上下水道において類似した特徴として、水道には直接消費者に飲料水を供給せず、取水・浄水のみを行い浄水された水を水道事業体に供給する用水供給事業があるのに対し、下水道事業では汚水処理および汚泥処理を専門とする流域下水道事業が存在するという点で

表7-1 経営主体別事業者数（2017年度）

（人口の単位は千人）

事業	経営主体					普及人口（%）
	都道府県	市	町村	一部事務組合	合計	
水道						
用水供給事業	22	2	—	47	71	—（—）
末端給水事業	4	702	526	50	1,282	124,232（95.0）
簡易水道事業	1	159	410	3	573	3,091（0.02）
下水道						
流域下水道事業	42	1	—	3	46	—（—）
公共下水道事業	4	739	430	16	1,189	96,473（75.5）
特定環境保全公共下水道事業	21	358	364	5	748	3,799（3.0）
特定公共下水道事業	3	7	—	—	10	4（0.0）
農業集落排水施設	10	461	437	—	908	2,524（2.0）
漁業集落排水施設	1	91	77	—	169	133（0.1）
林業集落排水施設	—	11	15	—	26	2（0.0）
その他	—	269	265	1	535	691（0.01）

注： このほか、水道統計には民営の水道事業として9事業者が存在し、簡易水道事業にも民営のものが存在している。

出所：『地方公営企業年鑑』をもとに作成。

ある。ともに広域化の取り組みとして上下水道事業の拡大期から存在して
いるが、水道の場合は県営のもの以外に一部事務組合による用水供給事業
が多く存在する一方、下水道の場合はほとんどが県営のものとなっている
点に違いがみられる。また、水道の場合は水道事業（末端給水事業）が水
道水供給の中心となっており、当該事業のみの普及率が95％に達してい
るのに対し、下水道では公共下水道事業が中心であり当該事業の普及率は
75.5％となっている。

　ところで、ここでは普及率を人口ベースでみているため、下水道におい
て公共下水道事業以外の事業が主要な役割を果たしていないように見えて
しまうが、処理区域面積ベースでみた場合では特定環境保全公共下水道事
業や農業集落排水施設の普及率が大きく上昇することになるという点には
特に留意が必要である。

　続いて、水道と下水道の相違点について検討してみよう。水の循環とい
う視点から考えると水道と下水道は一連の流れとして捉えることができる
ため、消費者からすれば共通する部分も多いと考えられがちであるが、実
際には事業内容としてはまったく異なる事業であると考えることもでき
る。具体的には、水道は水道管に水圧をかけて圧力給水が行われており、
エネルギーさえあれば低いところから高いところに飲料水を供給すること
が可能である。一方、下水道は汚水もしくは雨水を管渠内で自然流下に
よって排除する仕組みを取っており、地形的条件に大きく左右されること
になる。したがって、そもそも水道の供給区域と下水道の排水区域が一致
することは基本的にあり得ない。また、水処理の方法も大きく異なる。水
道ではろ過が行われ、場合によっては薬品による処理が行われるが、下水
道の処理は生物処理が基本となっている。そもそも処理の技術的方法が異
なるのである。さらに言えば、水道管内は水圧がかけられ安心・安全な飲
料水が流れているが、下水道の汚水管の中には家庭や商業施設から発生す
る汚水が流れるため硫化水素が発生し、下水管渠や汚水処理場そのものの
実耐用年数が水道に比べるとはるかに短くなると考えられる。

　このような水道と下水道の事業としての特徴の違いが、産業構造にも大
きく影響していると考えられる。表7-1を見ても明らかなように、水道に
おいても地理的・地形的な条件により小規模事業としての簡易水道事業が

一定数存在しているが、下水道においてはさらに処理区域が限定されるため、非常に小規模な事業者が多く存在している。この産業構造の複雑性をより明らかにするために、浦上ほか（2020）では日本全国の公共下水道事業体にアンケート調査を実施し、表7-2のような調査結果を得ている[2]。

調査では水道事業を取水・浄水および配水の2つの段階に、下水道事業を下水管渠、汚水処理、汚泥輸送、汚泥処理、汚泥廃棄の5つの段階に分け、さらに直営と一部他団体との併用で実施する場合に分け、合計36にパターン分けが行われた。（表7-2の上半分）そして、それぞれのパターンに対して排水処理区域人口規模ごとに事業者数をカウントしたものが表7-2の下半分の部分である。

まず、上下水道の組織統合の状況について、表7-2を見るとパターン

表7-2　上下水道事業の事業パターンと規模別事業者数

		事業のパターン														
		1	2	3	4	5	6	7	8	9	10	11	12	13	14	15
水道	取水浄水				○	●	○	○	○	○	○	○	○	●	●	●
	配水		○	○	○	○	○	○	○	○	○	○	○	○	○	○
下水道	下水管渠	○	○	○	○	○	○	○	○	○	○	○	○	○	○	○
	汚水処理					○	●	○	●	○	●	○	○	○	●	○
	汚泥輸送							○	●	●	●	●	●			○
	汚泥処理										○	●	●			
	汚泥廃棄											○	●			

● は水道については自己水と受水の併用、下水道については単独処理と

		1	2	3	4	5	6	7	8	9	10	11	12	13	14	15
処理区域人口規模	1万人未満	28	7	5	4	24	0	19	0	5	1	12	2	6	0	2
	1万人以上3万人未満	41	14	12	12	7	1	3	0	1	0	7	2	4	2	1
	3万人以上5万人未満	22	2	2	11	1	2	2	0	2	0	5	2	1	1	1
	5万人以上10万人未満	27	5	1	12	2	0	1	0	2	0	5	1	3	0	1
	10万人以上30万人未満	22	2	2	18	2	1	1	1	3	0	4	2	1	1	0
	30万人以上50万人未満	2	1	0	3	1	0	1	0	0	0	4	1	0	1	0
	50万人以上	1	0	0	0	0	0	0	0	0	0	2	1	0	0	0
計		143	31	22	60	37	4	27	1	13	1	39	11	15	5	5

出所：浦上ほか（2020）。

2-28 までが該当し、合計 341 事業者であった。一方、組織統合をしていないものが 392 事業者であり、全回答数 733 に対し上下水道の組織統合の割合は 46.5 % となった。ここで注意しなければならないのは、浦上ほか（2020）でも指摘されているように、別の方法により組織統合の状況を調査した結果は上下水道の組織統合の割合が 77.6 % となっており、アンケート調査の結果とは大きな乖離が生じてしまっている。実際にアンケート調査により「分離している」と回答した事業体を複数確認したところ、事業体としては同一組織になっているものの、その下部組織は「水道課」「下水道課」というように分かれており、結果としてアンケートでは「分離している」と回答していたケースがみられたようである。したがって、組織統合の正確な割合を把握するためには追加的な調査を行う必要があると考

| 事業のパターン | | | | | | | | | | | | | | | | | | | | |
16	17	18	19	20	21	22	23	24	25	26	27	28	29	30	31	32	33	34	35	36
●	●	●	●	●																
○	○	○	○	○		○	○	○	○	○	○	○								
○	○	○	○	○		○				○		○	○	○	●	○	●	○	●	○
●	○	●	○	●		●			○	●	○	●	●	○	●	○	●	○	●	○
●	○	●	○	●			○	●	○	●	○	●		○	●	○	●	○	●	○
	○	●	○	●				○	●	○	●						○	●	○	●
		○	●			○					○	●						○	●	

他団体による処理の併用を示している。

16	17	18	19	20	21	22	23	24	25	26	27	28	29	30	31	32	33	34	35	36	計
0	3	1	1	0	2	1	2	0	0	0	1	0	28	1	11	1	10	1	13	0	191
1	1	1	0	2	2	0	0	0	2	0	2	0	22	1	11	5	9	2	20	4	192
0	1	1	1	0	2	0	0	0	0	0	0	0	6	1	6	0	3	0	5	2	82
2	4	0	3	4	2	0	0	0	1	0	1	0	12	5	4	2	5	2	10	6	123
4	2	1	5	3	0	0	1	0	0	0	0	0	2	3	0	1	2	3	7	0	94
3	1	2	0	1	0	0	0	0	0	0	0	0	1	0	0	0	2	2	1	4	31
0	0	0	2	0	0	1	0	0	0	0	0	0	2	0	1	0	1	0	6	3	20
10	12	6	12	10	8	2	3	0	3	0	4	0	73	11	33	9	32	10	62	19	733

えられる。

　次に、下水道管渠の維持管理のみを行っている下水道事業体（パターン1-4）と、汚水処理場を保有している事業体（パターン5-36）について見てみると、前者の割合は34.9％となり3分の1程度の事業体が汚水処理場をもたない管渠の維持管理のみを行う下水道事業体であることが明らかとなった。さらに汚泥処理を行っている事業体（パターン9-12、パターン17-20、パターン25-28、パターン33-36）の割合を見ると31.9％となっており、こちらも約3分の1程度が汚泥処理まで実施していることが明らかとなった。以上の状況について事業体規模の傾向を見てみると、下水道管渠の維持管理のみの場合、比較的小規模事業者の割合が高く、一方で汚泥処理以降を行う下水道事業体については大規模事業体が多くみられる結果となった。

　以上、上下水道事業の産業構造について見てきたが、周知のように両事業ともに市町村営主義を前提としているため極めて小規模な事業者が多数存在するとともに、事業の範囲についても多様なパターンが存在することが明らかとなった。このことは、今後上下水道事業の経営効率性などを分析する際に全サンプルによる単純な比較分析は分析結果にバイアスをもたらす可能性があり、地理的・地形的な要因はもちろんのこと、事業構造についても比較対象となる事業体を精査するなどの検討が必要であることを認識しておかなければならない。

　最後に、もう1つ重要な点をここで指摘しておきたい。表7-3は先ほどの浦上ほか(2020)により公共下水道事業が他事業を保有しその経営を行っているかどうかを調査した結果である。

　調査の結果、公共下水道事業体は他事業を同時に経営している実態が明らかとなり、特に特定環境保全公共下水道と農業集落排水施設については事業数が多いだけでなくその経営もほとんどのケースにおいて公共下水道事業体が同時に行っていることが明らかとなった。[3]このことは、下水道事業の経営がその事業構造だけでなく複数事業を同時に実施しているという、より複雑な状況となっていることを示す結果となっており、後に触れるように現在国主導で進められている広域化・共同化の検討においては公共下水道事業のみに焦点を当てるのではなく、その周辺事業についても併

表 7-3　下水道事業の経営状況の実態

		特定環境保全公共下水道	特定公共下水道	農業集落排水施設	漁業集落排水施設	林業集落排水施設
事業の有無	有	324	16	425	75	14
	無	404	640	320	584	637
経営状況	公共下水道事業と同じ部署で維持管理を行っている	322	20	376	62	10
	公共下水道事業と異なる部署で維持管理を行っている	9	13	54	25	15

出所：浦上ほか（2020）。

せて検討の範囲を拡げていかなければならないと考えられる。

3　近年の動向

　高度経済成長およびそれに伴う急激な人口増加に十分対応し、かつ安心・安全な水道水の供給と徹底した汚水処理による公共用水域の水質保全を実現してきた日本の上下水道事業は、21 世紀に入り非常に厳しい状況に直面することになった。水道事業に関しては、新日本有限監査法人および水の安全保障戦略機構事務局が 2018 年 3 月に水道料金の将来推計を行い、2040 年までに全体の約 90％の水道事業者が料金値上げをしなければならないこと、およびその平均の値上げ率が 36％にも達することを明らかにしている。また、厚生労働省（2020a）によれば、2016 年度末において老朽化した管路の更新率は 0.75％に過ぎず、本来必要とされる更新率 1.14％には遠く及ばない懸念が示されている。下水道事業に関しては、国土交通省（2019a）より下水道管渠の老朽化率は現状では高くないものの今後上昇が見込まれること、下水道担当職員が 1997 年のピーク時の約 6 割にまで減少しており地方公務員数の減少よりも速いスピードで減少しつ

つあること、将来的な下水道使用料収入の減少傾向が見込まれることが指摘されている。

このような事態が生じる原因として、次の３つが大きく影響していると考えられている。第１が人口減少・少子高齢化、第２が施設の老朽化、第３が頻発する自然災害である。

日本の総人口は 2008 年の１億 2800 万人をピークに減少し始めている。国立社会保障・人口問題研究所の 2017 年推計によれば、2063 年には総人口が 9000 万人を下回ると予想されており、2100 年には 6000 万人を下回ると予測されている。日本の水需要は、節水機器の普及などによりすでに 2000 年以前より減少傾向が始まっており、人口が減少すれば水需要の減少は加速していくことになる。水需要の減少は水道料金収入および下水道使用料収入の減少をもたらし、今後多くの事業体が財政危機に直面することが予想される。加えて、今後はさらなる少子高齢化の進展により職員の確保自体が困難になるといわれている。

上下水道事業においては、その資産の大部分が地下に埋設されている水道管および下水道管渠であることは周知の事実である。水道管路は耐用年数が 40 年、下水道管渠は同じく 50 年と定められており、それぞれの年数で減価償却を行わなければならない。減価償却費を計上している間は、その費用を料金・使用料収入によって回収し続けなければならないが、償却期間が過ぎれば費用計上する必要はなく、結果として水道料金・下水道使用料を低くすることが可能となる。水道や下水道は日常生活に不可欠なサービスであり、低料金に対する強い社会的要請がある。料金を低く抑えるために、水道管や下水道管渠の更新が先送りされるケースが多く起こっている。特に水道事業に関していえば、高度経済成長期に多く敷設された水道管はすでに法定耐用年数を超え老朽化が進行している。法定耐用年数を過ぎたからといって、すぐに更新すべきこととはならないが、老朽化した管路ほど災害に対して脆弱であり発災時には重大な被害が起こりやすい。水道事業に限らず、下水道事業においても老朽化した管路の計画的な更新が必要となるが、そのためには莫大な更新投資が必要であり、事業遂行のために技術職員の確保も必要となる。

日本は島国であり、火山帯に位置するという特徴をもつ。結果として地

震が多く、時として大地震が発生する。また、海洋国家でもあるため、海洋性気候により台風や大雨による被害を受けやすい。近年では特に大きな地震が繰り返し発生し、地球環境変化に伴う気候変動により大型台風や豪雨が頻発している。巨大地震の発生により浄水場が被災したり水道管が破裂したりして長期の断水が発生している。また、ゲリラ豪雨や大型台風により河川が氾濫し広域的な浸水被害をもたらしている。こうした自然災害にも耐えうるような強靱な施設の建設が求められるが、これにも莫大な投資が必要である。

　このような困難な状況に対応するために、厚生労働省は 2018 年 12 月に水道法を改正した（2019 年 10 月施行）。水道法改正の意義をいくつか指摘しておこう。第 1 は、水道法第 1 条において法の目的が「水道の計画的な整備」から「水道の基盤の強化」に変更されたという点である。これはまさしく、日本の水道が整備・拡張の時代から維持管理の時代に移行したことを宣言したものであり、水道の利害関係者全員に対して老朽化する施設の維持・管理および改築・更新が今後の水道事業の主要な業務となること、つまり「つくる」ことではなく「マネジメントする」ことが重要であるという意識改革を迫るものである。第 2 は、国・都道府県・事業者のそれぞれの責務を明確にしたという点である。都道府県は広域連携のリーダーシップを発揮することが求められ、事業者は事業の基盤強化のために台帳を整備し将来の収支見通しを作成し公表することが義務付けられた。また、国は水道事業の持続可能性を確実なものにするために、より実効性のある「基本方針」を策定しなければならない。第 3 に、官民連携の一手法としてコンセッション方式が位置づけられたという点である。今回の水道法改正では運営権の設定が厚生労働省の許可制となり、必要があれば国が責任をもって立ち入り検査を行うこととなった。また、自治体は条例を定め利用料金の範囲を規定することができ、何よりコンセッション導入そのものは議会の議決が必要とされるため、民意を反映させることもできる。

　さらに厚生労働省は「基本方針」を策定し、2019 年 9 月に厚生労働大臣告示として発令している。この基本方針では関係者の責務が明確に示されており、改正水道法では国、都道府県、事業者の責務が示されているが、基本方針ではこれに加え、市町村、住民、民間事業者の責務が明記さ

れた点に大きな意義がある。特に住民に対して「水道は地域における共有財産であり、その水道の経営に自ら参画しているとの認識で水道にかかわることが重要」であるとして、水道事業が直面する困難な状況とともに、将来の更新投資の原資として水道料金の値上げが不可欠となることに理解を求めるものとなっている。

　一方、国土交通省においても近年さまざまな取り組みが行われている。2014年には新下水道ビジョンを策定し、下水道の使命として、循環型社会の構築に貢献、強靭な社会の構築に貢献、新たな価値の創造に貢献、国際社会に貢献の4つの基本方針を掲げるとともに「循環のみち下水道」をコンセプトに下水道の進化と持続を図るためのさまざまな施策を立ち上げた。その後、さらなる人口減少の進行、下水道事業体の執行体制の脆弱化、施設の老朽化が進行するとともにコンセッション方式の推進など官民連携においても新たな進展があったため、これらと社会情勢の変化を踏まえ選択と集中によりおおむね5年以内に集中的に取り組むべき施策を検討することを目的として新下水道ビジョン加速戦略検討会が2017年4月に立ち上げられた。そして、官民連携の推進、汚水処理システムの最適化、マネジメントサイクルの確立を含め8つの重点項目が掲げられた「新下水道ビジョン加速戦略」が同年8月に取りまとめられている。この加速戦略は短期的な実効性のある取り組みとするためにも毎年フォローアップ会合が開催され、5年の中間期である3年目に見直しが行われることになっている。

　このほか、下水道の新たな価値を創出する取り組みとして2017年より下水汚泥利活用推進検討委員会、および下水道への紙オムツ受入実現に向けた検討会が開催されており、持続可能な下水道経営の実現を目指して2017年より広域化・共同化検討分科会、2018年には社会情勢の変化等を踏まえた下水道事業の持続性向上に関する検討会、2019年からは人口減少下における維持管理時代の下水道経営のあり方検討会が開催されている。これら以外にも多数の委員会・検討会が開催され、新下水道ビジョンに掲げられた「下水道の進化と持続」の実現に向けてさまざまな施策が実行されているところである。

4　広域化・共同化の状況

　日本政府（内閣府）は毎年「経済財政運営と改革の基本方針」である、いわゆる「骨太の方針」を公表し、さまざまな施策の方向性を示している。特に上下水道事業については法非適用企業の法適用化（企業会計の導入）、広域化・共同化および官民連携の推進が指摘されており、困難な状況を克服していくための重要な取り組みとして期待されているところである。本節ではこのうち、広域化・共同化の現状について見ていくことにする。

　上下水道事業における「広域化」の議論は古くて新しいテーマである。歴史をさかのぼると、水道事業では人口急増期に増加する水需要を満たすために相次いで水源開発が行われ、都道府県や一部事務組合が主体となって「広域的な」水道用水供給事業が創設された。また、昭和 50 年代には厚生省（当時）の「広域水道圏計画基本方針調査」を経て、「広域的な」末端給水事業体としての八戸圏域水道企業団が誕生している。下水道事業においては、1965 年に大阪府の寝屋川流域において全国初の流域下水道が整備されている。これは複数の市町村にまたがって、広域的な排水区の汚水処理を専門とする事業であり、法的には 1970 年の下水道法改正において正式に定義されている。

　広域化はその後、平成の大合併時に一気に進められることになった。図7-2 は平成の大合併前後の水道事業および下水道事業の事業者数の推移を示したものである。

　平成の大合併は 1999 年以降に開始されたが、図 7-2 よりも明らかなように、市町村合併に伴って水道事業および下水道事業が統合されたのは主に 2004 年および 2005 年であったことがわかる。下水道事業は図 7-1 でも見たように水道事業に比べると遅れて整備されたため普及率は 2000 年以降も拡大傾向にあり、事業者数についても図 7-2 から理解されるように2003 年までは増加傾向にあった。しかし、2004 年の市町村合併の急増に伴って事業者数の拡大傾向は下水道事業の合併による事業者数の減少によって打ち消されたものと考えられる。

　2005 年以降の事業者数の推移はほぼ横ばいとなっているが、注意すべ

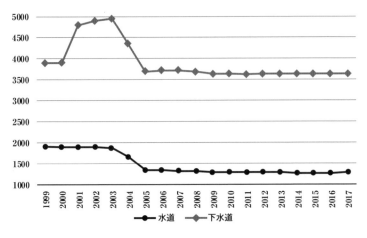

図7-2 上下水道事業者数の推移

出所：『地方公営企業年鑑』をもとに作成。

きことは平成の大合併を経てもなお多くの事業者数が存在しているという事実である。つまり、依然として小規模事業者数が多く存在しており、これまで説明してきたように社会・経済環境の変化の中でより小規模な事業体ほど厳しい状況に直面していることが容易に想定されるのである。

　では、実際に平成の大合併によって上下水道事業の生産性・効率性は改善されたのだろうか？　この点について実証分析を行った研究としてUrakami and Parker（2011）および Arocena et al.（2000）がある。ともに水道事業を対象に平成の大合併の効果を分析しているが、Urakami and Parker（2011）ではトランスログ型費用関数を推定し、合併が行われた水道事業者のダミー変数を用いて係数の推定を行った。結果としてダミー変数の係数推定値はマイナスで有意となったものの、その費用削減効果に与える影響の程度は非常に限定的であることが明らかにされた。一方、Arocena et al.（2000）では DEA 手法を用いて生産性の変化をいくつかの要因に分解し、その中に明示的に合併の効果を組み込んだ分析を行った。結果として合併の効果は有意に存在することが明らかにされ、特に大規模事業者と小規模事業者の合併ではなく、同程度の規模の事業者の合併においてより効果が存在することが明らかにされている。

　すでに図 7-2 でみてきたように、平成の大合併後においてはほとんど広域化が行われていない。平成の大合併は市町村合併が目的であり、上下水道事業は市町村営であるため付随的に合併が行われたが、それはあくまで政治的な目的のためであり経済合理性とは関係なく進められてしまったことが大きな問題であった。すなわち、経済的メリットがほとんど見いだせない状況での統合でありむしろ追加的な費用負担や作業量の増加を余儀なくされた事業体が多かったために広域化そのものが負のイメージをもってしまったのである。広域化そのもののハードルが高くなってしまったことは残念ながら事実ではあるものの、内閣府による骨太の方針にほぼ毎年示されているように、上下水道事業にとって将来の困難な状況に対応するためには必要不可欠な取り組みであることに間違いはない。

　ところで、広域化の方向性は近隣事業者との統合だけとは限らない。図 7-3 に示されるように、広域化にはいくつかの方向性が考えられる。

　図 7-3 は上下水道事業のサービスの流れおよび事業の範囲を示したものである。上下水道事業の広域化には（上水道と簡易水道、公共下水道と特定環境保全公共下水道、特定公共下水道、集落排水施設との統合を含めて）近隣事業者との統合以外に、水道用水供給と上水道の垂直統合、公共

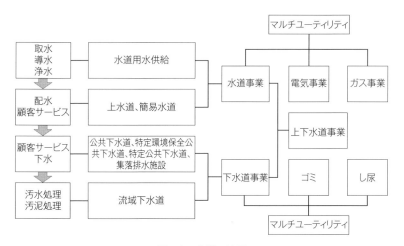

図 7-3　事業の範囲

出所：Saal et al.（2013），Figure 1 をもとに作成。

下水道と流域下水道の垂直統合、上下水道事業と他事業とのマルチユーティリティ化、水道事業と下水道事業との統合が考えられる。実際、日本では全国的に上下水道化が進められており、水道用水供給と上水道の垂直統合の事例もいくつか存在し、大きな費用削減効果が達成されている。これら広域化に関して実証分析を行った先行研究として、Urakami（2007）、および北村（2020）をあげることができる。Urakami（2007）は水道事業の取水・浄水部門と配水部門を仮想的に分離した場合と垂直統合したままの状態との比較分析をトランスログ型費用関数の推定により行っているが、結果として垂直統合の状態の方が費用効率的であり、かつ受水率の高い事業体ほどその効果は大きいことが明らかにされている。また、北村（2020）は上下水道事業の統合の経済性（多様化の経済性）を投入指向の距離関数を用いて分析しており、結果として上下水道事業の統合に経済的メリットがあることが明らかにしている。一方、用水供給事業と上水道の垂直統合に関する事例分析としては菊池（2018）がある。菊池氏は岩手中部水道企業団の管理者を設立当初から務めており、その垂直統合を強力に推し進めた中心人物であった。岩手中部水道企業団は用水供給事業である岩手中部広域水道企業団とその受水団体である北上市、花巻市、紫波町との垂直統合によって2014年に誕生した広域水道である。広域化に伴って非効率な浄水場の廃止など徹底したダウンサイジングに取り組み、24億円程度の更新投資の削減と総額70億円程度の将来投資の削減を達成したことが明らかにされている。

　では、将来的な上下水道の広域化に対する政府の取り組みについて概観しておこう。水道事業においては改正水道法により都道府県は水道事業基盤強化計画を策定すること、市町村の区域を越えた事業者間の連携を推進するための協議会を設置することとされている。2019年10月に改正水道法が施行されて以降まだそれほど時間が経過していないため、水道事業基盤強化計画の策定状況に関して厚生労働省より情報が示されていないが、人口減少下において全国的に経営状況の厳しい中小の水道事業体が多数存在するため、今後の進展が大きく期待されているところである。一方、国土交通省では先にも触れたように広域化・共同化検討分科会が2019年より開催されており、下水道事業の広域化・共同化の進展に向けて議論が重

ねられているところである。2020 年 3 月には広域化・共同化のブロック割・メニューの提案と、そのハード面・ソフト面の効果測定方法の議論が行われ、その成果として「広域化・共同化計画策定マニュアル（改訂版）」が策定されたところである。今後、全国の都道府県においてブロック化の検討およびそれぞれのブロックにおける広域化・共同化の取り組みについての検討が進められようとしている。こちらも将来的な進展が大きく期待されている。

5　官民連携の状況

　官民連携については、推進すべしとの趣旨の提言が内閣府の骨太の方針にほぼ毎年示されているように、将来的な上下水道事業の持続可能性および効率的な事業運営に不可欠な取り組みとして期待されているところである。実際に、内閣府は民間資金等活用事業推進会議において 2014 年にコンセッション方式の事業実施件数の数値目標として水道 6 件、下水道 6 件を掲げていた（内閣府・民間資金等活用事業推進会議 2015）。具体的な成果としては静岡県浜松市において下水道事業の汚水処理場におけるコンセッション方式導入が実施されたことは記憶に新しいところである。しかし、水道法改正の審議過程においてコンセッションを法に位置づける際に「水道民営化反対」という激しいネガティブキャンペーンがはられたことは、日本では特に水道事業において官民連携の導入に関して非常に高いハードルがあることを印象づける出来事であった。

　改めてコンセッション方式について、水道事業を例にとって概観しておこう。コンセッション方式はいわゆる施設の保有権とその運営権を同時に譲渡するような民営化ではないことは明らかである。事実、改正水道法で今回コンセッション方式の採用が可能となった。市町村経営の原則はあったが、民営による水道は以前から水道法の枠内で可能とされていたことも確かであり、実際に日本にも 9 つの民営の水道事業者が存在している。コンセッション方式導入にあたって、法改正を伴わなければならなかった理由は、公設民営方式ともよばれるように改正以前の水道法では施設の保有

権を市町村が維持したままで運営権のみを民間に譲渡する仕組みが存在しなかったためである。すなわち、運営権を民間に譲渡するためには施設の保有権も民間に譲渡しなければならず、そのためその枠組みについては従来の水道法にも存在し実際に民営の水道会社が設立されていた。今回の改正水道法では事業者が運営権の及ぶ事業の範囲を定め利用料金を定めることが可能となる。また、そのプロセスは地方議会の審議を経るため自治体のモニタリングが機能する。運営権の設定には厚生労働省の許可が必要であるため、コンセッションを受託した民間企業は国の立ち入り検査を受けなければならないことになっている。[4]このように、新たな官民連携の手法として期待されているコンセッション方式であるが、この手法は必ずしもほかの官民連携手法と比較してどの事業に対してもメリットが大きいというわけではなく、それぞれの地域の事業特性、歴史的背景、民間企業とのコミュニケーションの程度など、さまざまな状況を勘案して最善の官民連携手法について考えるべきであろう。

　それでは、上下水道事業分野におけるコンセッション方式導入に向けての進捗状況について、内閣府（2019）資料をもとに見ておこう。

　表7-4に示されているように、2019年時点において上水道で3件、下水道で3件（宮城県は上下水道の両方に含まれるため合計5件）のコンセッション事業が実施・進行中である。この表より明らかなことは、運営権の範囲はそれぞれの実施主体によってさまざまであり、たとえば宮城県は上下水道にとどまらず工業用水道まで含められているが、大阪市においては水道事業の管路部分のみに限定されており、その意味で今回のコンセッション方式は事業者のニーズに応じて運営権の範囲が設定可能であり、それぞれの実情に応じた柔軟な運用が行われるものと期待される。

6　諸外国の状況

　それでは、最後に諸外国の上下水道事業の状況についてみておこう。諸外国では日本と同じように市町村を経営主体とする上下水道事業は数多く存在する。したがって、日本のように市町村を経営主体とする上下水道

表7-4　コンセッション方式の導入状況

	実施主体	概要
水道	宮城県	上工下水一体のみやぎ型管理運営方式にて、令和2 (2020) 年3月に実施方針を公表。令和4 (2022) 年4月の事業開始予定。
	大阪市	管路コンセッションについて、令和2(2020)年2月に「大阪市水道PFI管路更新事業等実施方針（案）」を公表。令和4 (2022) 年度以降に事業開始予定。
	伊豆の国市	令和3 (2021) 年度以降コンセッション事業開始に向け、令和元 (2019) 年度にマーケットサウンディングを実施、令和2 (2020) に事業者募集・選定予定。
下水道	浜松市	平成30 (2018) 年4月から運営事業を実施中。
	須崎市	令和元 (2019) 年11月20日に公共施設等運営権実施契約書締結済み。
	宮城県	上工下水一体のみやぎ型管理運営方式にて、令和2 (2020) 年3月に実施方針を公表。令和4 (2022) 年4月の事業開始予定。

出所：内閣府（2019）をもとに加筆・修正。

事業が、世界的にみればより一般的と考えてもいいだろう。表7-5は Carvalho et al.（2012）で示されたヨーロッパ諸国の水道事業の事業者数と1事業者当たりの平均給水人口、事業の範囲と垂直統合の程度をまとめたものである。参考までに、当該論文が公表された2012年の日本の水道事業（水道法の定義による計画給水人口5,000人以上のもの）のデータを追加している。

　この表よりも明らかなように、イギリス、イタリア、オランダ、ベルギーでは広域的統合や民営化が進められ、事業者数が減少し平均給水人口規模が拡大した例がみられるものの、それ以外の国々では依然として事業者数は多く、結果として多くの小規模事業者が存在する状況となっている。また、これらの国々の多くが地方自治体による所有・運営を基本としており、その状況は日本とまったく同じといえる。

　事業の範囲を確認すると、多くの国々において水道と下水道が同時に経営されており、かつ垂直統合された事業体として経営されている。日本も現在上下水道化が進められているが、その流れは諸外国の状況を見れば必

表7-5　ヨーロッパ諸国および日本の上下水道事業の状況

国名	事業者数	平均給水人口	事業の範囲	垂直統合
アイルランド	3,051	1,409	水道と下水道	ほぼ統合
イタリア	91	648,352	水道と下水道	統合
イングランド・ウェールズ	25	2,148,000	水道と下水道	統合
オーストリア	5,000	1,640	水道と下水道	統合
オランダ	10	1,650,000	水道と下水道	分離
北アイルランド	1	1,700,000	水道と下水道	統合
ギリシャ	1,000	11,000	水道と下水道	ほぼ統合
スイス	3,000	2,467	マルチユーティリティ	統合
スウェーデン	294	30,612	マルチユーティリティ	統合
スコットランド	1	5,100,000	水道と下水道	ほぼ統合
スペイン	8,100	5,556	水道と下水道	ほぼ統合
チェコ	1,211	8,505	水道と下水道	統合
デンマーク	2,622	2,059	水道と下水道	統合
ドイツ	6,000	13,667	マルチユーティリティ	統合
ノルウェー	1,616	2,908	水道と下水道と他の行政活動	統合
フィンランド	1,400	3,786	水道と下水道	統合
フランス	19,300	3,337	水道と下水道	統合
ベルギー	28	375,000	水道と下水道	ほぼ分離
ポルトガル	300	31,278	水道と下水道と他の行政活動	ほぼ分離
ルーマニア	2,000	7,700	水道と下水道とごみ収集	分離
ルクセンブルク	106	4,528	水道と下水道	ほぼ統合
日本	1,566	76,214	水道と下水道	ほぼ統合

注：日本のデータを『地方公営企業年鑑』（平成24年度版）より追加している。
出所：Carvalho et al. (2012)、Table 1をもとに作成。

然的なものといえるだろう。それでは、上下水道化が果たして本当に経営の効率化に寄与するものかどうかを考えてみよう。表7-6は諸外国において上下水道事業の範囲の経済性を分析した先行研究の数をまとめたものである。

　表7-6より明らかなように、上下水道事業の垂直統合については範囲の経済性があると結論づけたものと、ないと結論づけたものが同数であり、現時点では上下水道化が経営の効率化に寄与するものかどうかを判断することは難しい。このほか、浄水部門（用水供給事業）と配水部門（上水道

表 7-6　範囲の経済性の計測結果

範囲の経済性あり			範囲の経済性なし		
取水浄水・配水	上下水道	マルチユーティリティ	取水浄水・配水	上下水道	マルチユーティリティ
6	5	3	1	5	0

出所：Guerrini et al.（2013）、Table1 および Table2 をもとに作成。

事業）との垂直統合については範囲の経済性があるとする研究が多く、また同じ結果がマルチユーティリティについてもいえるようである。

このように、ヨーロッパ諸国では広域化が 1 つの大きな潮流となっており、それに合わせて経済学的手法をベースとした実証研究が多く実施されているとともに、各国の規制当局もそうした経済学的な実証分析によるエビデンスをもとにさらなる規制改革を進めている状況である。

ヨーロッパ諸国ではさらに、各国の上下水道規制担当者が集まり、それぞれの規制当局が抱える課題やすべての規制当局が目指すべき共通の方向性を議論するために国際組織（European Water Regulators: WAREG）を設立している。WAREG は 2014 年 4 月に設立され、2019 年 12 月までに 20 回の定期会合（General Assembly）が行われ、2019 年 12 月 3 日には初となるアカデミックなフォーラムとしての第 1 回 European Forum on Regulation for Water Services（EFRWS）が開催されている。

第 1 回 EFRWS の最後には WAREG 理事長により "Water regulatory trends to 2030: The impacts of EU legislation and utilities development according to 'a contingency view' of regulation" というタイトルでの講演が行われ（Guerrini 2019）、ヨーロッパ地域の上下水道事業あるいは規制当局の規制のあり方の方向性について説明がなされた。その第 1 の課題として取り上げられたのが「顧客への透明性の確保」である（図 7-4）。

図 7-4 に示されるように、規制当局（Regulator）、事業者（Utility）、顧客（Customers）、業界（Sector）の取り組むべき方向性が示されている。まず、規制当局は KPI（重要業績評価指標）を定め、定期的に事業者の取り組み状況を公表することとされている。事業体は顧客および各機関に情報公開を行うべきこととされている。顧客は事業者より定期的に必要な情

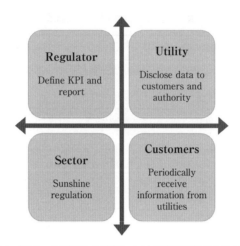

図 7-4　顧客への透明性の確保における利害関係者の取り組み

出所：WAREG 理事長講演資料（Guerrini 2019）をもとに作成。

報を受け取り、事業に対して理解を深めるべきこととされている。そして最後に、業界としてはサンシャイン規制（Sunshine regulation）の下、もっとも効率的な活動（Best practice）を目標として日々経営効率化のための活動に取り組むべきとされている。このサンシャイン規制についてはヨーロッパ諸国ではほぼスタンダードとなりつつある考え方であるが、日本ではまだ用語そのものの認知度が低く、サンシャイン規制を取り上げた文献もまったく存在しない状況のようである。簡単に説明すると、Name and Shame を基本的な考え方としており、つまり上にあげた KPI をもとに効率性や生産性の劣る事業者を「名指し（Name）」し、「反省を促す（Shame）」ことによってより良い事業運営を目指すという仕組みである。「規制（Regulation）」という名称がついているが、必ずしも明示的な規制（たとえばプライス・キャップ規制など）を課す必要はなく、自発的な情報公開を促すことで効率的な経営は十分に達成可能であることが知られている（De Witte and Saal 2010）。

7　おわりに

　本章では日本の上下水道事業の現状および課題、政府の政策の方向性、さらには諸外国の動向について概観した。今後人口減少が急速に進んでいくことが予想される中で、上下水道事業者にはもはや一時の猶予も残されてはいないほど状況はひっ迫していると考えるべきである。また、上下水道事業はユニバーサルサービスとは位置づけられなくとも、人々が安心・安全に日々の生活を送るためには欠かせない最重要な社会インフラであることには疑いの余地はない。そのため、国民全員で上下水道の抱える課題に立ち向かわなければならないし、利害関係者全員でこの社会インフラを支えていかなければならない。どの事業者も、利用者である住民・企業も「独り勝ちは許されない」のである。迫りくる経営危機に備え、広域化・共同化あるいは官民連携など考えられるすべての方策を検討し、地域の実情に合わせて最善の策を講じていかなければならない。

注

1)　水道事業という用語の定義について説明すると、広義の水道事業という用語は表 7-1 に示される用水供給事業、末端給水事業、簡易水道事業のすべてを含むものであるが、一般的に使用されている狭義の水道事業という用語は表 7-1 の末端給水事業と同一の概念であり、定義上給水人口 5,000 人以上の事業者を指す。また、時に下水道に対して上水道という用語が用いられるが、この場合も狭義の水道事業として使用されている。本章でも特に断りが無い場合は水道事業を狭義の概念として用いることとする。

2)　アンケート調査は日本全国のすべての公共下水道事業体 1,177 事業者を対象に、調査票は 2020 年 1 月 7 日に発送された。4 月 2 日に最終の回答が回収され、有効回答数は 823 となり回収率は 69.9％であった。

3)　浦上ほか（2020）では調査の範囲として『地方公営企業年鑑』のデータを活用するために表 7-3 の事業に焦点が当てられているが、実際には市町村においてはコミュニティプラントなど他の下水道を実施しているケースも存在しており、これらを含めた検討については将来的な研究課題としたい。

4) 上下水道事業における官民連携およびコンセッション方式についての詳細は厚生
労働省（2018、2020a）および国土交通省（2018、2019b）を参照されたい。

参考文献

AROCENA, Pablo; David, SAAL; Takuya URAKAMI and Michael ZSCHILLE (2020), "Measuring and decomposing productivity change in the presence of mergers," *European Journal of Operational Research*, Vol. 282, No. 1, pp. 319-333.

CARVALHO, Pedro; Rui Cunha MARQUES and Sanford BERG (2012), "A meta-regression analysis of benchmarking studies on water utilities market structure," *Utilities Policy*, Vol. 21, pp. 40-49.

DE WITTE, Kristof and David SAAL (2010), "Is a little sunshine all we need? On the impact of sunshine regulation on profits, productivity and prices in the Dutch drinking water sector," *Journal of Regulatory Economics*, Vol. 37, No. 3, pp. 219-242.

GUERRINI, Andrea; Giulia ROMANO and Bettina CAMPEDELLI (2013), "Economies of scale, scope, and density in the Italian water sector: a two-stage data envelopment analysis approach," *Water Resources Management*, Vol. 27, No. 13, pp. 4559-4578.

GUERRINI, Andrea (2019), "Water regulatory trends to 2030: The impacts of EU legislation and utilities development according to "a contingency view" of regulation," Presentation documents at 1st European Forum on Regulation of Water Service, 3rd December 2019, Rome (http://www.wareg.org/documents.php?q=view&id=8、2020年4月9日現在).

SAAL, David; Pablo AROCENA; Alexandros MAZIOTIS and Thomas TRIEBS (2013), "Scale and scope economies and the efficient vertical and horizontal configuration of the water industry: a survey of the literature," *Review of network economics*, Vol. 12, No. 1, pp. 93-129.

URAKAMI, Takuya (2007), "Economies of vertical integration in the Japanese water supply industry," *Jahrbuch für Regionalwissenschaft*, Vol. 27, No. 2, pp. 129-141.

URAKAMI, Takuya and David PARKER (2011), "The effects of consolidation amongst Japanese water utilities: A hedonic cost function analysis," *Urban Studies*, Vol. 48, No. 13, pp. 2805-2825.

浦上拓也・田中智泰・中岡孝剛・北村友宏（2020）「国土交通省下水道技術研究開発（GAIAプロジェクト）我が国下水道事業における広域化・共同化および官民連携の取り組みに関する生産性・効率性の計測：アンケート調査1次集計結果」近畿大学経営学部ワーキングペーパーシリーズ、No. 2020-01（http://www.bus.

kindai.ac.jp/urakami/sewerage.html、2020 年 4 月 23 日現在）。

菊池明敏（2018）「人口減少時代の上下水道経営（第 3 回）水道事業のダウンサイジングと広域化の必要性」日経グローカル、No. 342、pp. 36- 37。

北村友宏（2020）「上下水道事業における多様化の経済性」神戸大学大学院経済学研究科 Discussion Paper No. 2005。

厚生労働省（2020a）「水道事業における官民連携について ——最近の水道行政の動向」令和元年度官民連携推進協議会報告資料（https://www.mhlw.go.jp/stf/seisakunitsuite/bunya/topics/bukyoku/kenkou/suido/shingi/kanmin/2017/index_00005.html、2020 年 4 月 9 日現在）。

厚生労働省（2020b）「水道の基本統計」（https://www.mhlw.go.jp/stf/seisakunitsuite/bunya/topics/bukyoku/kenkou/suido/database/kihon/index.html、2020 年 4 月 9 日現在）。

厚生労働省（2018）「民間活用を含む水道事業の連携形態に係る比較検討の手引き」（https://www.mhlw.go.jp/topics/bukyoku/kenkou/suido/hourei/jimuren/h20/200630-1.html、2020 年 4 月 9 日現在）。

厚生労働省（2019）「基本方針」（https://www.mhlw.go.jp/content/000552618.pdf、2020 年 4 月 9 日現在）。

国土交通省（2018）「下水道における官民連携の推進について ——持続可能な日常生活に向けて」（https://www.pref.miyagi.jp/uploaded/attachment/711169.pdf、2020 年 4 月 9 日現在）。

国土交通省（2019a）「下水道事業の現状と課題——持続可能な下水道事業とするために」（https://www.mlit.go.jp/mizukokudo/sewerage/content/001313228.pdf、2020 年 4 月 9 日現在）。

国土交通省（2019b）「下水道事業における公共施設等運営事業等の実施に関するガイドライン」（https://www.mlit.go.jp/mizukokudo/sewerage/mizukokudo_sewerage_tk_000575.html、2020 年 4 月 9 日現在）。

国立社会保障人口問題研究所「日本の将来推計人口（平成 29 年推計）」（http://www.ipss.go.jp/pp-zenkoku/j/zenkoku2017/pp_zenkoku2017.asp、2020 年 4 月 9 日現在）。

内閣府・民間資金等活用事業推進会議（2015）「PFI 手法等を活用した効果的・効率的なインフラ整備の推進」（https://www.cas.go.jp/jp/seisaku/gyoukaku/H27_review/H27_Fall_Open_Review002/data/0216.pdf、2020 年 4 月 9 日現在）。

内閣府（2019）「コンセッション事業の主な進捗状況」（https://www8.cao.go.jp/pfi/concession/concession_index.html、2020 年 4 月 9 日現在）。

新日本有限監査法人・水の安全保障戦略機構事務局（2018）「人口減少時代の水道料金はどうなるのか？（改訂版）」（http://www.waterforum.jp/twj/dl/docs/suikei2018_2.pdf、2020 年 4 月 9 日現在）。

176

上下水道事業の Affordability

コロナウイルスの感染拡大に対して、日本全国の多くの自治体が住民の生活支援のために水道料金の減免を行った。果たしてこれは上下水道事業に求められる本来の役割といえるのだろうか？

上下水道事業は地方公営企業法により「その経営に要する経費は経営に伴う収入（料金）をもって充てる独立採算制が原則」とされている。上下水道事業の主な費用は、過去の投資に対する費用（減価償却費、企業債等借入金に対する支払利息、企業債償還金）および将来の投資に対する費用（資産維持費）である。ここでは上下水道事業の財政の仕組みについての詳細は省略するが、老朽化した施設の更新や自然災害に対する備えのための投資にかかる費用は、独立採算制を原則としている以上、その収入である料金および使用料によって確保し、企業内部に留保しておく必要がある。今回、コロナウイルス拡大に対する料金減免の措置が行われたが、その財源として企業の内部留保資金が活用されたならば、それはすなわち将来の必要な投資を減少させてしまうことになるため、経営の持続可能性を損うものとして留意すべきである。この点で今回未払いによる供給停止を行わず、支払い猶予のみを行った電気・ガスとは違った扱いになっていることも踏まえておくべきである。

ここで、ヨーロッパで一番のコロナウイルスによる死者数を記録したイギリスでの取り組みについて考えてみよう。イギリスではコロナウイルス感染拡大に際して「新たな」料金減免の措置は行われていない。代わりに従来の取り組みが強化されている。それが「Affordability」である。イギリスでは上下水道の規制当局であるOFWAT が上下水道会社の Affordability に対する取り組みを厳しく審査しており、各上下水道会社は定期的に Affordability 関する報告書を取りまとめなければならない。一例を紹介すると、セバーントレント社の料金減免に関する取り組みには Big Difference（Social Tariff）および Watersure があり、Big Difference は経済困窮者に対して最大 90% の料金を減免する制度であり、Watersure は多人数の低所得世帯で水道消費量が多い場合、平均的な使用量の料金にまで減額する制度である。ほかにもさまざまな制度が用意されているが、2010 年以降支援を拡大し現在では 5 万人ほどの利用者が何らかの支援を受けていると報告されている。

イギリスに限らず、海外では Affordability を含めた持続可能な経営に対する取り組みが強化されつつある。日本においても今回のコロナ禍を教訓に、一時的な措置ではなく持続可能な制度としての Affordability を検討していく必要があるだろう。

[浦上 拓也（うらかみ・たくや：近畿大学経営学部 教授）]

▶ 第**8**章 |||||||||||||||||||||||||||||||||||||||||||||||||||||||||||||||||||||||||||||||||||||||||||||||||||||||||||

交通事業

1 はじめに

公益事業学会の会則では、公益事業が「われわれの生活に日常不可欠な用役を提供する一連の事業」と定義され、「鉄道、軌道、自動車道、バス、定期船、定期航空」と、陸・海・空にわたる複数の交通機関（transport mode）が例示されている。交通（transport）とは広義には「ヒト・モノ・カネ・情報による空間的移動（距離の克服）」である（髙橋 2006、pp. 10-11）。もっとも、カネの空間的移動は金融（finance）、情報の空間的移動は通信（telecommunication）として分化が進んだので、現在の交通は、ヒト（旅客）とモノ（貨物）に対象を限定することが一般的である。

表 8-1 は、現代社会を支える交通機関を旅客と貨物に分けて整理し、これら交通サービスの供給に必要なインフラストラクチャー（infrastructure、以下「インフラ」）も示したものである。インフラは人工の通路であり、2地点間を結ぶリンク（link）と、それらの結節点となるノード（node）からなる。本章では紙幅の都合から、旅客交通事業および主要な交通インフラに焦点を絞って議論する。

178

表 8-1　旅客と貨物の交通機関とインフラ

| 交通機関（transport mode） | | インフラ（infrastructure） | |
旅客（ヒト）	貨物（モノ）	リンク（経路）	ノード(結節点)
自家用乗用車、タクシー、バス	トラック	道路	ターミナル
二輪車、歩行者	二輪車、軽車両	街路	
航空旅客	航空貨物	（空路）	空港
旅客船（フェリー）	海運（外航・内航）	（航路）	港湾
鉄道、地下鉄、路面電車	鉄道貨物	線路	駅
	石油、ガス	パイプライン	

出所：田邉（2017）p.17 を一部修正。

2　交通と公益事業

(1) 公益事業としての交通事業の展開

　交通が、先にみた「日常不可欠な用役」の１つであることは疑いがない。「衣・食・住・交」という表現さえ提唱されている（杉山ほか 2008 p. 31）。衣食住（たとえば衣料品や食品）も公益事業も、商品（財・サービス）が「日常不可欠」つまり必需性が高いという需要上の共通点があることは、論を俟たない。しかし、第１章でみたように、商品の生産に自然独占性があるという供給上の特質が、衣食住と公益事業を分かち、交通を公益事業と考える１つの根拠となる。本項では、交通の自然独占性およびこれに対応した規制の変化を、鉄道を柱としつつ、次節以降で論じられる交通機関にも触れながら検討したい。

　第１章でみたように、鉄道は近代化・工業化の原動力の１つとして、交通のみならず社会・経済に広く革命的な変化をもたらした。鉄道は、発祥の地イギリスや大陸横断鉄道が発達したアメリカ合衆国では当初、純粋に民間の事業であった。前近代には及びもつかなかった巨額の投資が必要だったことから株式会社・市場の整備が促され、事業と路線網の拡大、その一環としての合併・買収が進み、規模の経済性の活用が試みられた。事業者に参入規制と価格（運賃）規制が課されて独占が容認される一方で、内部補助を通じた路線網の維持が求められる規制体系（以下「自然独占型

規制」）は、イギリスやアメリカでは 1920 年代に確立した。フランス・ド
イツ・日本といった、鉄道および資本主義において後発とされる諸国で
は、独占を容認した全国的な経営一元化に国有化のロジックが絡む事例が
多かった。

　こうした自然独占型規制は、鉄道に倣う形で、他の交通機関にも適用さ
れていった。たとえば欧米諸国の都市公共交通は、民間事業を起源とした
ものが多く、バス・地下鉄・路面電車など多様化したものの、都市（圏）
ごとに 1920-30 年代に経営一元化（交通調整）が進められた（小池・和久
田 2012）。

　交通インフラの整備・運営では、自然独占型規制に、政府・自治体によ
る管理（直営）が組み合わされることが一般的であった。経済学の理論に
おいて、道路は公共財の典型とされた。自然独占性も公共財も「市場の失
敗」の現象とみなされることが、政府介入および公共政策の根拠とされて
きた。

　こうした自然独占型規制は、1970 年代以降、「規制の失敗」とよばれる
さまざまな問題（公共料金の高騰、非効率な事業者の存在、補助金の増加
など）が表面化するなかで、見直しが迫られた。規制緩和と民営化の時代
の到来である。その嚆矢は 1970 年代後半から実施された、アメリカの国
内航空の規制緩和であった（第 6 節参照）。

　規制緩和と自由化の潮流は、前述のように自然独占性の牙城と考えられ
てきた鉄道にも、確実に押し寄せている。EU では上下分離（separation
of operation from infrastructure）が鉄道政策の前提となっている。端的
にいえば、下部構造（線路インフラ）は自然独占性が作用するので今なお
国家管理を原則とするものの、上部構造（列車の運行）については新規参
入を認め競争を促そうとするものである。日本でもたとえば、鉄道貨物輸
送において、JR 旅客 6 社が保有する線路インフラを JR 貨物が借り受けて
貨物列車を運行するという形で、上下分離が導入されている。しかし日本
における上下分離は、いずれの例においても、EU のような競争導入を目
指したものではない。

(2) 日本の交通市場

　ここでは日本の交通市場を概観し、本章における交通機関・市場とインフラをめぐる議論の前提を整理したい。

　表8-2は、日本国内の交通機関ごとの旅客輸送実績、輸送分担率（modal split）を示したものである。輸送人員と輸送人キロ（人員×移動距離）の両方で自動車の分担率が高く、モータリゼーション（自動車の普及）の進展がうかがえる。しかしながら、同時期のアメリカ、ドイツ、イギリスの鉄道分担率は10%に満たず、この点で日本は鉄道の利用が多いといえる。なお、本データには自転車や徒歩などによる移動は含まれていない。空間的な違いによる交通の区分として、都市内交通、都市間交通、国際交通に分ける場合がある。

　図8-1は、都市内交通調査の1つである2015年度の全国都市交通特性調査（パーソントリップ調査）による、移動の交通手段別構成比（トリップ数）を示したものである。自動車の利用率は高く、特に休日の利用率が高い。また、休日は自動車の同乗の比率が高い。三大都市圏の鉄道・バス利用率は高く、経年的にも増加傾向にある。加えて、都市内交通では徒歩・自転車の果たす役割が大きいことがわかる。

　図8-2は、都市間交通（通勤・通学以外の目的で日常生活圏＝都道府県を超える国内交通）における代表交通機関の輸送分担率を、距離帯別に示したものである。300km以内では自動車、500〜700kmでは鉄道、1,000km以上では航空が競争力をもつことがわかる。東京－大阪間が約550km（新幹線の東京駅－新大阪駅間の営業距離）であり、1,000km以上

表8-2　日本国内の交通機関別輸送分担率（2009）

（単位：%）

	輸送人員	輸送人キロ
自動車	74.4	65.6
鉄道	25.4	28.7
旅客船	0.1	0.2
航空	0.1	5.5
合計	100.0	100.0

出所：「交通関係統計資料集」をもとに作成。

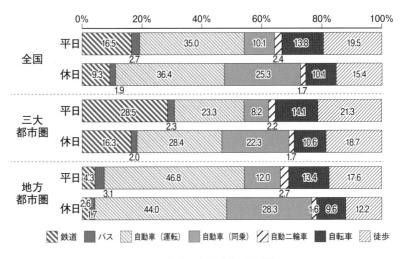

図 8-1　移動の交通手段別構成比

出所:「全国都市交通特性調査」(2015 年度) をもとに作成。

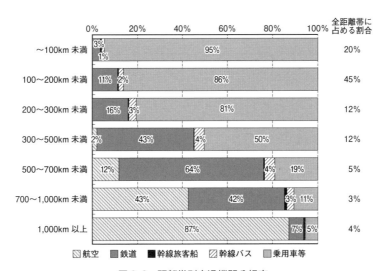

図 8-2　距離帯別交通機関分担率

出所:「全国幹線旅客純流動調査」(2015 年度) をもとに作成。

というと東京－札幌・東京－福岡間に相当する。700～1,000kmでは鉄道と航空の分担率がほぼ互角となる。

　国際交通については、旅客輸送は航空が圧倒的多数を占め、海運は博多港－釜山港の航路などごくわずかであったが、近年はクルーズ船によるインバウンド（外国人観光客）が増加した。なお、日本を中心とした国際航空については第6節に譲る。

3　鉄道

(1) 幹線鉄道

　日本の全国規模の幹線鉄道網は、旅客輸送に関しては新幹線が担う。新幹線は主たる区間を時速200km以上で運行する高速鉄道で、営業線は2,765kmである。一方、貨物輸送に関しては日本貨物鉄道（以下「JR貨物」）が担い、営業キロは7,959kmである。新幹線の整備は全国新幹線鉄道整備法に基づく。1964年の東海道新幹線の開業以降、山陽、東北（東京－盛岡）、上越の各新幹線が開業しており、また整備新幹線として、全区間開業した東北新幹線（盛岡－青森）、九州新幹線鹿児島ルート（福岡－鹿児島）のほか、北海道新幹線（青森－札幌）、北陸新幹線（東京－大阪）、九州新幹線西九州ルート（福岡－長崎）の各路線があり、建設中である。整備新幹線の施設は鉄道建設・運輸施設整備支援機構（以下「鉄道・運輸機構」）が建設・保有し、営業主体たるJR各社に対して貸付される。整備財源は貸付料等収入を充てた残額について国が3分の2、地方自治体が3分の1を負担する。

　整備における条件の1つが並行在来線の経営分離の同意である。JR貨物はJR旅客会社に対して回避可能費用を基礎とする使用料を支払うが、経営分離により設立された第三セクター鉄道に対する使用料の上昇に際して、差額分が貨物調整金として鉄道・運輸機構から交付される。整備新幹線の最高速度は時速260kmであるが、青函トンネルは新幹線とJR貨物が共用するため時速160kmに抑制されている。新幹線が航空輸送に対して優位に立つ所要時間は4時間以内とされることから同区間の最高速度の

上昇が求められており、高速鉄道と貨物輸送の両立が課題となる。一方、中央新幹線（リニア、東京－大阪）に関しては JR 東海が営業主体かつ建設主体であるが、鉄道・運輸機構が財政投融資と同条件の金利で 3 兆円の融資を行う。

テキサス州など海外の高速鉄道市場への進出も重視され、海外交通・都市開発機構や国際高速鉄道協会が支援する。また、新型の N700S 系車両が 8 両や 12 両の編成を可能とするなど海外展開を睨んだ新幹線車両開発も図られている。一方、貨物鉄道の海外展開として JR 貨物によるインドの貨物専用鉄道プロジェクトに対する支援がある。

(2) 都市鉄道

都市鉄道とは、都市圏内で旅客の大量輸送を担う鉄道であり、鉄道の特性が発揮しやすい分野である。主に首都圏、中京圏、京阪神圏の 3 大都市圏のほか、地下鉄が整備されている主要都市圏も都市鉄道の性格をもつ。『都市交通年報』による 2013 年度末の 3 大都市圏における高速鉄道の現状（表 8-3）は、JR と私鉄、地下鉄の路線長合計は 4,939.4km であり、このうち首都圏が 2,458.6km と約半数を占める。同様に 2013 年度の輸送人員

表 8-3　三大都市圏の鉄道の状況（2013 年度）

（単位：営業キロは km、輸送人員は千人）

		高速鉄道				路面電車
		JR	私鉄	地下鉄	計	
首都交通圏	営業キロ	887.2	1,213.9	357.5	2,458.6	17.2
	輸送人員	5,728,135	5,618,251	3,586,242	14,932,628	37,416
中京交通圏	営業キロ	238.8	645.2	93.3	977.3	0
	輸送人員	248,339	480,391	447,559	1,176,289	0
京阪神交通圏	営業キロ	511.8	800	191.7	1,503.5	51.3
	輸送人員	1,401,603	2,098,530	1,070,429	4,570,562	24,366
三大都市圏	営業キロ	1,637.8	2,659.1	642.5	4,939.4	68.5
	輸送人員	7,378,077	8,197,172	5,104,230	20,679,479	61,782

出所：『平成 27 年版　都市交通年報』をもとに作成。

は首都圏が 149 億 3300 万人、中京圏が 11 億 7600 万人、京阪神圏が 45 億 7100 万人である。1975 年度当時と輸送人員を比較すると、首都圏では 1.59 倍、中京圏では 1.24 倍、京阪神圏では 1.05 倍になっており、首都圏での輸送人員増加が顕著である。三大都市圏においても、かつては市内交通を路面電車が担っていたが、都市圏の拡大や人口増加に伴い、高速鉄道が輸送の主役になった。

　都市圏の拡大と人口増加を背景に、近年まで輸送量は増加し続けた。1970 年代には首都圏主要路線の最混雑 1 時間の混雑率は軒並み 200％を超えており、中京圏や京阪神圏でも 200％前後に達する路線は多かった。混雑緩和のため、JR、私鉄ともに車両の大型化や長編成化、運行システムの改善などの輸送力強化が進められた。また都市外縁部で私鉄や JR が地下鉄に乗り入れて都心へ向かう相互直通運転も、1960 年 12 月の都営浅草線と京成電鉄を嚆矢に主要路線へ広がった。また郊外での大規模なニュータウン建設と、アクセス手段としての鉄道建設も行われた。この結果 2013 年度には首都圏でもピーク時混雑率は多くの路線で 180％以下に、中京圏や京阪神圏では同様に 150％を下回る水準になっている。一方、投資に多額の建設資金を必要とするため、各種の補助制度も整えられた。

　近年は、都心回帰の動きや沿線人口が減少傾向を示すようになったこともあり、輸送量も横ばいないし微減傾向にある。将来の人口減少に備えて投資の抑制や、ラッシュ時に有料の着席列車を導入するなど、沿線のブランド価値向上や利用者の囲い込みを目指した動きもみられる。

(3) 地域鉄道

　地域鉄道とは、新幹線、在来幹線、都市鉄道に該当する路線以外の鉄軌道路線のことをいう。その運営主体は、中小民鉄および第三セクターに分けられる。JR や大手民鉄のローカル線は含まれない。2019 年 4 月 1 日現在、96 社が存在する。この内訳は、中小民鉄 49 社、第三セクター 47 社となっている。第三セクターは、さらに 4 つに分類できる。第 1 に、旧国鉄の特定地方交通線（赤字ローカル線）からの「転換鉄道」があげられる。第 2 に、旧国鉄が建設着手し、沿線自治体が運営を引き継いだ「地方鉄道

新線」がある。第 3 に、「並行在来線」があげられる。これは、整備新幹線の開業に伴い、JR 旅客会社から運営分離される在来線を継承した路線のことをいう。第 4 に、前述の 3 つに該当しない「その他」の路線である。

　地域鉄道は、沿線住民の移動手段として、また地域経済や観光振興の基盤として、重要な役割を果たしている。一方、地域鉄道事業者は、人口減少やモータリゼーションの進展等により、いずれも厳しい経営状況に直面している。輸送人員は、1987 年（国鉄改革）から 2013 年までの四半世紀の間に約 15% 減少した。また 2018 年度、経常損益では、72% の事業者（96 社中 69 社）が赤字となっている。2000 年から 2019 年の間に、計 895.3km の鉄軌道路線が廃止されるなど、消滅する路線は後を絶たない。

　こうした中、近年、国と自治体により、地域鉄道活性化に向けた制度的枠組みを構築する動きがみられる。2007 年には、「地域公共交通の活性化及び再生に関する法律」（以下「活性化再生法」）の施行に伴い、地域鉄道に上下分離方式を本格導入することが可能となった。これは、自治体が鉄道事業の「下」（線路や駅舎など施設）を管理することで、「上」（列車運行）を担う鉄道事業者の費用負担軽減に資する仕組みである。2019 年 4 月 1 日時点で、10 社の上下分離導入例がある（活性化再生法施行前の導入例を含む）。

　また、地域鉄道事業者による沿線外からの誘客促進や経営改善に関する取り組みも活発化している。特に近年、観光列車の運行、アニメなどコンテンツの利用（ラッピング車両など）、公募社長など外部人材の登用、クラウドファンディングなど外部資金の活用、といった積極策が注目されよう。

4　バス

(1) バス事業の範囲

　道路運送法では、第 3 条に旅客自動車運送事業の種類として 4 つの態様を掲げている。そのうち「一般乗合旅客自動車運送事業（乗合旅客を運送する一般旅客自動車運送事業）」「一般貸切旅客自動車運送事業（一個の契約により国土交通省令で定める乗車定員以上の自動車を貸し切つて旅客を

運送する一般旅客自動車運送事業）」の2つがいわゆる「バス」であり、前者を乗合バス、後者を貸切バスというのが一般的である。2017年度末現在の事業者数は、乗合バスが2,279者、貸切バスが4,324者である（民営と公営が混在するため「社」ではなく「者」を用いる）。なお、両事業を行う事業者も存在する。

　運営形態としては、大都市中心に公営企業（公営）があるが、多くは民間資本（民営）である。1990年代後半以降増えている自治体主導のコミュニティバスのような形態も、実際の運行は民営事業者が行う例が多い。事業の現状等は日本バス協会『日本のバス事業』（各年版）に詳しいので参照されたい。以下では公益事業としての性質が強い乗合バスに絞って説明する。

(2) バス事業の規制とその緩和

　乗合バスの初期は、事業区域・規模ともに小規模な事業者が多数存在していた。それらの小規模事業者が競争を行った結果、問題が多々発生し、1933年施行の自動車交通事業法の基準に満たない事業者から大きな事業者の傘下で買収・統合が進められ、1938年制定の陸上交通事業調整法によって地域単位での事業者の合併・集約が進められた（戦時統合）。

　以来、現在運行する事業者に地域内の独占的供給権を認め、不採算路線を採算路線の収益などで維持する仕組み（内部補助）のもと、新規参入および撤退の自由を認めないという仕組みが続いてきた（需給調整規制）。さらに、価格設定には総括原価方式での認可制という規制が課されていた。

　1990年代からの規制緩和の流れのなか、道路運送法改正により2002年には乗合バスも規制緩和され（貸切バスは2000年）、参入は一定の条件のもと自由になり、撤退も6か月前までに届ければ自由となった。また、運賃も上限のみ認可制、ほかは許可制となった。

　規制緩和の効果を簡単にまとめると以下のとおりである（大井 2010；2019）。参入は、活性化再生法制定後に地域交通の担い手として乗合免許を取得した事業者、あるいは2013年道路運送法改正後の高速ツアーバスの乗合免許取得によるものが多く、競争的な参入は限定的であった。退出

は6か月前までの届出制になったが、データを分析する限りは規制緩和後廃止が増加したともいえない。価格規制緩和後は、多重価格になった地域こそあったものの、ほとんどは上限価格（認可）設定と営業割引実施にとどまった。

（3）バス事業の公益事業としての性質：規制の目的からみて

バス事業、特に乗合バス事業は日常生活を支えるライフラインとしての性質をもっているといえる。そのため、供給の安定性が重要であり、そのための規制が存在することから、公益事業としての性質を有しているといえる。以下、その性質に関して述べる。

まず、供給安定性確保としての事業参入の免許制の存在である。上述した戦時統合は、小規模事業者の乱立と競争が、輸送の安定性あるいは事業の持続可能性の面で問題があることから実施されたものである。この免許制では、事業区域内の独占権付与と参入制限をかける一方、事業者全体の利益が確保できる限り退出を制限している。規制緩和後は参入・退出がある程度自由化されたが、参入・退出は非常に手間やコストがかかることから、急激な変化はみられない。

次に、供給の安定性と消費者保護の面からの価格規制の存在である。公共交通のライフラインとしての性質から、乗合バス事業では事業者原価を基準に価格設定しつつ認可制（現在は上限認可制）という形で国がコントロールしている。価格算定の根拠になる原価は本来事業者単位で異なるが、乗合バスの価格は地域ブロック単位での標準原価に基づき算定されており、疑似的なヤードスティック競争導入の部分もみられ、適正でない価格設定を抑制する効果をもっているといえる。規制緩和前は同一地域同一価格であったが、規制緩和後の現在も基本的にはその体制が踏襲されている。

（4）バス事業の今後

規制緩和前から乗合バス事業の経営は厳しく、乗合バスの年間輸送人員

は最盛期の 1975 年比で 4 分の 1 に落ちている。2000 年頃からは事業者の経営破綻などがみられ、事業継続の必要性から産業再生機構やファンドによる再建、私的整理、産業活力再生法適用での再生などが採られているが、一部破産に至った事業者もある。また、全国で乗務員不足の問題が深刻化しており、乗務員不足による運行本数・路線の削減や、企業再編に踏み込んだところもみられる。こういった現状を踏まえると、今後単独事業者での維持が困難になるところが多くみられると考える。

こういった事情を踏まえ、2020 年に活性化再生法等の改正、および独占禁止法の緩和が予定されており、共同経営などが実施できるようになる。バス事業の公益事業としての性質を考えると持続可能性の担保は必須であるが、厳しい事業環境のなか、コロナウイルスの影響もあり、産業としての維持と、ネットワークとしての維持をどう両立していくかは喫緊の課題であるといえる。

5　道路

(1) 費用負担の観点からみた日本の道路政策

本節では、私たちの社会生活や経済活動を支える基盤として不可欠の施設である道路の政策について、特にその裏付けとなる財政制度について、費用負担の観点から概観する。

1952 年の道路法の全面改正と有料道路制度の創設、1953 年の道路特定財源制度の創設、そして 1954 年の第 1 次道路整備五箇年計画策定といった戦後の道路政策の端緒から約 70 年が経過しようとしている。この間、道路政策の根幹として機能してきた計画が道路整備五箇年計画であり、その財政制度が道路特定財源制度と有料道路制度であった。道路が荒廃していた戦後の状況を背景とした道路事業の緊急性から、前述した道路事業の制度が日本に果たした役割は大きい。一方で、長年大きく変化のなかった道路行政やその仕組みに対して問題点も指摘されてきた。とりわけ財政支出の非効率性が問われるなかで、道路関係四公団は、2005 年に独立行政法人日本高速道路保有・債務返済機構と 6 つの高速道路株式会社に再編さ

れた。また、道路特定財源制度は、2009 年度から一般財源化されて、一般道路の利用者がおおむね道路事業費を負担するという、受益と負担の関係性が切り離された。

　このように、道路政策を費用負担の視点で分析することは、経済分析としても政策論としても有用であると思われる。そのため、本節では、費用負担の観点から、道路政策に関わる財政制度として自動車関係諸税と有料道路制度のこれまでの経緯について概観し、日本の道路政策の今後の検討課題について若干の検討を行う。

(2) 費用負担の観点からみた自動車関係諸税

　自動車関係諸税は、大きく①取得段階、②保有段階、そして③走行段階の 3 種類に分類できる。自動車関係諸税は、道路特定財源制度が存在した時代から、その課税根拠についてさまざまな議論がなされてきた。取得段階での課税として、1968 年に創設された自動車取得税がある。その課税根拠は、自動車の取得に対し、その取得の事実に担税力を見いだしてその取得者に対して課する流通税としての位置づけであった。自動車取得税は消費税率の引き上げに伴い、2019 年に廃止された。

　保有段階に課税される自動車重量税は、自動車の重量に比例して道路損傷が大きくなるといった損傷者負担の考え方に基づくとも考えられるが、そもそもは道路財源の不足から、車検等によって初めて自動車の運行が可能になるという法的地位に着目した権利創設税としての位置づけで 1971 年に創設された。保有段階での課税は、道路の利用可能性の確保の観点や膨大な道路建設費を賄うための、いわゆる二部料金の基本料金部分と考えれば、経済学的にみても一定の意味がある。しかし、保有段階に課税されるものとして、担税力の点や固定資産税に代わる財産税的な性格と道路損傷負担金的な性格をもつとされる自動車税および軽自動車税も存在する。このため、保有段階における課税に対しては簡素化の要請がなされてきた。

　取得段階と保有段階での課税と比較して、走行段階での課税（燃料税）は、道路利用という受益に直結する負担であり、資源配分上望ましいとされてきた。しかし、燃料を購入した地域と走行する地域が異なる可能性が

あるなど、そもそも燃料税も完全な税であるとはいえない。また、自動車の燃費向上やガソリンを必要としない電気自動車や燃料電池自動車の普及も燃料税の課題である。

(3) 費用負担の観点からみた有料道路制度

戦後、当時の国や地方公共団体の歳入による公共事業のみでは道路建設へのニーズに対処することができなかった。そこで、1952 年に道路整備特別措置法が制定されて、道路無料公開の原則の例外として有料道路制度が設立された。有料道路制度の確立による安定的な整備財源と管理運営組織の設立によって、日本の高速自動車国道の実延長は着実に増加し、1963年の名神高速道路栗東 IC−尼崎 IC（71.7km）の開通に始まり、現在では8,795.2 km まで達した。

しかし、1990 年代後半になると、高速道路整備に要した費用が積み重なって多額の有利子負債となり、そもそも費用に見合った高速道路を整備しているのかどうか、あるいは高速道路整備のプロセスの一層の透明性確保など、これまでの道路事業の整備手法への指摘があった。このような指摘を背景として、いわゆる道路公団民営化が 2005 年に実施された。道路公団民営化の時に、償還期間は、民営化された 2005 年から 2050 年までの45 年間と定められたが、2014 年に高速道路の大規模更新・維持修繕の財源を確保するためにさらに 15 年延長され、現在では最大で 2065 年まで償還期間が延長されている。

(4) 有効利用の観点からみた道路政策への転換

本節では、費用負担の観点から、自動車関係諸税と有料道路制度のこれまでの経緯について概観した。ここでは、日本の道路政策の今後の課題について若干の検討を行う。これまでは、学術面でも政策面でも「税負担か料金負担か」といった整備費用償還を目的とした費用負担の視点が道路政策を論じるうえで 1 つの大きな論点であった。しかし、諸外国の事例を見てみると、道路交通の誘導を目的とした道路課金制度が改めて注目を集め

ている。なぜなら、道路を整備するためには巨額の資金と長期間の整備期間が必要であり、時代ごとの道路利用のニーズにあわせて道路建設を行う限界がみえてきたからである。そのため、これからの日本の道路政策では、建設費用・維持管理費用の償還のみの視点ではなく、既存の道路を有効利用することを目的とした「交通需要マネジメント（Transportation Demand Management: TDM）」の視点がより重要な論点になると思われる。道路課金の徴収技術はかなり進歩しているため、TDM の視点による課金制度は今後導入されやすくなるだろう。実際欧米では、道路利用時に GPS（Global Positioning System）を用いた走行課金制度の導入・検討が進んでいる。

　このように、これまでの「税負担か料金負担か」といった整備費用償還を目的とした道路政策の議論に加えて、TDM の視点による、一般道路や高速道路といった事業の垣根を超えた「道路課金制度のあり方」について、日本でも本格的に議論する時期にきている。

6　航空・空港

(1) 航空

航空輸送の産業特性

　航空輸送の主な生産資源は、航空機や整備施設などの物的資源と、運航乗務員・整備士といった人的資源に大別される。これらの資源は調達や配置に相当程度の費用および期間を要するという点で一致しており、産業構造はおのずと「資本集約型」「労働集約型」の構造をなす。近年ではリース市場の進展や自社外乗務員養成機関等の整備により航空各社の費用負担は軽減されているものの、いずれもスケジュール上多くの歳月を要するため、短期間で生産体制を強化することは困難な特性を有している。

　一方、航空需要はほかの交通事業と同様に、本源的需要を達成するための手段としての需要（派生需要）であり、航空需要も本源的需要の動向に依存し左右されるという特徴をもつ。しかも、米国同時多発テロ、SARS、東日本大震災、コロナウイルスをはじめとする「イベントリスク」

に影響を受けやすく、季節・曜日や時間帯による波動が他の交通事業と比べて大きい。

　航空輸送はその軍事的・社会経済的役割や国家の権益保護という観点から一貫して政府介入の対象となってきた。だが、第二次世界大戦以降、日本のように幼稚産業の育成を目的とし政府介入を認めたケースを除き、経済的規制により重心を置いた対策が講じられていった。このとき経済的規制の根拠となったものは自然独占性に基づく市場の失敗であり、これを解決する方法として新規参入と運賃を規制する政策が重視された。

航空規制緩和・自由化

　しかし、航空業界において自然独占性の存在が検証された実績はほとんどなく、一方、研究領域では1980年代以降コンテスタブル市場理論の提唱を踏まえ、Cavesら（1984）によりさまざまな実証分析が試みられてきた。

　航空市場がコンテスタブルであるか否かは対象とする市場の構造によって異なるものの、規模の経済を背景とした規制の存在は根拠に乏しいとの見解が広まっていった。そして、先行して国内航空輸送の規制緩和に着手していた米国を発端に、これまで厳格に実施されてきた航空輸送の参入規制・運賃規制を撤廃する「規制緩和」「自由化」の潮流が各国に拡大していった。

　他方、このような競争志向の政策は国際航空輸送にも拡大し、従来の二国間交渉をベースに輸送量や輸送力制限の撤廃を認める「オープンスカイ」政策が拡大している。欧州やASEANでは、経済共同体の枠組みをもとに多国間の航空自由化を認めるアプローチをとっており、その形態は多様化しつつある。だが、規制緩和・自由化の進展に伴い公正競争の確保や外資規制への対応をはじめ新たな課題も生じており、これに対する制度的対応が望まれている。

LCCの誕生と発展

　米国の航空規制緩和を契機として航空輸送市場は大きく変化を遂げた。その1つが、LCCの誕生と発展である。LCCとは、「ロー・コスト・キャ

リア（low cost carrier）」のことである。邦訳では「格安航空」という呼
称が一般的であるものの、原語に即した訳出としては、「低費用航空会社」
となる。実際に、LCC の本質は後述するビジネスモデルにより FSC（full
service carrier：従来型の航空会社）と比較して低水準の費用構造を実現
することにあり、決して格安を第一義的な目的とする航空会社を意味する
ものではない。確かに、かつては人件費等を安価に抑えることで「格安」
を実現していた航空会社は存在していたものの、こうした航空会社は
1980 年代から 90 年代にかけて市場からほぼ淘汰されたと考えられており
（中条 2014、p. 20）、現在の LCC は、こうしたいわゆる「チープエアライ
ン」とは明らかに一線を画するものであると強調しておきたい。

　LCC の歴史を紐解くと、一般的にその元祖とされるアメリカの「サウ
スウエスト航空」が運航を開始したのが 1971 年である。その成功を受け
て、1991 年にアイルランドの「ライアンエアー」が LCC に事業転換をし
てヨーロッパにおける LCC 発展の礎を築いた。2001 年にはアジアで最初
となるマレーシアの「エアアジア」が運航を開始し、そして 2012 年には、
日本で初めての LCC となる「ピーチ・アビエーション」をはじめ 3 社の
LCC が運航を開始した。2020 年の時点で、本邦 LCC としては 4 社が運航
しており、国土交通省によると、その旅客数シェア（2018）は、国内線で
10.2％、国際線で 26.1％である。

　LCC のビジネスモデルは、主たるものとして、「ノンハブ」と「セカン
ダリ空港の活用」があげられる。ノンハブとは、FSC が採用するハブ・ア
ンド・スポーク型のネットワークを形成しない戦略であり、これにより旅
客の乗り継ぎの手間を省略し、さらにはハブ空港の混雑による遅延を回避
することができる。セカンダリ空港とは、都心に近い二番手空港のことで
あり、これを運航拠点にすることで、FSC との競争を回避するとともに
に、安価な空港使用料（着陸料など）で空港を利用することが可能となる。

　旅客サービスの側面からみると、LCC の特徴は「サービスのアラカル
ト化（ばら売り）」と表すことができる。従来は基本的に旅客運賃に含ま
れていた飲食、受託手荷物、座席指定などのサービスを別料金とすること
で安価な基本運賃を実現している。こうした別料金から構成される収入を
「付帯収入（ancillary revenue）」といい、基本運賃が安価なだけに、その

重要性は極めて高い。たとえば、2016年のライアンエアーの付帯収入は、総収入の26.8%にも及んでいる（Doganis 2019, p. 273）。

近年では、LCC同士のみならずLCCとFSCの競争も激化しており、たとえばLCCが従来は別料金の付加サービスを含んだ運賃設定を拡充する一方で、FSCがサービスのアラカルト化による基本運賃の低廉化を進めるなど、両者の境界が徐々に曖昧になってきている。こうした動きを「ハイブリッド化」という。さらには、昨今の潮流として、サービスのアラカルト化を極限まで徹底することで、より安価な基本運賃を追求しようとする「ウルトラLCC」が米国を中心に芽生えている。

(2) 空港

空港の経営特性

一般論として空港の活動は航空系事業と非航空系事業に区別される。これらは明確な定義はないが、航空系事業は航空機の離着陸を支えるインフラとして基本的な機能を果たすための一連の事業、非航空系事業はターミナルビルや駐車場の運営など航空系事業に含まれないすべての事業と理解される。近年、空港は基本的な機能を果たす施設から営利的ビジネスへと変革しつつあり、非航空系事業の収入における重要性は空港経営の中でも年々高まっている。現在、多くの国の空港はこれら両事業を一体的に運営している。

しかし、日本の空港では両事業は別主体による運営が行われ、ターミナルビルについては空港の設置・管理者とは別の民間企業が運営するケースが大半である。これは、戦後復興の過程で政府の財政難から羽田空港のターミナルビルを独立の民間企業の出資により整備したことが起源とされる。さらに、旅客ターミナルビルは「空港整備法」（現在の「空港法」）でいう「空港機能施設」として、空港の本来機能を果たすべく設置される施設であるうえ、羽田空港のターミナルビルなどは国有財産たる空港用地のうえに整備される施設であった。そうした国有財産のうえに整備される施設は、大蔵省（当時）の通達（蔵管第1号「国の庁舎等の使用又は収益を許可する場合の取り扱いについて」1958年）に従う必要があり、「使用収

益により公共性、公益性を損なうおそれ」があってはならず、商業目的を追求した事業展開は認められなかった。これらの措置が、その後、全国の空港整備のいわばひな形とされたため、諸外国では一般的な非航空系収入を最大限活用した空港経営は事実上できなかったのである。

　こうした状況ではあったが、国が管理している空港における両事業の収支について、2006年度以降のものが試算・公開されるようになった。EBITDA（利払前税引前償却前利益）ベースの収支では、航空系事業については、国管理空港など24空港の中で、羽田、新千歳、宮崎、鹿児島、小松、徳島の6空港のみが黒字という状況にとどまっている（2018年度）。ただし、非航空系事業を加味すればこれに加えて9空港が黒字に転換する。残りの空港は「赤字」ということになるが、その事実だけを問題視するのは適当ではない。そもそも、空港の配置的な側面は概成したとされるなかで、今後新規に空港を造成することはほぼないが、耐震化工事やインバウンドの拡大に対応した空港整備事業は今後も必要である。空港は地域経済にとってのインフラであり、それらの整備を抜きにして地域への効果は得られないことにも留意すべきである。

空港の民営化

　欧州では空港のビジネスとしての可能性に期待が高まり、民営化が進められてきた。グラハム（2010）によれば、この手法は株式会社化により所有権を移転させる方法と、所有権は民間に移転させず公的所有を続けながらも一定期間の運営ないし一部の業務を民間に委ねる方法に大別される。前者の場合、所有権を民間に移転させるため組織は株式会社化されるが、その際には①その株式を上場するか（Initial Public Offering: IPO）、②特定の民間企業に株式を個別売却する「プライベート・セール」の選択肢がある。また、後者の場合にも、③長期の営業権を設定したうえで民間に売却する「コンセッション（concession）」や、④空港の整備段階から一定期間にわたって民間事業者が運営し、最終的には公共所有に戻す「BOT（Build-Operate-Transfer：建設・運営・移管）」方式、⑤管理運営の業務委託などがある。

　空港民営化により事業者による運営に委ねられても、地域独占が生ずる

場合は利用者保護を行う必要がある。世界に先駆けて民営化を行ったイギリスでは、ロンドンなど一部の空港に対して上限価格規制（プライス・キャップ規制）を実施してきた。また、欧州の一部空港では公正報酬率規制が実施されていることもある。

　ところで、規制料金の算定基準として、航空系事業のみならず非航空系事業から得られる収入を基準にする「シングル・ティル（single till）」と、航空系事業のみの収入を基準にする「デュアル・ティル（dual till）」がある。橋本ら（2010）によれば、空港で得られる収入は航空利用者からもたらされるものであり料金算定においてはシングル・ティルが望ましいとする見解がある一方、シングル・ティルを採用すると、空港は短期限界費用よりも低い価格を設定したり、算定基準の対象外となる他業種への展開を加速させ空港の資本効率を悪化させるためデュアル・ティルの方が望ましいという見解もある。

日本の空港民営化の現状と今後の課題

　日本の空港民営化は、国の「空港経営改革」の流れのなかで進められてきた。先に述べたようにさまざまな民営化の手法があるなかで、国が採用したのはコンセッション方式である。これは、2011年6月のPFI法（民間資金等の活用による公共施設等の整備等の促進に関する法律）の改正（改正PFI法）により「公共施設等運営権」として導入された。公共施設等運営権とは、「利用料金の徴収を行う公共施設について、施設の所有権を公共主体が有したまま、施設の運営権を民間事業者に設定する方式」と定められている。

　そして、こうしたコンセッションを空港法の枠組みのなかで実施可能とするために、2013年7月に「民間の能力を活用した国管理空港等の運営等に関する法律（民活空港運営法）」が施行された。政府が毎年発表する「経済財政運営と改革の基本方針」では「赤字空港の経営自立化を目指し、運営権対価の最大化を図りつつ、地方管理空港を含め、原則として全ての空港へのコンセッションの導入を促進する」ことが明確に盛り込まれている。

　こうした枠組みにより規定される、日本の空港民営化の最大の特徴は、「所有権の移転を伴わない」ことである。すなわち、国による運営保証が

確約されているということである。こうしたことから、所有権の全部（一部）の移転を伴う完全（部分）民営化との誤用を避けるために、国土交通省では「民営化」でなく「民間委託」という呼称を用いている。

　加えて、航空系事業と非航空系事業の一体経営を前提としていることも、日本ならではの特徴である。日本の空港の多くは、国や自治体が設置・管理する空港として運営され、ターミナルビルについては前述のとおり空港の設置・管理者とは別の民間企業により運営されてきた。この両者を一体経営することにより、航空系・非航空系の事業間における内部補助が可能になる。たとえば、航空需要を増大させるために着陸料を引き下げたとしても、その減収分は、（航空需要の増大による旅客数の増加に伴う）ターミナルビルにおける飲食・物販事業の増収分で相殺できる。

　空港民営化（民間委託）は（運営権対価を伴うものとしては）2016 年に関西国際空港（関空）・大阪国際空港（伊丹）と仙台空港で初めて実施された。これを契機に、2020 年の時点において全国で 19 空港が民営化を実施または計画している。その結果として、たとえば仙台空港では、航空会社の需要変動リスクを軽減することを目的として、空港使用料に占める旅客数連動の割合を増加した新しい料金制度を導入するなど、民間事業者ならではの創意工夫が発揮されている。

　今後の課題として、民営化された空港が運営事業者の自由裁量のもとで航空需要を拡大していくためには、同時に羽田空港をはじめとする首都圏空港の混雑問題の解消が求められる。特に地方空港の多くにとって首都圏に対する航空需要は空港運営の生命線であり、それらが混雑している現状では自由な路線展開が制限されることになる。

　現在、首都圏の国際競争力の向上などを目的として、首都圏空港の機能強化が推進されており、たとえば羽田空港では、都心上空を通過する新しい飛行経路を設定することで発着枠を拡大する取り組みが実施されている。

7　おわりに

　以上本章では、公益事業としての交通の位置づけを検討したうえで、主

要な交通機関・事業および交通インフラについて検討した。いくつかの節で触れられたように、コロナウイルスが交通事業に与える影響は距離帯や交通機関にかかわらず計り知れないものがあり、執筆時点ではまだ予測がつかない点が多い。本書のタイトルにある「公益事業の変容」は今後も続くと予想され、交通を公益事業と捉えた際の研究課題も尽きないところである。

　章末の３つのコラムでは、タクシー、離島交通（海運・航空）、そしてMaaS（Mobility as a Service）をめぐる議論を紹介する。これらの交通機関やサービスは、公益事業としての性質が近年注目を浴びており、公益事業がますます「変容」する兆しを象徴しているといえよう。

参考文献

CAVES, D.W., CHRISTENSEN, L. R. and M.W.TRETHEWAY（1984）"Economies of Density versus Economies of Scale: Why Trunk and Local Service Airline Costs Differ," *RAND Journal of Economics*, Vol. 15, No. 4, pp. 471-489.

DOGANIS, R.（2019）*Flying Off Course*, Fifth Edition, Routledge, London.

引頭雄一（2008）「空港整備・運営の課題」『国際交通安全学会誌』第 33 巻第 1 号、pp. 42-49。

大井尚司（2010）『ITPS Report 201001 公共交通における規制緩和政策と公共セクターの役割の再評価に関する研究』運輸政策研究機構運輸政策研究所。

大井尚司（2019）「どうして高速バスは激しい競争をしているのに、路線バスでは競争がないのですか？」『運輸と経済』第 79 巻第 5 号、pp. 49-53。

加藤一誠・引頭雄一・山内芳樹編、関西空港調査会監修（2014）『空港経営と地域』成山堂書店。

グラハム・アン著、中条潮・塩谷さやか訳（2010）『空港経営』中央経済社。

小池滋・和久田康雄編（2012）『都市交通の世界史』悠書館。

後藤孝夫（2013）「自動車関係諸税収の地域間配分とその問題点」『経済学雑誌』第 114 巻第 3 号、pp. 210-221。

後藤孝夫（2017）「道路政策の課題と展望 ——費用負担の観点からみた税体系と料金体系の統合」『運輸と経済』第 77 巻第 2 号、pp. 100-108。

後藤孝夫（2019）「なぜ道路には無料のものと有料のものがあるのでしょうか？ ——高速道路はいつ無料になるのでしょうか？」『運輸と経済』第 79 巻第 5 号、pp. 20-24。

斎藤峻彦（1991）『交通市場政策の構造』中央経済社。

斎藤峻彦（2019）『鉄道政策の改革』成山堂書店。

杉山雅洋・国久荘太郎・浅野光行・苦瀬博仁編著（2008）『明日の都市交通政策』改訂版、成文堂。

髙橋望・横見宗樹（2016）『エアライン／エアポート・ビジネス入門』第 2 版、法律文化社。

髙橋愛典（2006）『地域交通政策の新展開』白桃書房。

田邉勝巳（2017）『交通経済のエッセンス』有斐閣。

中条潮（2014）『航空幻想』第 2 版、中央経済社。

橋本悟・深山剛・越智成基・山内弘隆（2010）「イギリス・オーストラリアの空港民営化に関する国内外の論文紹介」『運輸政策研究』第 13 巻第 1 号、pp. 22-29。

横見宗樹（2019）「国内空港の民営化に向けた動きの概観と課題」『ていくおふ』第 155 号、pp. 38-47。

Column 4

タクシー

　タクシーの輸送収入のピークが 1990 年の 2.53 兆円。そこから年約 1.85％ずつ減少し、直近の 2017 年で 1.46 兆円。輸送人員は同期間に 28 億人から 13 億人へと半分以下に減った。

　事業としての衰退期間は、規制緩和から再強化へと揺れ動いた時期でもあった。1990 年代半ば以降、規制緩和が順次行われてきた。2002 年には道路運送法が改正され、価格（運賃）規制としては総括原価主義に基づく同一地域同一運賃から上限認可制へ、数量規制としては需給調整規制が廃止へ、参入規制については免許制から許可制へ、また最低保有車両数も緩和された。

　タクシーの市場は、多数の小規模事業者により構成されており、運転手は歩合制賃金で雇用されている。運賃は時間・距離などをもとに計算され、あらかじめ国土交通大臣の認可を得ることとされている。また、その認可手続きのハードルは高く、需要を見て運賃を変更する、需要を喚起するような運賃体系といったことはほぼ考えられてこなかった。

　東京（特別区・武三地区）におけるタクシーの初乗り運賃が 730 円（2.0km）で高いと長期間指摘されていた。初乗距離を半分（1.052km）にし、410 円という安さ（6.5km 以降値上げ）を実現できたのは 2017 年のことである（もっとも、1997 年の初乗距離短縮運賃制度によりこうした変更は可能であった）。2016 年から 2018 年の間に輸送人員が 2.38％増、輸送収入は 2.51％増となった。

　規制緩和がなされた 2002 年から規制強化へと舵を切っていく 2007 年までの期間に、年平均 1％ずつ車両数は増加した。輸送収入が減少している中で車両数が増加すれば、実車率は低下する。2009 年には、特定地域における適正化・活性化特別措置法により、減車の枠組みが策定された。2013 年、タクシーサービス向上法では特定地域・準特定地域における新規参入・増車の禁止、公定幅運賃の設定など厳しい規制強化がなされた。

　全国的には需要が減少している中でも、運賃値下げによって需要を喚起できている東京のような事例もある。東京では、需要の増加に見合わない形でタクシーの台数を制限し続けると、利用者の待ち時間が増加するなどの問題が生じることが懸念される。需要の動向を踏まえながら、価格規制・供給規制をどのように行うのかについて幅広い視点からの慎重な検討が求められる。

　　　　　　　　［松野　由希（まつの・ゆき：淑徳大学コミュニティ政策学部　准教授）］

参考文献

全国ハイヤー・タクシー連合会（各年版）『ハイヤー・タクシー年鑑』東京交通新聞社。
一般社団法人東京ハイヤー・タクシー協会、「東京のタクシー 2019」（http://www.taxi-tokyo.or.jp/datalibrary/pdf/hakusyo2019all.pdf、2020 年 4 月 6 日アクセス）。

Column 5

離島交通

　離島（離島振興法等離島関係法に指定された離島）の人口は減少し続けている。1995 年の国勢調査人口は 80 万人であったが、2015 年は 62 万人である。

　人口減少は離島交通（離島本土間および離島相互間の公共交通）に影響を及ぼしている。1995 年度と 2017 年度とを比較すると、航路は輸送人員が 7039 万人から 4395 万人に、航路数は 346 から 313 に、それぞれ減少している。一方、航空の路線数は 1995 年度が 62、2017 年度は 63 で大きな変化はみられないが、輸送人員は 497 万人から 632 万人へと増加している。ただし観光需要の旺盛な沖縄県の宮古島・石垣島と那覇、東京、大阪とを結ぶ 6 路線が 174 万人増加しており、また路線の変更（廃止 18 路線、開設 19 路線）によって 24 万人増加している。これらの要因を除くと 63 万人の減少となる。航空は需要の大きい路線へのシフトが進んでおり、輸送人員の少ない路線の存続は予断を許さない状況である。

　離島交通の多くは需要が小規模で、交通事業者の自立採算による維持は困難である。とはいえ多くの離島居住者にとって、自家用の船舶や航空機を保有することは自家用乗用車ほど容易ではないので、居住者が存在する限り離島交通は不可欠である。

　国は離島交通を維持するために、交通事業者に対して損失補助、住民運賃割引補助等の支援策を実施している。また航路については船舶の公設民営化（地方自治体が船舶を保有し事業者に貸し渡す）補助、効率化船舶（省エネルギー化・小型化・事業者の共同予備船舶）建造費補助が実施されている。

　比較的手厚い支援であり、交通事業者の経営効率化を促す支援策であることは評価されるが、航空には公設民営化等の補助は行われていない。地域の実情に合った離島交通を維持する観点からは、交通機関によって補助に格差があることは極力回避すべきである。とりわけ、航空事業者の共同予備機材の導入に対する補助は、事業者の経営効率化を促す支援策であり、検討の余地があると思われる（福田 2010）。

［福田　晴仁（ふくだ・せいじ：西南学院大学商学部 教授）］

参考文献

国土交通省海事局編『海事レポート』各年版（http://www.mlit.go.jp/statistics/file000009.html、2020 年 1 月 31 日アクセス）。

国土交通省航空局監修『数字でみる航空』各年版、航空振興財団。

国土交通省ホームページ「地域公共交通確保維持改善事業」（http://www.mlit.go.jp/sogoseisaku/transport/sosei_transport_tk_000041.html、2020 年 4 月 21 日アクセス）。

福田晴仁（2010）「離島航空事業の経営課題」『運輸と経済』第 70 巻第 7 号、pp. 46-58。

Column 6

"MaaS" による課題解決の可能性

　MaaS（Mobility as a Service：マース）とは、鉄道やバスなどの複数の公共交通と、ライドシェアやシェアサイクルなどの多様なモビリティを、スマートフォンやタブレットなどの端末を通じて組み合わせた新たな移動サービスである。欧州諸国やアジア・環太平洋地域における官民の主体が参加する MaaS Alliance は、「さまざまな形式の交通サービスを、需要に応じてアクセス可能な単一のモビリティサービスに統合するもの」（筆者訳）と定義している。

　これまでの交通サービスでは、出発地から目的地までの経路検索や乗車予約、決済を個別に行う必要があったが、MaaS によるサービスでは、目的地までの移動をシームレスに、かつ飲食店などの施設利用の決済も一括して行うことが可能となる。たとえば、鉄道やバス、シェアサイクルなどの複数の手段を使って目的地までアクセスする場合、その予約や決済は一括で行われ、その道中での観光案内やクーポン配布などがアプリ等を通じて行われるというイメージである。

　MaaS の特徴としては、一般的にサブスクリプション方式が採用されているケースが多いこともあげられる。近年では音楽や動画の配信サービスのほか、自家用車の購入にも応用されているサブスクリプション方式であるが、これは 2000 年代中頃のフィンランドにおける携帯電話料金の月額制料金に着想を得たものともいわれている。フィンランドにおける MaaS アプリ "Whim" では、利用時支払いや約 7,000 円（30 日）のライトなプランから、6 万円弱（1 か月）のヘビーユーザー向けのプランもある。

　日本においては、2019 年から 2020 年にかけて「大都市近郊型・地方都市型」「地方郊外・過疎地型」「観光地型」という類型で、全国 19 地域で実証実験が行われている。これらの主な目的には、都市部では道路混雑や渋滞の緩和、地方部や過疎地では生活交通の確保・維持、観光地では二次交通の発展などがあげられるが、一方で「日本版 MaaS」の実現に向けた課題も残されているといえよう。たとえば、都市部では異なる交通事業者間での合意形成や利害調整が困難であり、反対に地方部ではリソースが少なくサービスの統合すら容易ではないことが想定される。

　こうしたことから、交通事業者のみならず、自治体や地域住民などの多様なアクター間で議論を行いながら、地域個別の課題を認識し、MaaS の展開可能性を議論していく必要がある。また、とりわけ地方部においては社会福祉や医療、教育などの異業種との連携の余地は十分にあり、交通分野にとどまらない「利用者本位」のサービス展開が期待される。

［野村　実（のむら・みのる：大谷大学文学部　助教）］

▶ 第**9**章 ‖‖

通信事業・放送事業

1　はじめに

　通信・放送サービス分野は技術進歩が著しく、今世紀に入ってからもさまざまな新サービスが登場してきた。通信分野では、アナログ固定電話による音声通話のみの市場にインターネットのデータ通信、携帯電話が加わり、多くの人がスマートフォンを持つ状況となっている。放送分野では、地上放送がデジタル化し、従来の放送コンテンツをインターネットを通じて視聴できるサービスが急激に増加している。新技術が積極的に導入され、サービスが多様化する通信・放送分野では、消費者側からみると、両事業の垣根はますます低くなってきている。

　こうした中、2005 年には総務省で「通信・放送の在り方に関する懇談会」が開催され、制度的に異なる両サービスの今後のあり方が議論された。その後も、放送番組とインターネットコンテンツが連動したサービスが提供される等サービスが融合する中で、2015 年 10 月より続く総務省の「放送をめぐる諸課題に関する検討会」等で放送の未来像等が議論されている。

　このようにサービス面では通信と放送の融合が進展しているが、現状では、両サービスは制度的に異なっている。放送は、（特定の誰かを対象とするのではなく）公衆に直接受信されることを目的としており、通信は特定の送信者と受信者の間のやりとりを指す。冒頭で述べたように、通信事業と放送事業は、日進月歩で新しいサービスが登場している。本書執筆時

点の2020年のコロナ禍においては、テレワークやオンライン講義等に用いられるオンライン会議サービスが急速に普及するとともに、公立の小中学校では放送を通じたオンライン講義も実施された。新サービス普及に対応する形で制度の再検討がなされてきたが、その議論は多岐にわたり、通信事業・放送事業の制度の変遷について歴史的にサーベイすることは、本書では紙面の都合から困難である。このような状況から、本章では、通信・放送それぞれについて、2020年の制度的現状を概説する形をとることとした。目まぐるしく変化する両事業の現状を制度面から概説し課題を整理することは、本書の目的に照らして一定の意味があると考える。

なお、日本では、総務省が通信と放送のいずれにおいても規制と促進の双方の役割を担っている。放送に関しては、自主規制の色が強く、NHKと民放連によって設置されたBPO（Broadcasting Ethics & Program Improvement Organization）といった特殊な組織が存在している。独立規制委員会にあたる組織がないのは、先進国においても珍しい形態である。

本章の構成は次のとおりである。続く第2節では、通信事業の現状を概説するとともに現状議論すべき問題点を指摘する。第3節では放送事業について同じく現状の制度や指摘されている問題点を述べる。第4節では、通信市場・放送市場両市場にまたがって、登場してきている新たなサービスの対処について概観する。最後の第5節では、本章を総括する。

なお、通信事業には、郵便サービスを含むが、本章では、電気通信事業およびその周辺サービスを対象に論じる。

2　通信事業

現在、通信市場は、さまざまなサービスが多層的に構成されており、サービスを提供するプレイヤーも多様であると認識されている。その中で、通信インフラを提供する電気通信事業者は、近年まで長く主要プレイヤーの位置にあった。他方、通信インフラを利用して提供されるコンテンツやプラットフォームを提供するプレイヤー群は近年勃興が著しい新興勢力である。

　電気通信事業については、その特性として公共性、また、自然独占性があり、伝統的に公益事業規制の対象であった。コンテンツ提供事業やプラットフォーム・サービス提供事業は、明確に公共性や自然独占性が認められるとはいえず同規制の対象ではないものの、特有の課題も存在する。

　本節では、続く (1) 項で、現在の電気通信事業に対する規制の状況を整理する。次の (2) 項では、電気通信事業に関連する直近の政策課題およびその対応動向を取り上げる。

(1) 電気通信事業の制度概要

　電気通信事業法では、電気通信事業を電気通信役務を他人の需要に応じるために提供する事業と定めている（ただし、放送法で規定されている放送局設備供給役務にかかる事業は除く）。ここで、電気通信役務とは電気通信設備を用いて他人の通信を媒介し、その他電気通信設備を他人の通信用に供することとされており、実際のサービスでは光ファイバーや無線による通信インフラの提供、インターネット接続サービス等が該当する。一方で、インターネット上でのコンテンツの提供や、SNS 等各種のプラットフォームの提供は、通信産業に関連するサービスではあるが、電気通信事業には該当しない場合も多い。

　電気通信事業は、伝統的には市場メカニズムのみには任せられない特性を有していると考えられてきた。第 1 に、電気通信事業は公共性を有している。すなわち、国民生活や社会経済活動に必要不可欠であり、国民必需のサービスを提供する公益事業としての高い公共性がある。第 2 に、電気通信事業は自然独占性を有している。すなわち、規模の経済性やネットワーク効果により独占となる傾向がある。

参入・退出に関するルール

　社会経済活動の基礎を支える電気通信サービスの円滑な提供のためには、適切な事業能力を有する事業者が安定的にサービスを提供する必要がある。このことから、電気通信事業者には参入および退出に関する規制が課されている。

　参入に関しては、登録と届出の2種類の規制がある。

　端末系伝送路設備が1つの市町村（特別区、政令指定都市では区）にとどまっている場合で、さらに中継系伝送路設備が1つの都道府県内にとどまっている場合は、届出を行わなければならない。インターネットサービス・プロバイダ（ISP）や、電波の割り当てを受けた携帯電話事業者（MNO：移動体通信事業者）から電波を借り受けて携帯電話事業を行う事業者（MVNO：仮想移動体通信事業者）等が該当する。

　一方で、前述の届出の要件を満たさない場合は、登録が必要となる。固定や携帯の電話事業者、光ファイバー等の回線を提供する事業者の多くはこれに該当する。

　なお、電気通信事業者ではない特定の一者に電気通信役務を提供する電気通信事業や、同じ建物内のみに設置される電気通信設備で電気通信役務を提供する電気通信事業は、登録や届出の対象外となる。

サービス提供のためのルール

　固定通信および移動通信サービスを提供する電気通信事業者は、寡占的であり、料金設定が利用者に大きな影響を与えることから、料金やサービスについて規制が課せられている。

　電気通信事業において、料金には複数のフェーズがあることに注意が必要である。一般的なサービスの料金と同様、電気通信事業者が利用者に課す料金（利用者料金）のほかに、電気通信事業者同士がお互いの通信を接続する際に設定される料金（接続料）、電気通信回線設備を有する事業者がほかの事業者に回線設備を卸す際に設定される料金（卸料金）がある。

　このうち、接続料については、固定通信では大臣の認可が必要となる。料金算定においても、音声通信であれば長期増分費用方式、次世代ネットワーク（NGN）およびアクセス系のダークファイバは将来原価方式、そのほかは実績原価方式と、算定方式が決まっている。また、移動通信では事前届出となっている。卸料金については、料金算定方式は定められておらず、すべて事後届出となっている。

　利用者料金は、一般ユーザにもっとも直接的な影響を与える料金であるが、かつては認可制であったものの、その後届出制となり、現在では事前

規制は原則撤廃されている。ただし、国民生活に不可欠であるため全国提供が確保されるべきサービス（基礎的電気通信役務）や、ボトルネック設備である第一種指定電気通信設備（後述）を活用するサービス（指定電気通信役務）等については最小限の規制が課されている。現在、加入者回線アクセスや緊急通報等の電話、公衆電話、光 IP 電話等は基礎的電気通信役務に、NTT 東日本と NTT 西日本の加入電話やフレッツ光等は指定電気通信役務に指定され、事前に約款を届け出る必要がある。指定電気通信役務のうち、利用者の利益に及ぼす影響が特に大きい NTT 東日本と NTT 西日本の加入電話サービス等は特定電気通信役務とされ、プライス・キャップ規制の対象となっている。

　消費者利益を保護するため、電気通信事業法では 2015 年度改正で携帯電話サービス、光回線インターネットサービス等の電気通信サービスについて、書面交付義務、初期契約解除制度、適合性の原則、自動更新時の事前通知等、新たな消費者保護ルールを導入している。加えて、総務省は「電気通信事業法の消費者保護ルールに関するガイドライン」（総務省 2016）を定め、電気通信事業法の利用者保護規律や、これに基づく下位法令の規定の内容を解説している。さらに、モバイル市場における寡占化の進行に対応し、総務省では「モバイル市場の競争環境に関する研究会」での検討結果（「モバイルサービス等の適正化に向けた緊急提言」（総務省 2019a））を踏まえ、①通信料金と端末料金の完全分離や過度な期間拘束の是正、②販売代理店への届出制度の導入、③事業者・販売代理店の勧誘適正化を実現する電気通信事業法改正が 2019 年 10 月に施行された。

適正な事業者間取引のルール

　通信サービスが成立するためには、電気通信事業者間のネットワーク接続が不可欠である。円滑な接続交渉を実現するため電気通信事業法第 32 条では、すべての事業者に対して接続交渉に応諾する義務を課している。

　しかしながら、接続に関するさまざまな条件については事業者間の交渉事項であり、市場でのシェアが大きな事業者の方が交渉を有利に進めることは避けられない。そのため、接続交渉における公平性を確保するため、特に大きな事業者の場合、一定の特別ルールに従うことが定められている。

　固定通信の接続に関する特別ルールは第一種指定電気通信設備をめぐる
ものである。第一種指定電気通信設備とは、都道府県ごとにシェアが50%
を超える加入者回線について総務大臣が指定するもので、NTT東日本と
NTT西日本が設置するネットワークがそれに該当している。指定を受け
ると、前述の接続料のほか、接続条件も含めた接続約款等について認可を
受ける必要がある。移動通信の接続に関する特別ルールは第二種指定電気
通信設備に関連するルールとして設けられている。第二種指定電気通信設
備とは、業務区域ごとに端末シェアが10%を超える端末設備を有する通
信設備について総務大臣が指定するもので、NTTドコモ、KDDI、
SoftBank、また、沖縄セルラーのネットワークがそれに該当している。
なお、2019年12月には、全国BWA事業者であるWireless City Planning
およびUQコミュニケーションズが対象となった。指定を受けると、接続
約款等について届出を行う必要がある。

　さらに、巨大な電気通信事業者の市場支配力の濫用に備え、公正な競争
を阻害する可能性の高い事業者間行為についても一定の禁止規定が設けら
れている。対象となる事業者は、シェアが高く市場支配力を有すると認め
られる事業者であり、固定通信についてはNTT東日本とNTT西日本、
移動通信についてはNTTドコモが指定されている。これら事業者は、接
続の業務に関し、知り得た情報の目的外利用・提供、特定の事業者の不当
な優遇、製造業者等への不当な規律・干渉が禁止されている。

自主規制・共同規制の活用

　電気通信事業法による規制だけではなく、業界の自主的なガイドライン
を活用した自主規制や共同規制の活用も進められている。環境変化が著し
く急速なインターネットの分野では旧来の法規制による規律づけでは政策
需要にタイムリーに対応することができず、さらに、最新の技術情報に関
し、政策当局側に情報の非対称性の存在が懸念されるためである。

　一般社団法人日本インターネットプロバイダー協会、一般社団法人電気
通信事業者協会、一般社団法人テレコムサービス協会、一般社団法人日本
ケーブルテレビ連盟、NGNIPoE協議会から構成される帯域制御の運用基
準に関するガイドライン検討協議会による「帯域制御の運用基準に関する

ガイドライン」（帯域制御の運用基準に関するガイドライン検討協議会2008）はその一例である。同ガイドラインは、ネットワークの輻輳時にプロバイダが実施する帯域制御が、電気通信事業法の規定（具体的には第四条（秘密の保護）、第六条（利用の公平））と整合的であるために、満たすべき条件を定めている。その作成は民間事業者によって構成された協議会形式で行われ、市場環境の変化に応じる形で、2008 年の策定以来、計三度の改定が実施されている。本ガイドライン自体には法的拘束力や公定力がないことが明記されているものの、事業者にとっては遵守すべき規律として機能している。

(2) 電気通信事業をめぐる政策課題

　第 1 節のとおり、わが国の電気通信事業では電気通信事業法をベースに自主規制・共同規制も活用しながら公正な競争の促進が目指されてきた。一方で、現在の電気通信事業では、これまでのサービス提供の範疇を超えたさまざまな課題も顕在化している。したがって、新たな課題に対応したルールの検討および整備が求められる。とりわけ、競争ルールの整備では、市場構造が大きく変化したサービスや、新たに登場するサービスへの対応が必須であると同時に、既存の伝統的なサービスのあり方を検討することも重要である。

　本節では主要な政策課題として、まず、競争環境整備のために電気通信事業法改正も含め、さまざまな対応がなされているモバイル市場の政策動向について整理する。次いで、総務省が 2019 年 12 月にとりまとめた「電気通信事業分野における競争ルール等に関する包括的検証」の最終答申（情報通信審議会 2019）（以下「包括的検証」）に示された政策課題のうち、ユニバーサルサービスのあり方と、ネットワーク中立性への対応について整理する。

モバイル市場の競争環境整備

　携帯電話サービスに関する市場（モバイル市場）については、公正な競争の促進のための施策が実施された。特に、MNO のみの競争であった市

場に、MVNO が参入する環境について、総務省では「MVNO に係る電気通信事業法及び電波法の適用関係に関するガイドライン」（総務省 2002）や「事業者間協議の円滑化に関するガイドライン」（総務省 2012）といったルール整備を進めてきた。

　しかし、MVNO が市場に参入したとはいえ、現在でも大手の 3 事業者（NTT ドコモおよび KDDI、SoftBank）が MNO として 90％弱（2019 年度第三四半期で 87.1％）のシェアを占めている。このような状況から、2019 年 1 月に、総務省「モバイル市場の競争環境に関する研究会」は「ICT サービス安心・安全研究会　消費者保護ルールの検証に関する WG（Working Group）」と合同で、モバイル市場において早急に取り組むべき事項を盛り込んだ「モバイルサービス等の適正化に向けた緊急提言」（総務省 2019a）を公表した。

　緊急提言では、「①通信料金と端末代金の完全分離、②行き過ぎた期間拘束の禁止及び、③合理性を欠く料金プランの廃止を内容とするシンプルで分かりやすい携帯電話に係る料金プランの実現のために、最低限な基本的なルールとして料金その他の提供条件に関する禁止行為を定め、それに違反した場合には業務改善命令を行い得ることとすること等について、事業法の改正を含め、必要な措置を検討し、速やかに実施に移すことが適当」（総務省 2020、p. 7）と提言している。

　これを踏まえ、2019 年の電気通信事業法改正では携帯電話に関するルールの整備がなされた。改正のポイントは、大きく 3 点ある。

　1 点目は、モバイル市場の競争の促進である。提言どおり、端末代金と通信料金の完全分離、また期間拘束等の行き過ぎた囲い込みの是正のための制度が整備された。

　2 点目は、携帯電話販売代理店への監督強化である。これまで、販売代理店の指導は事業者に委ねられ、行政によるコントロールが不十分であった。そこで、販売代理店届出制度を導入し、販売代理店の不適切な業務を是正させる実効性を担保した。

　3 点目は、事業者および販売代理店の勧誘の適正化である。携帯電話、また、インターネットの回線契約に関しては、苦情や相談が多くあがっているという課題があった。これらを踏まえ、自身の名称を相手に告げない

まま勧誘する行為を抑止するといった、利用者利益の保護のためのルールが強化された。

　さらに、総務省では「電気通信事業法の一部を改正する法律によるモバイル市場の公正な競争環境の整備に関する基本的考え方」を 2019 年 8 月に公表し、2019 年改正のフォローアップの方向性を示している。さらに、2020 年 2 月に「モバイル市場の競争環境に関する研究会最終報告書」（総務省 2020）を公表したところである。

ユニバーサルサービスとしての電話サービス

　加入電話、公衆電話、緊急通報といった電話サービスは、国民生活に不可欠なサービスの持続的な利用可能性を確保する観点から、ユニバーサルサービスとしてこれまで制度が運用されてきた。一方で、人口の減少や過疎化を踏まえれば、これからのサービス提供のあり方をあらためて検討する必要がある。

　ユニバーサルサービスとしての電話サービスについては、これまでNTT 東西がその提供を担ってきたところである。しかしながら、利用者が極端に少ない等の理由により需要が小さい地域での自社単独提供は不経済で、「電話の役務のあまねく提供」の確保に支障を生じさせるおそれがあるため、「包括的検証」では、他者設備を利用した提供を例外的に認めることが適当であると指摘している。

　ただし、他社設備の利用にあたっては留意すべき点もある。まず、前提として、この他社設備利用はユニバーサルサービスの確保として必要な範囲に限らなければならない。また、当然ながらこれまでのサービス水準は確保されなければならない。特に、他社設備の利用の場合、サービスの安定性は重要な点となる。加えて、電話サービスとして音声品質や緊急通報についても問題があってはならない。このほかにも、競争環境の変化や、現行の NTT 東西に対する交付金のあり方について留意する必要がある。「包括的検証」では、これらの点について考え方を整理したうえで、今後の新たな固定電話サービスのあり方を提示している。

ネットワーク中立性の確保

インターネットサービスの進展や、モバイル市場の拡大、また、それらに対する法整備、その他のルール整備により、通信市場はこれまで発展を続けてきた。一方で、この通信市場の発展は、これまでに顕在化していなかった新たな課題をもたらしており、そのもっとも重要な課題の1つが、ネットワーク中立性に関する課題である。

インターネットの利用の拡大により、トラヒックは増大を続けているが、「包括的検証」では、インターネットのオープン性が「高度かつ低廉な通信手段の提供」「自由かつ多様な表現の場の提供」「イノベーションの場の提供」といった役割を果たしてきたし、今後も、通信事業者がインターネット上のトラヒックを公平（無差別）に取り扱うという、「ネットワーク中立性」の確保が重要な意味をもつと指摘している。

「ネットワーク中立性」に関しては、総務省が2007年9月に公表した「ネットワークの中立性に関する懇談会報告書」（総務省 2007）において「ネットワークの中立性を確保するための三原則」が示され、固定ISP市場における十分な競争環境の下、一定の「ネットワーク中立性」が維持されてきた。

「包括的検証」では、動画コンテンツの浸透によるトラヒック量の増大、特定のコンテンツにかかる通信については課金しないゼロレーティングサービスといった新たなサービスの登場、SNSの普及やプラットフォームレイヤの存在感の拡大等による環境変化の中、これまでの「ネットワーク中立性」に関するルールの見直しが必要となっていると指摘する（情報通信審議会 2019）。

具体的には、まず、ネットワーク中立性が確保された状況を、①コンテンツ・アプリケーションを自由に利用できる権利、②コンテンツ・アプリケーションを自由に提供できる権利、③自由に端末を接続できる権利、④サービスを適正な対価で公平利用できる権利という4つの利用者の権利が保証された状態として定義する。そのうえで、①ネットワーク利用の公平性確保、②コスト負担の公平性確保、③消費者への十分な情報提供、④健全な競争環境の整備を通じたサービスの安定供給、⑤イノベーションや持続的投資の促進、という5つの視点に留意しながら、帯域制御、優先制

御、ゼロレーティング等に関するルールの検討を行っている。

3　放送事業

　放送には、新聞や雑誌等の印刷メディアと異なり、特有の規制がいくつか課されている。主たる根拠は、メディアの意見形成機能が一部の者に独占されないようにし、放送によって提供される情報の多様性を確保する点にあると考えられており、これを端的に表す言葉として「周波数の希少性」や「放送の社会的影響力」が用いられてきた。具体的には、免許制の下で、番組編集準則、公共放送と民放の併存体制、マスメディア集中排除原則等が課されており、放送が健全な民主主義の発達に貢献できるような規定となっている。

　本節では、続く (1) 項で、放送事業の制度概要を解説し、次の (2) 項で放送事業をめぐる現状の政策課題について述べる。

(1) 放送事業の制度の概要

　放送には5年ごとに更新が必要な免許制がとられており、新聞とは異なり新規参入に規制が課されている。地上放送を行うためには無線局開設のために総務大臣の免許を受けなければならず（電波法4条）、無線局としての放送局に対する行政監督が行われている。放送免許を受けるためには、このほかに「放送局の開設の根本基準」や「放送局に係る表現の自由共有基準」に合致することが必要となる。総務大臣には、電波法72条、75条、76条に基づき、一定の構成要件に該当した場合に無線局の免許の取り消し、電波の発射の停止、無線局の運用停止の権限がある。

　また放送法第3条では「放送番組は、法律に定める権限に基づく場合でなければ、何人からも干渉され、又は規律されることがない」と規定して、放送番組編集の自由を保障している。ただし「公序良俗」「政治的公平」「事実をまげない報道」「多角的論点の提示」といった番組編集準則（第4条1項）により、内容規制を課されている。さらに基幹放送事業者につい

ては、テレビ放送の編集にあたって「教養番組又は教育番組並びに報道番組及び娯楽番組を設け、放送番組の相互の間の調和を保つ」ことを求めており（第106条1項）、番組調和原則とよばれている。

　放送制度は経済的・技術的側面だけでなく文化や社会状況と密接な関係にあり、その変化に応じて再検討を迫られることになる。特に2010年度の放送法改正では、1950年以来60年ぶりといわれるほどの大改正が行われた。続く「2010年放送法改正」ではその背景と内容を、その後の「放送サービスの区分」と「各放送サービスの特徴」では現在の放送市場の概要について述べる。

2010年放送法改正

　2010年11月末に成立した「放送法等の一部を改正する法律」では、それまでの「放送法」「有線テレビジョン放送法」「有線ラジオ放送業務の運用の規正に関する法律」「電気通信役務利用放送法」の4つの法律が「放送法」に一本化された。その発端は、小泉純一郎首相が「構造改革」を進めていた2005年頃の規制改革・民間開放推進会議にまでさかのぼることができ、そこでは通信と放送の融合に対応するため、放送分野に新規参入を促すための諸施策が提言された。続いて竹中平蔵総務大臣主宰の「通信・放送の在り方に関する懇談会」が2006年6月に報告書を公表し、その後の政府与党合意において法体系の再編が2010年を期限として行われることが示され、紆余曲折の末に新放送法が成立することとなる。なお同時に、NHKのガバナンス強化（経営委員会の権限強化）、マスメディア集中排除規制の緩和（認定放送持株会社制度の導入）等が盛り込まれ、これらは2008年の放送法改正で実現している。

　新放送法では、「放送」の定義が「公衆によって直接受信されることを目的とする電気通信の送信（2条1号）」と改正され、従来「無線通信」とされていたものが「電気通信」と変更されることにより、放送の範囲が有線を含むものまで拡大された。また無線系と有線系のメディアを「放送」に統合したうえで、「基幹放送」と「一般放送」の区分が設けられた。具体的に基幹放送にあたるのは、地上テレビ、BS、110度CS、AM、FM、短波による放送等、一般放送にあたるのは、その他のCS放送（通信衛星

を使った放送）やケーブルテレビ等である。基幹放送は、放送の社会的な役割を確実かつ適正に果たすために規律されるという点で従来どおりの規定であり、一般放送は、柔軟な周波数利用等を可能にすることによりサービス提供が市場原理に委ねられることが原則となる。

　新放送法が 1950 年に制定されて以来 60 年ぶりの大改正といわれる原因の 1 つは、放送制度の原則が「ハード・ソフト分離」に転換されたことにある。具体的には、基幹放送の場合、放送局の「免許」（電波法 4 条）と放送業務の「認定」（放送法第 93 条）というハード・ソフト分離の事業形態をとることが制度上の原則となり、一方だけもしくは両方を手掛けるかを事業者が選択できるようになった。

　また今まで省令で規定されていたマスメディア集中排除原則の基本的な事項が法定され、ある放送局を支配している者が放送局に出資する場合の 2 局目以降の議決権保有比率上限として、省令で定めることができる上限を「3 分の 1 未満」と法律で定めた。旧制度で認められていた「ラジオ・テレビ兼営」や「認定放送持株会社の子会社放送局（12 局相当まで可）」といった従来からの特例が継続された。その際、放送エリアに関係なく 1 事業者が支配・所有できるラジオ局数の上限を「4」とする、異なるエリアの放送局に対する議決権保有比率上限を 10% 強引き上げる、等の規制緩和を行った。また一般放送に関するマスメディア集中排除原則が全廃され、地域におけるメディアの統合・再編も可能になった。他方、基幹放送では、マスメディア集中排除原則の常時遵守を義務付け、違反に対して総務大臣による行政処分を科すことを可能にする等の規制強化も行われた（堀木 2012）。

　さらに従来からの番組調和原則に加え、総合編成によるテレビ放送について、放送番組の種別や種別ごとの放送時間量の公表を義務付け、原則が順守されているか否かを客観的に確認できるようにした。背景には当時増加していた通販番組への対応があり、公表義務を通じて番組選択を視聴者に委ねる際の判断基準を示し、放送事業者に自己抑制させることを期待している。いわば倫理的規定であるとされる。

放送サービスの区分

放送サービスは複数の基準で分類することが可能である。

第1は伝送媒体として無線を利用するか、有線を利用するかという区別である。前者が地上波放送と衛星放送、後者が有線放送（ケーブルテレビ）である。伝送媒体による区分は、法律上の区分とも対応する。現在、放送事業者には、伝送手段に応じて、地上波放送（ラジオ局を含む）、衛星放送（BS 放送と CS 放送）、ケーブルテレビが存在する。

第2は収入構造の違いである。わが国の放送サービスは、受信料収入による公共放送（NHK）、広告収入を主とする広告放送、サービス利用者（受益者）から直接料金を徴収する有料放送によって区分することができる。公共放送の財源は受信料であるが、利用者から直接対価を徴収するという意味では有料放送の特殊例とみなすこともできる。また有料放送には衛星放送、ケーブルテレビが含まれ、広告収入と直接収入両方に依存しているが、これは雑誌や新聞等の他メディア事業者と同様の収入構成となっている。また地上放送在京キー局系列の BS デジタル放送事業者 5 社も、衛星放送として同様のビジネスモデルで事業を行っている。

第3は配信される情報による区分である。まず映像情報の配信を中心とするテレビ放送と音声情報の配信を中心とするラジオ放送に区分される。さらに配信される情報の内容により、NHK や地上波民放局のように教育・教養、報道、娯楽等のさまざまなタイプの番組を1つのチャンネルで提供する総合放送局と映画やスポーツといった特定のジャンルの番組に限定し、チャンネルサービスを提供する専門放送局に区分される。

放送事業収入および放送事業外収入を含めた放送事業者全体の売上高は、3 兆 9337 億円（2017 年度）であり、ここ 10 年ほど 5% 以内の増減幅で安定している。内訳は、図 9-1 のとおりであり、NHK を除いた市場シェアは、民間放送事業者の売上高総計の 73.0% を地上系民間基幹放送事業者が占めている。

各放送サービスの特徴

地上波民間放送は地域に密着した情報を提供する趣旨から、関東・東海・関西の広域圏等特定の地域を除いて、原則として県単位で免許が与え

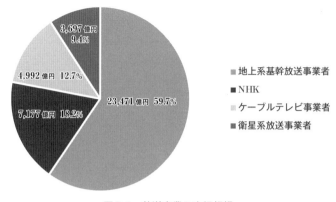

図 9-1　放送産業の市場規模

出所：総務省（2019b）をもとに作成。

られてきた。現在地上波でテレビ放送を行う局は 127 社あるが、大きく 3
段階に分けて発展してきた。

　最初の開局ラッシュは 1953 年の日本テレビ開局以来 1964 年までの期間
で、約 37.8% に相当する 48 局が開局され、順調な発展を遂げていった。
1968 年には 1 県 1 置局主義が転換され、UHF（極超短波帯）開放による
大量の免許が交付された結果、1981 年までにさらに 48 局が設置された。
しかしその後、大都市と地方との情報格差が指摘されるようになり、当時
の郵政省は、民放テレビ電波割り当て計画の中で 1982 年制定の初期基本
方針を一部修正し、「全国 47 都道府県すべての民放 TV 局を最低 4 つにす
る」といった計画のもと、1999 年までにさらに 31 局が開局されることと
なった。

　地上波民放局は、地域密着の放送サービス提供のため、原則県単位に免
許が付与されることとなっている。また、放送法第 52 条の 3「放送番組
の供給に関する協定の制限」規定は、いわゆる番組ネットワークを禁止す
るものと解されてきた。しかし現実には、全国で発生する事件・事故を伝
えるために複数局の提携が必須であることから、報道でのニュース・ネッ
トワークといった形で JNN・NNN・FNN・ANN・TXN の 5 大系列が存在
している。キー局にとっては迅速なローカル・ニュースの獲得、ローカル
局にとっては全国・全世界のタイムリーなニュース獲得とキー局が制作し

た優良番組の獲得といったメリットを享受することができる。

　ケーブルテレビは、当初は地上テレビ放送の難視聴を解消するためのメディアとして、1955年に群馬県伊香保で初めてサービスが開始された。しかし1963年には岐阜県郡上八幡テレビ共同視聴施設で初の自主放送が開始され、その後も地上波放送局の中継局の設置が進むことで難視聴が解消されるに従ってその役割も次第に変容していく。

　1987年に初の都市型ケーブルテレビとして多摩ケーブルネットワーク（株）が開局し、営利を目的とするケーブルテレビ事業者の大規模化が進むこととなる。設立経緯から設けられていた放送区域制限や地元密着要件、資本交流制限が1993年に、外資規制が1998年に撤廃され、経営の自由度が増していった。1989年で、大規模化し映像ソフトの需要が急増していたケーブル局に通信衛星を経由した番組を配信することにより、ケーブルテレビの多チャンネル化が急速に進展することとなる。さらに1996年10月からケーブル事業者による第一種電気通信事業の兼営が許可され通信サービスの提供が可能となり、番組制作やノウハウの共有化を図る多施設所有事業者（Multiple System Operator: MSO）の活動が可能となった。それに伴い、2002年度からケーブルテレビ事業のみの収支が黒字に転換し、「営利法人」としての事業者は8割以上が黒字という堅調な結果を残している。ただし再送信のみに従事する事業者も多数存在しており、規模や内容についての格差は拡大している。2017年度末で約3022万世帯、約52.6%の世帯普及率となっている。

　衛星放送には、使用する衛星の違いによりBS（Broadcasting Satellite）放送とCS（Communication Satellite）放送がある。BSは放送を目的とした衛星であるため、多くの人が受信可能となるよう強い電波で送信可能である一方、放送可能なチャンネル数もある程度制限される。CSはBSとちょうど逆の特性をもつため、多チャンネル化に適している。

　1984年、NHKは世界に先駆けて放送衛星による試験放送を開始し、1989年にはBS-1、BS-2の2チャンネルで本放送に移行した。1991年4月には、スクランブル放送により受信契約者にのみ放送を提供する日本衛星放送（現WOWOW）が本放送を開始し、民間企業としては初めて放送衛星を用いた有料放送事業への参入を果たした。一方CS放送は、ケーブ

ルテレビ向けにサービスを行ってきた番組供給会社が 1992 年にアナログ放送を、1996 年には伊藤忠商事等が出資するパーフェク TV がデジタル放送を開始している。CS デジタル放送にはほかにもディレク TV や J スカイ B が名乗りを上げたが、その後事業開始前の J スカイ B とパーフェク TV が合併しスカイパーフェク TV となり、1997 年よりサービスを開始したディレク TV も顧客獲得に苦戦して、2000 年 3 月、同社に吸収合併される形となり現在に至っている。2018 年度末時点で放送を行っている衛星放送事業者数は、BS 放送については 22 社、東経 110 度 CS 放送は 20 社であり、衛星一般放送事業者は 4 社となっている。ケーブルテレビ・衛星放送とも順調に契約者数を伸ばしてきたが、最近は頭打ち傾向にある。

(2) 放送事業をめぐる政策課題

　新放送法に対しては、旧放送法の対象の「放送」を「基幹放送」とし残り 3 法の対象を「一般放送」としただけで、現行法の整理と技術進歩等の新たな事態に対処するための最低限の制度整備にとどまったとの批判もある。法改正をめぐる一連の論議の中で NTT と NHK のあり方についても除外されており、今後の課題として残された。
　総務省では「放送を巡る諸課題に関する検討会」を開催し、関連の検討会やワーキンググループとともに中長期的な課題について包括的な議論を行ってきている。以下では検討体制の概要と、各分科会やワーキンググループ（WG）において今までに出された報告や論点整理についていくつか選定し、議論の背景とともに解説する。

総務省における検討体制

　2015 年 11 月に最初の「放送を巡る諸課題に関する検討会」が開催され、情報通信分野の技術進展、IoT を含むあらゆる分野のインターネット化の進展とともに、ライフスタイルの変化や社会経済構造の変化等の大きな環境変化が顕在化しているとの問題意識が提示された。その後 11 回の審議を経て、2016 年 9 月に第 1 次とりまとめが公表されたが、放送・通信全体の枠組みの下で視聴者視点での課題の解決が必要との認識が示され、今後

検討すべき論点として、(1) 新サービスの展開、(2) 地域に必要な情報流通の確保、(3) 新たな時代の公共放送、が3つの大きな柱として示された。

　(1) 新サービスの展開では、放送とネットを連携させた高品質サービスの提供として、健康・医療、防災等と連携したサービス構築や地域コンテンツ配信の仕組みが提言され、その際の視聴者利益保護方策として視聴データやインターネット経由のコンテンツ配信に関するルール整備の必要性についても言及されている。さらに、地上テレビ放送の高度化として4K・8K放送等の研究開発の必要性や、番組のネット同時配信時の課題についても検討が必要であるとしている。

　(2) 地域に必要な情報流通の確保としては、地方創生の観点からの地方の放送事業者等の情報発信力の強化が必要とし、ネットを積極活用して多メディアで地域情報を発信していくこと、放送事業者がベストプラクティスを共有していくこと、等を提言している。また地域情報を確保するために、県域放送の設備を活用した市町村単位での放送や、放送設備の共用化により効率的に放送番組制作を行えるよう関係規定や制度を見直すこと、柔軟な経営を行えるよう認定放送持株会社制度の子会社数制限緩和等の制度整備を進めていくことを謳っている。

　さらに (3) 新たな時代の公共放送として、今後の業務範囲や合理化のあり方、受信料の公平負担や納得感のある受信料金設定、適正な責任ある経営体制や透明性確保の必要性が、課題としてあげられている。

　第1次とりまとめを受け、より詳細な内容を検討する分科会が設定された。分科会内でさらに掘り下げるべきとされた内容については WG を設定し、比較的短期に集中的な議論が行われる場合もある（表9-1参照）。WG の結果は分科会に報告され、各分科会の成果は検討会に報告される。検討会では現実の制度に反映する必要性の高い事案からとりまとめを順次発表することとしており、2018 年9月には、第2次とりまとめが公表されている。その後も検討会は継続しており、今後も必要に応じて改廃が行われる見込みである。

視聴者プライバシーの保護
2015 年に個人情報保護法が改正されたことを受け、放送受信者等の個

表 9-1　放送を巡る諸課題に関する検討会にかかる検討会等一覧

名称	検討開始時期
視聴環境分科会	2016 年 9 月
視聴者プライバシー保護 WG	2016 年 10 月
地域における情報流通の確保等に関する分科会	2016 年 10 月
ケーブルテレビ WG	2016 年 11 月
放送サービスの未来像を見据えた周波数有効活用に関する検討分科会	2018 年 1 月
衛星放送の未来像に関する WG	2018 年 2 月
放送用周波数の活用方策に関する検討分科会	2018 年 11 月
放送事業の基盤強化に関する検討分科会	2018 年 11 月
新たな CAS 機能に関する検討分科会	2018 年 12 月
放送を巡る諸課題に関する検討会取りまとめ案起草委員会	2016 年 6 月
災害時の放送の確保に関する検討分科会	2020 年 3 月
公共放送の在り方に関する検討分科会	2020 年 4 月

出所：総務省 HP（https://www.soumu.go.jp/main_sosiki/kenkyu/housou_kadai/）をもとに作成。

人情報の保護に関する指針の改正を検討するため、視聴者プライバシー保護 WG が設置され、基本的には個人情報保護法令と同等の規律としつつ、放送における特別な事情に考慮した規律を設けるべきとの方向が示された。とりわけ、放送受信者等の日常の視聴履歴を蓄積することにより取得される個人情報は多様かつ膨大になりうるため、分析の方法によっては視聴者のプライバシーを侵害する可能性や、ひいては要配慮個人情報の取得につながるおそれも否定できず、非常にプライバシー性が高い個人情報となりうるものとして扱う必要がある。このため視聴履歴については、旧指針における目的規制を撤廃するとともに、その取り扱いに一定の規律を設けるといった形で利活用を進める方向で旧指針を改正するガイドラインのとりまとめを行い、パブリックコメントを経て、2017 年 5 月に放送受信者等の個人情報保護に関するガイドラインが施行された。

　放送分野ガイドラインでは、視聴履歴についての規律を規定しているが、放送受信者等の利益を確保するためには、放送分野ガイドラインの規律の運用にあたり、その趣旨を十分に踏まえることが必要である。ただし、運用方法の検討にあたっては、業務の実情についての知見が不可欠で

あるため、認定個人情報保護団体が作成する個人情報保護指針等の業界団体等の自主ルールとして定められることが望ましい。このような必要性に鑑み、あくまで認定個人情報保護団体が作成する個人情報保護指針等の業界団体等の自主ルールの策定を検討する際に参考とされるべきものとして、視聴者プライバシー保護 WG（2017）が公表された。

　同とりまとめでは、視聴履歴取扱指針等における基本的な考え方が示されると同時に、放送受信者等の同意を得る場合に通知すべき事項や同意取得のあり方、視聴履歴の取り扱いにあたって配慮すべき事項や、匿名加工情報の作成や提供にあたって留意すべき論点を提示している。

　これらは、受信者情報取扱事業者の業務の実状に合わせてより適切な自主ルールの策定を妨げるものではなく、認定個人情報保護団体において指針の拡充やユースケースの蓄積を図ることにより、ベストプラクティスを促すことが望まれるものとされている。また同とりまとめでは、特定の個人に紐づかない「非特定視聴履歴」については対象としていないが、認定個人情報保護団体等における一定の自主的な取り組みが望まれるとしている。

検討会第 2 次とりまとめ

　2018 年 9 月に公表された第 2 次とりまとめにおいては、第 1 部として新たな時代の公共放送のあり方について、また第 2 部として、放送サービスの未来像を見据えた周波数の有効活用と衛星放送の未来像についての考え方が示されている。

　第 1 部では、民間放送とともに、国民の知る権利を実質的に充足し健全な民主主義の発達に寄与する役割を担う NHK について、放送の補完としてインターネットを活用した常時同時配信を実施することについて一定の合理性・妥当性があるとの見解が示された。同時に、NHK のインターネット活用業務が NHK の目的や受信料制度の趣旨に沿って適切に実施されることを確保することが必要不可欠であり、さらにその前提として、NHK に対する国民・視聴者の信頼が今後も確保されることが必要であることも明記された。具体的には、実施基準の認可や有料業務の区分経理等の現行のインターネット活用業務に関するセーフガード措置の見直し、受信料水準の適正化、NHK 役員の責任の明確化や経営委員会等による事後

チェックの充実等のコンプライアンス確保や情報公開による透明性の確保等ガバナンス改革の必要性が示された。

　第 2 部では、放送サービスの未来像を見据えた周波数の有効活用について検討してきた分科会・WG での討議を踏まえ、中長期的な取り組みと短期的な取り組みが示された。中長期的な取り組みとしては、中長期的な視点に立った放送サービスの未来像を想定し、民主主義の基盤としての役割を適切に果たしていけるようにすることが重要で、双方向性や対話等による没入感の高いエンターテイメント、さまざまなビジネスや地域の防災・生活支援につながる放送を想定した技術やネットワークの変革、地域や海外展開等放送コンテンツの充実を促すような制度整備が望ましいとされた。一方、短期的には、さらなる周波数の有効活用に向けた技術的対応やサービスの一層の多様化・高精細化、ネットとの本格連携の進展に備えた具体的なアクションプランが示された。

　またもう 1 つの柱として、衛星放送の未来像に関する議論がなされている。BS 放送および東経 110 度 CS 放送の右旋帯域における周波数の逼迫状況を踏まえ、現状審査項目とされていない新規参入・認定の更新時の制度をあらため有効活用を図ること、また左旋帯域の受信環境についても、コンテンツの充実等事業者の取り組みを行政としてもサポートしていくことが示された。

　とりまとめで示された事項のうち、NHK の放送番組を常時同時配信可能にする放送法が 2019 年 5 月末に成立し、NHK から提出されたインターネット活用業務実施基準が認可された後、2020 年 3 月に試験配信が始まり、同年 4 月から「NHK プラス」という名称でサービスが開始された。

放送事業の基盤強化

　地方局に対する支援は、現行の県単位の免許制度とマスメディア集中排除原則の下、規定を緩和し経営の自由度を高める形で絶えず修正が行われてきている。

　たとえば 2004 年 3 月には隣接地域（7 地域まで）の地上波民放局の合併等が認められ、さらに 2007 年 12 月には認定放送持株会社の設立を認める改正放送法が成立したことにより、最大 12 局まで子会社化できること

となった。2010 年放送法改正でも、1 事業者が支配・所有できるラジオ局数の上限引き上げ、異なる放送局に対する議決権保有比率上限の引き上げ等の緩和が行われ、2015 年 4 月に施行された改正放送法等でも、マスメディア集中排除の一般原則（議決権保有は 3 分の 1 まで）は堅持しつつ、持株会社制度のもとで議決権保有が可能な範囲を 2 分の 1 まで拡大した。合わせて、経営基盤強化計画認定制度を策定し総務大臣の認定を受けた場合には、地域性の確保や多元性・多様性の確保のための代替措置を講じることを要件として、役員兼任が可能な範囲を 5 分の 1 から 3 分の 1 まで拡大することとした。

　以上のような度重なる制度的要件の柔軟化の下でどのような経営形態を選択するかは、当然のことながら各放送事業者の意思決定に委ねられている。ただし地上波テレビの発展期に産業界とともに制度設計を担ってきた政策当局としては、近年の構造変化による地上波民放局の危機についても側面支援を行っている。同時配信サービスも一局集中を加速させる可能性があるため、特にローカル局のあり方に対して危機感が大きいようである。

　事例として、地域における情報流通の確保等に関する分科会（2017）があげられる。報告書の第 3 章「ローカル局の将来像」では、地域情報の流通を確保する責務を将来にわたって全うしていくためには企業体として安定した経営基盤が前提であることを指摘し、そのために①放送事業の充実・発展、②新たな事業機会の拡大、③ローカル局の体制構築の 3 つの要素が重要であることを、具体的に論じている。

　さらに放送事業の基盤強化に関する検討分科会は、2020 年 4 月に公表した最終とりまとめにおいて、地方の人口減少や東京への一極集中によるローカル局の経営環境の悪化の中で、災害情報等に関する高い信頼や期待にどう応えていくかを検討している。災害時に高い評価を得ている AMラジオ放送については、遅くとも 2028 年の再免許時までに FM 放送への転換、AM・FM 両放送併用を可能とするよう制度整備するよう提言されている。また、ローカル局の事業拡大、多様化の方策として、地域情報の発信強化や地域コンテンツや地域産品等の海外展開、系列局間や独立局間、系列を超えた連携強化事例に関するベストプラクティスを紹介し、相互に情報共有することを提言している。

　ローカル局の経営に関しては、BS デジタル本放送が開始され全国一律の配信手段が整備された 2000 年頃にも危機感が高まったが、参入事業者 7 社のうち 5 社が民放キー局であり対抗媒体とならないよう制御できたこと、当時は衛星放送のコンテンツが充実していなかったこと等の影響で、結果的に従来型の体制は大きくは揺るがなかった。しかし当時から 20 年が経過し、動画配信をめぐる需要側・供給側の環境も充実してきていたため、事態はより切迫しているといえる。

　地上波民放局の主要な収入源である広告費は各国 GDP の 1% 程度といわれており、日本の広告費も過去 10 年ほど 1.1-1.4％の間で推移している。今後も総額の大幅な増加が見込めない中で、2019 年の広告費はインターネットがテレビメディアを超え初めての逆転を許した。今後、本節で紹介した規制緩和の下で系列内の統合・兼営が今後一層進展すると予想される。また、地域内他系列局との関係は、ニュース・ネットワークの協定に「他系列に属する放送局の参加を認めない」とする排他条項を設けているところが多いことから、連携・協業が困難なようであるが、JNN 系列の琉球放送と、同局社内に本社を置き 1995 年に開局した ANN 系列の琉球朝日放送のように 1 局 2 波として経費削減を狙うような局も、有望な選択肢の 1 つとして今後増加する可能性がある。

4　新たなサービスへの対処

　本節では、より広い意味での情報通信市場におけるコンテンツ提供事業やプラットフォーム提供事業について、今後求められる施策について示す。現在の通信市場は従来の電気通信事業にとどまらないものとなっており、それは放送市場も同様である。第 2 節で述べた「包括的検証」においても、こうした状況について、新たなエコシステムと Society 5.0 の 2 点について言及している。

　エコシステムについては、ネットワークの態様が大きく変わるとともに、コンテンツレイヤ、プラットフォームレイヤとネットワークレイヤが一体となったエコシステムが実現すると指摘されている。これらのレイヤ

も含めてエコシステムが構築されるとすれば、より広範なルールが求められる。

　また、Society 5.0 に関しては、これまで前提としてきた社会・経済モデルが通用しない時代が到来しつつある中での、先進的な情報通信技術を用いて社会的課題の解決や価値創造を図る必要性を指摘している。

　これを踏まえると、今後の通信市場を、社会全体を支えるサービスが提供される市場としてあらためて捉え直す必要がある。

（1）プラットフォーム事業者への対応

　近年、GAFA, FANG 等の頭文字で代表されるプラットフォーム事業者の台頭に注目が集まっている。プラットフォーム事業者は、情報通信技術やデータを活用して第三者に「場」を提供する企業であり、コンテンツやアプリケーションを提供して利用者から利用対価を得ることをビジネスモデルとする従来型企業とは性質が大きく異なる。そのため、プラットフォーム事業者については、公正な競争の実現や利用者保護の観点から、一定のルール整備の必要性が検討されている。

　最大の特徴は、彼らの提供サービスの多くが間接ネットワーク効果というユニークな経済的性質を有し、しかも、その影響力が企業行動や産業構造の隅々を規定しているという点である。

　ネットワーク効果とは、サービスの価値が当該サービスの利用者数の影響を受けるという性質である。ネットワーク効果には、利用者数の増減がサービスの利用価値にダイレクトな影響を与える直接効果と、利用者数の増減が補完財の供給量に影響を与えることを通じてサービスの利用価値を左右する間接効果が存在する。友人知人の多くが LINE を利用するからこそ、自分にとっての LINE の利用価値が高まるという効果は前者の、特定のゲーム機の購入者が増えることによってゲーム会社からの提供タイトル数が増加し、その結果、当該ゲーム機の利用価値が向上するというのは後者の例である。こうした、ネットワーク効果の存在は、競合他社よりも少しでも大きな市場シェアを獲得した事業者がより強い競争力を有することを意味する。そのため、当該市場は自然独占性をもち、競争当局にとって

は、巨大事業者による市場支配力濫用を抑制することが大きな政策課題となる。プラットフォーム事業者が自身のプラットフォーム上でコンテンツを提供するケースも多い。このような非対称な競争環境の場合、政策的対応が求められる余地はさらに大きい。

　間接ネットワーク効果が機能する局面では、事業者を介して異なるユーザーグループが取引を行っている。この取引構造は両面市場、もしくは二面市場とよばれ、ハブに位置する事業者は、ユーザーグループ間の相互作用を勘案して、従来型企業には不可能な形で費用負担のバランスをとることにより、利潤最大化を図ることが可能となる。たとえば、YouTube 等の動画配信プラットフォームの場合、視聴者は提供される動画コンテンツ数が増加するほどサービスの価値は高まる。一方で、動画コンテンツを提供し広告収益を得ようとする動画提供者からみると、プラットフォーム上で多くの視聴者が視聴するほど、その収益への期待は高まり、動画コンテンツ提供数が増大する。すなわち、視聴者数の増大は、プラットフォーム・サービスの補完財である動画コンテンツ数の増大を通じて、視聴者自身の便益へと還元される。この場合、YouTube 側は無料、すなわち限界費用以下に設定したサービス利用料で多数の視聴者を引きつけることで、動画提供者のプラットフォーム利用を促し、限界費用を上回る水準に広告掲載手数料を設定することで利潤最大化を図るという両面市場に特有の経営戦略をとることが最適解となる。競争当局からみた場合、両面市場性の下では、市場介入のベースとなる市場画定が困難であるとともに、略奪価格か否かについての判定が単一市場のみにフォーカスする従来の手法では不可能となる。

　プラットフォーム事業者は自身のプラットフォームを通じて質・量ともに多くのデータを収集できる点も政策担当者にとっては重要な論点である。近年は機械学習の進展等により AI を用いたデータ利活用の可能性は飛躍的に高まっている。そのため、プラットフォームを活用させることを通じて膨大なデータを収集する手段を保有するとともに、分析を可能にする AI への巨額投資を支えるだけの財務体力を有する巨大プラットフォーム事業者の優位性は明白であり、大きな市場支配力をもつ要因の１つとなっている。

　上記に加え、サービス生産プロセスに情報通信技術を多用することから、プラットフォーム事業者は規模の経済性や範囲の経済性を享受しうる立場にあり、生産面からも自然独占の傾向をもつ。

　政策担当者はこうした点を踏まえて一定のルール整備を行う必要がある。「包括的検証」においても、プラットフォーム事業者に対する政策対応の基本的視点として次の3点を示している。

①プラットフォーム・サービスは新たなサービスの創出を促し、イノベーションを促進するための社会基盤として今後さらに重要な役割を果たしていくと考えられることから、利用者情報以外の情報も含めた自由なデータ流通の確保を図ることにより、プラットフォーム機能によるユーザの便益の最適化が図られること

②一方で、プラットフォーム機能が十分に発揮されるようにするためにも、利用者が安心してサービスを利用できるよう、利用者情報の適切な取り扱いを確保すること

③自由なビジネス環境の実現を通じたイノベーションの促進と利用者のプライバシー保護とのバランスを確保すること

　上記の3点は、主に利用者の立場に立った視点となっており、具体的なルールの提言というよりは、おおまかな方向性として捉えるべきものである。

　プラットフォーム事業者に関する具体的なルール整備については、そのサービスの特性から、経済産業省・公正取引委員会・総務省が共同で検討を進めてきた。2018年12月には、「プラットフォーマー型ビジネスの台頭に対応したルール整備の基本原則」（経済産業省・公正取引委員会・総務省 2018）を公表した。

　この後、公正取引委員会は、2019年6月に閣議決定された「成長戦略フォローアップ」内で示された「現行の独占禁止法の優越的地位の濫用規制をデジタル・プラットフォーム企業による対消費者取引に適用する際の考え方の整理を2019年夏までに行い、執行可能な体制を整備する」という点を踏まえ、2019年12月に「デジタル・プラットフォーム事業者と個

人情報等を提供する消費者との取引における優越的地位の濫用に関する独占禁止法上の考え方」（公正取引委員会 2019）を示したところである。

この考え方では、プラットフォーム事業者と消費者の関係について、サービスの提供と個人情報等の提供がお互いになされる取引の相手と考え、さらに個人情報等は経済的価値を有するものであり、サービスの対価であるとしている。このような中で、消費者がプラットフォーム事業者から不利益な取り扱いを受けても、消費者がサービスを利用するためにはこれを受け入れざるを得ないような場合には優越的地位にあると指摘している。

すなわち、プラットフォーム事業者は、消費者との取引において独占禁止法が適用されうることとなり、これは今後の競争環境に大きな影響を与えるものと考えられる。

(2) 情報銀行を通じた個人情報の利活用

視聴者プライバシーの保護については放送事業について論じた第 3 節でもふれたが、プラットフォーム事業者に対する独占禁止法の適用に関して個人情報がポイントとなっていることからもわかるとおり、近年の通信市場における個人情報の利活用の進展は著しい。個人情報の利活用が進展している背景には、インターネット上で展開されるサービスにおいてその価値が高まっている点にある。これまで本来的なサービスに価値を付加してきた個人情報が、本来的サービス自体の価値に匹敵する状況になっているともいえる。

このような個人情報、あるいは、より広い意味でのパーソナルデータに対して、それらの取引を実現するプラットフォームの整備が進んでいる。このプラットフォームの典型が、情報銀行である。

情報銀行とは、個人とのデータ活用に関する契約等に基づき個人のデータを管理するとともに、個人の指示またはあらかじめ指定した条件に基づき個人に代わり妥当性を判断のうえ、データを第三者に提供する事業とされている。情報銀行の整備を通じた、さらなる個人情報の利活用が期待されているところである。

　総務省と経済産業省は 2018 年 6 月、情報銀行の認定に関する指針である「情報信託機能の認定に係る指針 ver.1.0」（総務省・経済産業省 2018）を公表した。なお、2019 年 10 月には、さらなる検討が行われた結果、指針の Ver.2.0（総務省・経済産業省 2019）が公表されている。

　情報銀行の意義は、第 1 に個人情報を独立した「財」として扱う視点を提供していること、またその環境を提供していることにあるだろう。

　これまでもプラットフォーム事業者をはじめとする多くの事業者は、個人から個人情報を収集してきた。収集は、サービスの利用に必要なアカウントの作成時等に、利用規約に同意するような形式で行われてきた。インターネットショッピングにおけるレコメンド等の付加価値が提供される場合もあるが、それも含め基本的にはメインとなるサービスの取引に付随する形での個人情報の取引となっていた。

　しかし、情報銀行が整備されることで、個人情報のみを取引の対象とできるようになる。合わせて、個人が個人情報を事業者に提供する際の対価が明確になる。このことから、個人情報が 1 つの財市場として形成されることとなる。

　第 2 の意義として、事業者が収集する個人情報の流動性が高まる点があげられる。

　情報銀行が整備されれば、個人が自身の個人情報の提供先を決定したり、変更したりすることが容易になる。データの利活用の可能性が高まっている現在、一度個人情報を収集した事業者が、その個人情報を独占的に利用することで市場支配力をもつことが懸念されている。個人が主体的に個人情報をコントロールすることで、より個人情報の流動性が高まり、特定のプラットフォーム事業者等の事業者のみが市場支配力を有する状況が変化する可能性がある。

　ただし、情報銀行に関しては今後に向けた課題もある。

　情報銀行によって個人情報の取引が活発になる可能性があるが、取引が望ましい結果をもたらすには、取引主体である個人が、自身の個人情報に対して正確な評価ができなければならない。この点、プライバシー・パラドックスとよばれるような個人の非合理性も指摘されているところ、個人の意思決定を支える仕組みが必要だろう。

　また、情報銀行を通じて個人情報の流動性が高まるためには、情報銀行がデータポータビリティを確保する必要がある。さらに、取引中止後の個人情報の消去の可能性も流動性に影響を与えるだろう。現在の情報銀行の認定指針では、データポータビリティについて有無の明示は求めているに止まっている。データポータビリティ権や消去権のあり方について、今後検討を進める必要がある。

　個人情報については、これまでプライバシーの観点から個人情報保護法等により規制がなされてきた。個人情報保護法自体も先般改正されたところであるが、今後の情報通信市場の発展にあたっては、プライバシーの保護を前提としつつ、この情報銀行のような利活用制度についても検討を継続する必要がある。

5　おわりに

　本章では、通信事業と放送事業の 2020 年時点の制度枠組みと、将来的課題とされている論点を概説してきた。特に通信市場は、ほかの公益事業に先んじて競争が導入されてきた市場であり、ほかの公益事業においてこの先課題として論じられる可能性のある論点を多く含む。通信事業・放送事業を含む情報通信市場は、さまざまなサービスが多層的に構成され、かつての市場定義やそれをベースにした規制フレームワークはその有効性を喪失しつつある。他方、情報通信サービス自体は社会経済活動にとっての不可欠なインフラとしてその重要性を飛躍的に増しており、産業政策的な観点からも国としての競争力の源泉として認識されている。そのため、政策担当者には、新たな環境に適応した規制デザインが強く求められている。

　電気通信分野に対する伝統的な規制は、公益事業規制の典型例として、自然独占性に起因する過小均衡を抑制し、死荷重損失を最小化するといった静学的な資源配分効率性の観点から構築されてきた。一方で、来るべき規制は、情報通信技術の急速な変化と、市場プレイヤーのダイナミックなビジネスモデル転換、消費者需要のこれまでにない多様化、さらには海外プレイヤーからの競争インパクトを十分に視野に入れた動的効率性を加味

する必要がある。

　通信市場においては、電気通信事業法のみに軸足を置いた現行規制はその意味で大幅な見直しが余儀なくされる。事後的規制である独占禁止法とのコラボレーション、政策担当者が直面する情報の非対称を克服する手段としての共同規制・自主規制の活用、さらには、本質的にボーダレスなビジネスである情報通信事業者を規律するためのグローバルフレームワークの構築等、未来に向けた政策的課題には事欠かない。

　同様に放送分野においても、従来の地上波放送のみならず、さまざまな放送形態が登場するとともに、インターネットを通じた通信サービスとの融合サービスも進んでいる。こうした状況に対応するため、総務省では、「放送を巡る諸課題に関する検討会」を設置し、政策課題の優先度が高い順に検討会およびWGを設置し順次報告書をまとめ、視聴者プライバシー保護や周波数の有効活用のように指針を公表したり、NHKの常時同時配信サービス実現のように法制化を進めたりする等一定の成果をあげてきている。しかし、検討会で対処すべき環境変化は、当初想定よりも急激かつ多方面にわたるため、今後取り組むべき課題も多く残されている。

　同検討会では、2020年に入ってからも、4月までに新しい検討会が2つ新設されている。まず、「災害時の放送の確保に関する検討分科会」では、近年豪雨・台風等の災害が多発している状況を鑑み、①放送インフラの耐災害性強化や②情報難民の解消に向けた取り組み、③地域における関係者の連携強化等、公共性の高い放送サービスに期待される役割にどのように応えていくかが検討される予定である。また「公共放送の在り方に関する検討分科会」では、NHKのインターネットサービスの充実とともに懸念される民業圧迫問題を解消するため、業務スリム化、受信料値下げ、ガバナンス改革等が着実に進んでいるかが検証され、「NHK中期経営計画」に具体的な改革方針を盛り込まれる予定である。

　何より、第1次とりまとめで提示された、「放送・通信全体の枠組みの下」で視聴者視点での課題解決を行うためには、NTTをはじめとする通信事業者との関係を整理する必要があり、大がかりな改革と移行措置が必要になると予想される。本来の意味での「通信・放送の融合」がスムーズに進展するための放送制度改革を期待したい。

　なお、本章で、通信事業・放送事業を述べるにあたり、本章中に触れなかった重要な論点として、両産業で生産要素として用いられる電波がある。電波に関連した政策に関しては、本章コラムを参照されたい。

参考文献

Cave, M.（2002）Review of Radio Spectrum Management, An independent review for Department of Trade and Industry and HM Treasury, https://web1.see.asso.fr/ICTSR1Newsletter/No004/RS%20Management%20-%202_title-42.pdf

雨内達哉・横澤田悠（2019）「立案担当者解説 ——電気通信事業法の一部を改正する法律」『情報通信政策研究』3 巻 1 号、pp. 161-173。

NHK 受信料制度等検討委員会（2017）『第 1 回会合 背景説明資料』。

経済産業省・公正取引委員会・総務省（2018）『プラットフォーマー型ビジネスの台頭に対応したルール整備の基本原則』。

公共放送の在り方に関する検討分科会（2020）『三位一体改革推進のため NHK において取組が期待される事項』。

高口鉄平（2018）「パーソナルデータの経済学的課題 ——経済的価値に関する一考察」『情報法制研究』第 4 号、pp. 28-35。

公正取引委員会（2019）『デジタル・プラットフォーム事業者と個人情報等を提供する消費者との取引における優越的地位の濫用に関する独占禁止法上の考え方』。

視聴者プライバシー保護 WG（2017）『認定個人情報保護団体の指針等において検討が望ましい論点取りまとめ』6 月。

情報通信審議会（2009）『通信・放送の総合的な法体系の在り方〈平成 20 年諮問第 14 号〉答申』8 月。

情報通信審議会（2019）『電気通信事業分野における競争ルール等の包括的検証最終答申』。

総務省（2002）『MVNO に係る電気通信事業法及び電波法の適用関係に関するガイドライン』。

総務省（2007）『ネットワーク中立性に関する懇談会最終報告書』。

総務省（2012）『事業者間協議の円滑化に関するガイドライン』。

総務省（2016）『電気通信事業法の消費者保護ルールに関するガイドライン』。

総務省（2018）『放送を巡る諸課題に関する検討会　第二次取りまとめ』。

総務省（2019a）『モバイルサービス等の適正化に向けた緊急提言』。

総務省（2019b）『情報通信白書 令和元年版』。
　（http://www.soumu.go.jp/ johotsusintokei/whitepaper/index.html）

総務省（2019c）『電気通信事業法の一部を改正する法律によるモバイル市場の公正な競争環境の整備に関する基本的考え方』。

総務省（2020）『モバイル市場の競争環境に関する研究会最終報告書』。

総務省・経済産業省（2018）『情報信託機能の認定に係る指針 ver.1.0』。

総務省・経済産業省（2019）『情報信託機能の認定に係る指針 ver.2.0』。

帯域制御の運用基準に関するガイドライン検討協議会（2008）『帯域制御の運用基準に
　　　関するガイドライン』。

地域における情報流通の確保等に関する分科会（2017）『地域における情報流通の確保
　　　等に関する分科会取りまとめ——頑張るローカル局を応援する』5月。

堀木卓也（2012）「2011年放送法等改正の概要」日本民間放送連盟・研究所編『ネット・
　　　モバイル時代の放送——その可能性と将来像』第6章、学文社、pp.130-147。

湧口清隆（2006）「変革期にある欧州の電波政策とその背景——英国の政策形成過程を
　　　中心に」和気洋子・伊藤規子編著『EUの公共政策』第5章、慶應義塾出版会、
　　　pp.155-195。

Column 7

電波

　情報通信産業を考える際に「電波産業」を加えると違和感を感ずるであろう。「通信産業」「放送産業」という括り方では、相互に重なりがあるものの、機器製作から役務（サービス）提供事業までの垂直的な産業のイメージが湧きやすい。それに対し、「電波産業」は正体不明の産業のように感じられるが、機器製作に関わる水平的なイメージで捉えるとわかりやすいだろう。実際、一般社団法人電波産業会（ARIB）という団体には、通信機器メーカーを中心に情報通信事業者が入会している。

　電波資源は無線を用いる情報通信産業において必要不可欠な投入要素であるが、自営通信を含む無線通信以外にも感知・計測や加熱などさまざまな分野で用いられており、しかもその用途は電波を発信するだけではなく、受信することだけを目的とした電波天文のようなものまで含まれる。したがって、電波監理政策を論ずる際には、あらかじめ電波の性質や用途を十分に理解しておく必要がある。

　電波は、地球上では電気振動により発生した 3THz（=3,000GHz）以下の電磁波の総称である。電波は物理的に、干渉、回折（回り込み）、直進、減衰などの性質をもっており、それぞれの程度は周波数（1 秒当たりの振動数）帯により異なる（たとえば、https://www.tele.soumu.go.jp/j/adm/freq/search/myuse/summary/ 参照）。したがって、意図的か意図的でないかにかかわらず、電波を発射する機器さえ用意すれば誰でも発射可能であり、ひとたび発射すれば、その電波に載せられた情報が読み取られるか否かは別として、電波が空間を伝わるので発射自体が感知される。逆に電波の侵入を阻止するためには、妨害電波を発射してもとの電波を打ち消すなり、電波暗室を設けるなり、相当の対応が必要になってくる。その意味で電波は非排除性を有している。一方で、同一周波数や異なる周波数の電波同士の干渉といった現象が電波利用に競合性や外部不経済をもたらしており、非排除性を有する電波にのせられた情報の窃盗とともに、電波監理の必要性を根拠づけている。

　このような物理的・経済学的根拠に基づき、国際電気通信連合（ITU）の世界無線通信会議（WRC）において地域ごとに各周波数帯の用途が国際的に定められ、それを受けて各国の電波監理機関（わが国では総務省）が国内向けの用途を定め、「周波数分配表」を公表する。各国の電波監理機関は、この「周波数分配表」に基づいて各周波数帯の利用条件を定め、個々の電波利用者に周波数を割り当てる。

　わが国の場合、割り当ては原則電波を発射する無線局単位で行われており、免許制度、登録制度、免許不要制度のいずれかが採用されている。また、移動通信事業のように多数の機器を同一の周波数帯で用いる場合には、包括免許、包括登録制度も採用されており、「広域使用電波」という一種の周波数単位の割り当ても導入されている。受信のみを目的とした無線設備は「無線局」とは位置づけられない。また、電子レンジのように意図せざる電波の発射（漏出）を伴う装置は「高周波利用設備」として区分され、規正されている。

　無線通信の利便性や重要性が増大し、電波利用者や電波利用機器が急増する中で、どのように割り当てを行うのかは各国の将来の経済成長と結びつく極めて重要な問題になっている。同一周波数帯の利用が競い合う際に、社会的価値のより高い利用者に迅速に割り当てられることが鍵となる。発射されている電波を感知して、発射を停止したり、別の周波数の電波を発射したりする機器もある。これらの点を考慮して、WiFi のように免許不要制度を採用したり、事後的な監理の必要性が認められる場合には登録制度が導入されたりしている。また、指向性・無指向性（図参照）の機器が併存することから、免許制度の下でこれらの機器の電波利用が重複しないような仕組みを導入することで、効率的により多くの電波利用者を収容する工夫が行われている。

　もう 1 つの問題は、電波監理機関がどのような手法で免許を発出するかで、先願主義や比較審査、オークションなどが用いられている。電波の性質を思い起こせば、経済学でいう「外部性」そのものであるため、政府による介入（規制、「ピグー課税」など）のほか「コースの定理」に基づく当事者間交渉（オークション、二次取引など）という多様性があり、各国の国民性や社会的ニーズなどを反映してさまざまな制度が導入されている。わが国では、純粋に入札額だけを基準とする周波数オークションは導入されていないが、周波数移行に伴う補償制度や、補償への貢献度や将来のサービス展開を要素とする比較審査制度、経済的価値を勘案した電波利用料などを組み合わせて、より社会的価値の高い電波利用が進むように工夫されている。このような制度を背景に、政府が「コロナ禍」の際に移動通信事業者にオンライン学習をする学生・生徒・児童向けの無料通信容量の付与を要請するなどの措置がとられている。

　電波監理政策全般の詳細を知るためには、Cave（2002）を、学説史を知るには湧口（2006）を参照されたい。

図　指向性（左）と無指向性（右）

出所：筆者作成。

Column 8

インターネットを通じた動画配信サービス

　近年、国内外の多様な背景をもつ事業者がインターネットを通じた動画配信サービスに参入し、サービスを開始している。また放送事業者によるインターネット配信への進出も進んでいる。これらサービスは、制度上は放送とは異なるサービスと位置づけられるが、利用者からみた場合は類似もしくは代替的なサービスとなっている。これらは、本論中にもふれたプラットフォーマーでもある。本コラムでは、昨今注目を集めるインターネット動画配信サービスについて述べたい。

　次頁表に示すように、広告の有無、料金体系（定額料金か従量料金か）、利用条件（利用可能な端末や利用期間）、コンテンツの品揃えなど、提供されるサービスは多様なものとなっている。また料金についても、利用者課金を中心とした有料型、完全広告型、有料と広告が併存するハイブリッド型などが存在しており、有料型も、定額見放題（通常は月額単位で課金され、提供されるコンテンツが見放題）から、コンテンツ単位課金、一部のコンテンツは固定料金（見放題）、一部コンテンツは従量料金のハイブリッド型などが混在している。

　一方、供給されるコンテンツは、Hulu のように映画など大規模な費用をかけて制作したコンテンツを供給するケースから、YouTube のように個人投稿のような動画を供給するケースもある。供給されるコンテンツは、独占配信という形で特定プラットフォームのみで提供される場合と、同じコンテンツが複数のプラットフォームを通じて供給される場合がある。またアマゾンプライムなど、コンテンツ以外のサービスを組み込む事例も見受けられる。

　このようなインターネットを通じた配信サービスの登場によって、利用者が選択可能な動画配信メディアの数は増加した。また、インターネットの双方向性を生かすことによって、利用者は、いつ、どの番組を、どのタイミングで、どれだけ利用するか、自由に選択することが可能になり、消費者に新たな便益を提供している。

　なお、広告の配分については、日本はテレビ広告のシェアは依然大きいものの、近年は、インターネット広告のシェアが大きく伸長している。もちろん、これらインターネット広告は、動画配信サービスだけを対象としたものではないものの、このような変化はテレビをはじめとした伝統的メディア事業者にとって無視できないものとなっている。

表　日本のインターネットを通じた動画配信サービス（2020 年時点）

系列		No.	事業者	動画配信サービス名	動画配信の料金体系 定額	PPV
放送局系	地上波キー局		日本放送協会	NHK オンデマンド	○	○
			㈱フジテレビジョン（㈱フジ・メディア・ホールディングスの 100% 子会社）	フジテレビオンデマンド	○	○
			㈱テレビ朝日（㈱テレビ朝日ホールディングスの 100% 子会社）	テレ朝動画	△	○
			HJ ホールディングス㈱	Hulu	○	
			㈱プレゼントキャスト（テレビ局 5 社と広告会社 4 社が保有）	Tver	無料	
			㈱プレミアム・プラットフォーム・ジャパン（テレビ局・新聞社・広告会社が保有）	Paravi	○	○
			㈱AbemaTV（㈱サイバーエージェント・㈱テレビ朝日が保有）	AbemaTV	無料	
				Abema ビデオ		○
	衛星放送		スカパー JSAT㈱（㈱スカパー JSAT ホールディングスの 100% 子会社）	スカパー！オンデマンド	△	○
			㈱WOWOW	WOWOW オンデマンド	○	
	ケーブルテレビ		㈱ジュピターテレコム（KDDI㈱・住友商事㈱が保有）	J:COM オンデマンド	○	○
	ラジオ		㈱U-NEXT	U-NEXT	○	○
通信事業者系	固定電話		㈱NTT ぷらら（日本電信電話の子会社）	ひかり TV	○	○
	携帯電話		㈱NTT ドコモ（日本電信電話㈱の子会社）	dTV	○	○
			TELASA ㈱（KDDI㈱ 50%・㈱テレビ朝日 50% を保有）	TELASA	○	○
			SoftBank㈱	SoftBank　アニメ放題	○	
エンタメ系			ウォルト・ディズニー・ジャパン㈱	Disney DELUXE	○	
レンタル系			㈱蔦谷書店	TSUTAYA TV	○	○
			合同会社 DMM.com	DMM.com	○	○
			Amazon Services LLC・アマゾンジャパン合同会社	Amazon プライムビデオ	○	○
			楽天㈱	Rakuten TV	△	○
			Netflix ㈱	Netflix	○	
			㈱ゲオストア	ゲオ TV	○	○
ネット系			Apple Inc.・Apple Japan 合同会社	iTunes Store		○
			ヤフー㈱・㈱GYAO（ヤフー㈱の子会社）	Gyao!	無料	
				Gyao! ストア		○
			㈱ドワンゴ（㈱KADOKAWA の子会社）	ニコニコ動画	無料	
				ニコニコチャンネル	△	○
			Google LLC	You Tube	無料	
				You Tube ムービー		○
			㈱ビデオマーケット	ビデオマーケット	○	○
			DAZN Limited・DAZN Japan Investment ㈱	DAZN	○	
メーカー系			㈱ソニー・インタラクティブエンタテインメント（ソニー㈱の 100% 子会社）	Play Station Video		○
			㈱アクトビラ（㈱WOWOW のグループ会社）	アクトビラ	△	○

※1　タイトル数については定額見放題と有料タイトル合算のケースも含む。

出所：各社 HP をもとに作成。

定額の場合の 月額（税抜）	タイトル数 ※1	加入者 数	特色
900	7,000		
888	40,000		
—			定額制のチャンネル有り。
933	60,000		2011/9 サービス開始。2014/4 日本テレビ放送網㈱の子会社化。2017/7Hulu 社（米）・ヤフー㈱他の 5 社も出資。
—			2015/10 サービス開始。5 つのテレビ局の見逃し配信サービスを集約したサービス。後に準キー局・NHK も参加。
925			2018/4 サービス開始。TBS・テレビ東京・WOWOW と新聞社・広告会社が共同出資。
			2016/3 サービス開始のインターネット TV 局。22 チャンネル・24 時間放送。月額 960 円のプレミアムプランでオンデマンド視聴が可能。
			2017/4 VOD サービス開始。
—			定額制のチャンネル有り。スカパー！加入者は無料（一部割引）のチャンネル有り。
—	—		WOWOW 加入者向けサービス。料金は TV 料金（月額 2,300 円）に含まれる。
—			J:COM 加入者向けサービス。
1,990	140,000		定額には毎月 1,200 円分のポイント付。
複数プラン有	111,000		TV と VOD を提供。定額料金プランは TV 契約の組み合わせにより複数有り。
500	120,000		キャリアフリー。エイベックス通信放送㈱が運営。dTV の他に d アニメストア（月額 400 円）や d TV チャンネル（月額 780 円）も有り。
562			キャリアフリー。ビデオパスの後継で 2020/4 サービス開始。
400	3,000		キャリアフリー。アニメ専門。
700			2019/3 サービス開始。ディズニー、ピクサー、マーベル、スター・ウォーズのコンテンツを提供。
933	10,000		2015/9 本数制限有から見放題へ変更（新作は 2 本まで）。DVD 宅配借り放題とセットのプラン（月額 2,417 円）も有り。
500	7,000		
500/ 月 （4,900/ 年）			2015/9 サービス開始。Amazon プライム会員対象。料金は通販等のサービスを含む。
1,990			旧楽天ショウタイム。定額制のチャンネル有。U-NEXT の定額サービスも提供。
800/1,200/1,800			2015/9 サービス開始。米最大手。フジテレビとコンテンツを共同制作。
891	22,000		2017/6 サービス開始。
—			
—			
—			プレミアム会員（月額 500 円）は優先視聴や生放送の配信が可能。
—			定額制のチャンネル有り。
—			
複数プラン有			定額料金プランはポイント制と見放題で複数有。定額制のチャンネルも有り。
1,750			2016/8 サービス開始。スポーツ専門。NTT ドコモ契約者用の割引プラン有り。
—			旧 Video Unlimited
—			定額制のチャンネル有り。

ユニバーサルサービス

　本文中にもふれた電気通信分野のユニバーサルサービスは、現在、ユニバーサルサービス基金が設立され、通信事業者全体でユニバーサルサービスを支える仕組みが構築されている。総務省のHP（ユニバーサルサービス制度）でも解説されているように、「適格電気通信事業者」であるNTT東日本・NTT西日本が、ユニバーサルサービスの提供にかかる費用の補填対象額を算定するための基礎データを「基礎的電気通信役務支援機関」に提出し、同機関が交付金・負担金の額を算定し、総務大臣が認可する。これに基づいて、「負担対象事業者（適格電気通信事業者と接続している事業者）」が事業者が利用している電話番号数に応じて負担金を利用者から徴収し、「基礎的電気通信役務支援機関」を通じて「適格電気通信事業者」に交付金を交付するのが、ユニバーサルサービス基金制度である。競争が導入されたサービス市場では、特定の事業者のサービス利用者だけがユニバーサルサービスの原資を負担することは公正の面から問題があり、当該市場に参加する事業者全体で負担するという考え方といえる。なお、技術進歩が速く、新サービス普及や、新たな市場参入者も多い電気通信サービス市場では、ユニバーサルサービスの対象範囲や制度に関して、現在も継続して議論されており、サービスの代替性なども考慮した制度変更の可能性もある。

　放送事業については、難視聴対策などが、ユニバーサルサービス的な制度だと考えられる。また、本論では扱っていないが、通信サービスとしては電気通信以外にも、手紙・はがきの配達といった郵便の信書便サービスがある。郵便サービスも、離島など実際には配達費用が高額な地域においても、採算地域と同水準の価格でサービスが提供されている。また、郵便サービス提供主体である郵便局のインフラの機能も見逃せない。郵便局のサービスは歴史的に現状の形となっているだけで、必ずしも金融（郵貯）や保険（簡易保険）が郵便局のサービスとして提供されていることに必然性はない。電気通信の世界では、金融サービスや保険サービスはアプリケーションレイヤーのサービスである。郵便局という形で、これらアプリケーションレイヤーのサービスが対面で、ユニバーサルサービスに近い形で提供できている状況は、コンビニエンスストアが出店しない地域のインフラとなっているといえよう。

Column 10

公共放送— NHK（日本放送協会）

　公共放送を担う NHK（日本放送協会）の前身は、戦前にラジオ放送を実施していた社団法人にまでさかのぼることができる。1950 年の放送法制定によって受信料を財源とする特殊法人に改組され、現在の NHK（日本放送協会）が設立された。

　業務としては、必須業務・任意業務・目的外法定業務の 3 種が定められている（放送法第 20 条）。事業収入総額は 7000 億円程度（平成 28 年度で 7016 億円）、収入のほとんど（95％以上）が受信料収入によって賄われている。一方、支出は 75％以上を国内放送番組の制作・搬出に利用する一方で、10％程度（700 億円程度）を「受信契約及び受信料の収納」に支出している。人員規模はおよそ 1 万人であり、国内 54 放送局、海外 30 総支局を有し、関連団体として、子会社 13 社、関連会社 4 社、関連公益法人 9 団体を擁する世界有数のメディアグループを形成している。運営は、最高意思決定機関としての経営委員会と会長以下の執行部が行い、経営委員の任免、受信契約条項等の認可および予算の承認を政府が行う形をとなっている。

　NHK に対する規制は、一般的な事業規制とは異なり、国会を中心とした方式となっている。NHK は予算制度をとっており、毎事業年度の収支予算、事業計画および資金計画は、国会の承認を受けることで確定する。受信料は、予算の承認を通じて決定されることになる。また、最高意思決定機関である経営委員会の委員は内閣総理大臣が任命し、両議院の同意が必要となる。

　受信料については、放送法第 64 条では、NHK の放送を受信することができる受信設備の設置者に対して、NHK との間に受信契約を結ばなければならないと定められている。受信契約の契約は世帯単位であり、受信機の設置に着目して契約種別が設定される。この受信料は「特殊な公的負担金」と解されている。受信設備の設置者は、NHK との間に受信契約を結ばなければならない（契約強制）とされる。その一方で、広告放送の禁止が規定されており（同第 83 条）、これにより事業の自主性・自律性が保障され、利害関係者や視聴率に左右されることなく多様で良質な番組作りができるとされている。

　なお受信料額は、NHK の事業運営に必要な総経費に収入が見合うように算定、つまり総括原価方式により規定される。受信料および契約内容は、これまで幾度か変更されてきたが、基本的に値上げされることが一般的であった。しかし、2012 年に初めて値下げが行われ、2019 年の消費税率引き上げ時には受信料は据え置かれたことで、実質的な値下げが行われることになった。

　また NHK に対しては、放送法に基づく一般的な放送事業者と同様の要請に加えて、目的、普及義務、番組準則について追加的な制約が課される。特に番組準則との関係では、国内の放送事業者は放送番組の編集に際して、①公安及び善良な風俗を害しないこと、②政治的に公平であること、③報道は事実をまげないですること、④意見が対立している問題には、できるだけ多くの角度から論点を明らかにす

ること、が要請されるが（放送法第4条第1項）、これに加えて NHK に対しては⑤豊かで、かつ、良い放送番組の放送を行うことによって公衆の要望を満たすとともに文化水準の向上に寄与するように、最大限の努力を払うこと、⑥全国向けの放送番組のほか、地方向けの放送番組を有するようにすること、⑦我が国の過去の優れた文化の保存並びに新たな文化の育成及び普及に役立つようにすること、といった点が、追加的に要請されている（第81条第1項）。

　なお、「三位一体改革推進のため NHK において取組が期待される事項」（公共放送の在り方に関する検討分科会 2020）では、常時同時配信サービスの実現を踏まえ、NHK が業務・受信料・ガバナンスの3つの観点から自ら改革を行っていくことが期待されているとしている。具体的には、

(1) 業務全体の見直し：業務の合理化・効率化、関連団体との取引の透明性・適正性の向上、子会社の在り方を見直す抜本的な改革等について、取り組みの徹底を図ること
(2) 受信料の在り方の見直し：受信料の公平負担を徹底するほか、業務の合理化・効率化を進め、その利益を国民・視聴者に適切に還元していくこと
(3) ガバナンス改革：ガバナンスの強化を図り、既存業務の見直しを適切に進めること
(4) インターネット活用業務：インターネット活用業務の拡大が事業収支バランスの悪化を招くことにならないよう取り組むこと

といった点が提示されている。

▶ 第 **10** 章 ‖‖‖

公益事業の課題としての地球環境問題

1　はじめに

　世界は現在、多くの国が地球温暖化問題への対応に合意し脱炭素社会へ向かっている。また、2011 年の東日本大震災、2018 年および 2019 年の激しい地震・台風災害に見舞われた日本においては、電力をはじめとする公益事業サービスの供給持続性が大きな論点になってきた。そこで本章では、地球温暖化問題と供給持続性への公益事業の対応について、経緯、理論、政策オプションおよび今後の論点を述べる。

2　地球温暖化問題の経緯と公益事業の取り組み

　1992 年に「国連環境開発会議（地球サミット）」がブラジルのリオデジャネイロで開催され、持続可能な開発のアプローチから、地球環境の諸課題について議論され、環境と開発に関する「リオ宣言」、同宣言を達成するための行動計画「アジェンダ 21」などを採択するとともに、「気候変動に関する国際連合枠組条約（気候変動枠組条約、United Nations Framework Convention on Climate Change: UNFCCC）」などが採択された。
　気候変動枠組条約は、全国連加盟国が締結・参加しており、大気中の温室効果ガス濃度の安定化を究極の目的とする。温室効果ガス削減計画の策定・実施、排出量の実績公表が全締約国に義務付けられ、先進国は、途上

国への資金供与や技術移転の推進などの追加義務を負っている。このように、先進国は途上国に比べて重い責任を負うべきという、「共通だが差異のある責任（Common But Differentiated Responsibilities：CBDRRC）」の考え方に沿っている。気候変動枠組条約は1994年に発効し、1995年には第1回気候変動枠組条約締約国会議（COP1）がドイツのベルリンで開催され、以降、年に1回、気候変動に関する交渉が行われている。世界全体で具体的な枠組みが議論されることで、地球温暖化対策が各国の産業や経済開発、公益事業に影響を与えるようになった。

　この条約の目的を達成するため、2020年までの枠組みとして、1997年のCOP3で「京都議定書（2005年発効）」が、2020年以降の枠組みとして、2015年のCOP21で「パリ協定（2016年発効）」が、それぞれ採択された。京都議定書は、先進国のみに法的拘束力のある数値化された排出削減目標を義務付け、削減義務の数値（日本は1990年比−6%）がトップダウン型で設定されるものであったが、当時の最大排出国である米国が批准せず、また、CDM等の「京都メカニズム」の厳格な国連管理等により実効性確保が困難となったこともあり、日本は第1約束期間（2008-2012）の削減目標を達成したと公表したものの、第2約束期間（2013-2020）に参加しない結果となった。

　その後、すべての国が参加する公平で実効的な枠組み構築への要請の高まりを背景に、2015年にパリ協定が採択され、2016年に発効した。パリ協定では、世界の平均気温上昇を、産業革命以前に比べて2℃より十分低く保つとともに、1.5℃に抑える努力を追求し、できる限り早期に世界の温室効果ガスの排出量をピークアウトすることを長期目標としている。具体的な目標は、主要排出国を含むすべての国が自国の国情に合わせ、温室効果ガス削減・抑制目標（Nationally Determined Contribution：NDC）を策定し、5年ごとに条約事務局に提出・更新するとともに、進捗情報を定期的に提供し、専門家によるレビューを受ける（プレッジ＆レビュー方式）。さらに、すべての締約国は、長期的な温室効果ガスの低排出型の発展のための戦略を、2020年までに提出するよう招請され、日本は、2019年に「パリ協定に基づく成長戦略としての長期戦略」を閣議決定した。

　地球温暖化問題においては、各国のあらゆる経済主体が排出者である一

方、排出に伴う CO_2 排出の影響を受けるのは地球全体であるため、一国の政府や企業毎の政策、経済活動だけでは解決できない特性がある。したがって、温室効果ガス排出削減コストをどう国際的にどう分担するかが大きな論点となる。

3　環境と公益事業 —— 理論と分析

　地球環境問題の特徴として負の「外部性」の問題がある。「外部性」とは、ある経済主体の行動が市場を介さないで他の経済主体に影響を及ぼすことである。たとえば、ある企業が生産活動を行う際に CO_2 を排出する場合、仮に CO_2 を排出することに対してその対価を支払う必要がないならば、その CO_2 の排出は市場を介さないで、ある企業はその他の経済主体に「温暖化」という負の影響を及ぼし、かつ、その損失に対する費用、すなわち「外部費用」、を負担しない[1]。企業は費用最小化のもと生産活動を行うが、CO_2 排出に価格がつかないもとでは CO_2 排出に費用はかからないため、企業は CO_2 排出量を削減して費用を下げる必要はないので、これにより企業の生産活動は温暖化を進めることになる。

　したがって、この「外部費用」を企業の生産費用に「内部化」することで、温暖化という地球環境問題を改善することができる。すなわち、CO_2 の排出に価格をつけることで、CO_2 の排出が企業の生産費用に組み込まれることになり、結果、企業は費用を最小化するために CO_2 排出量を削減することになる。また、生産過程において CO_2 を排出する際にはその費用が組み込まれるため、その財の価格は上昇し、この価格の上昇に伴ってその財の消費量が減少することになる。

　「外部費用」を内部化する主な方法には (1) 規制的手法と (2) 経済的手法の 2 つある。規制的手法として、法律・法令などに基づいて特定の行動を禁止したり制限したりする直接規制があげられる。直接規制の場合、その効果が確実に速やかに達成されることが長所である。しかし、一般に直接規制は一律に禁止・制限を行うことから、特定の行動の削減費用の高い主体と削減費用の低い主体が一様に特定の行動を減少させる義務を負うこ

とになり、削減費用が相対的に低い主体がより多く規制対象を削減することにならないので、社会全体としての費用効率性が低くなることが短所である。一方、経済的手法は、市場メカニズムを通じた特定の望ましくない行動を削減する方法である。環境問題の場合、経済的インセンティブを与えて、企業や消費者の行動を環境保全行動に導くことで、環境問題を改善する。課税、補助金、排出量取引制度が経済的手法に相当する。経済的手法は市場メカニズムを通して特定の望ましくない行動を削減することになるので、直接規制と比較して社会全体の削減総費用を小さくできるという長所がある。その一方で、政府は企業や消費者の限界削減費用曲線を知らないので、どの程度の課税をすれば削減目標値を達成できるのか、あるいはどの程度の補助金を給付すれば削減目標を達成できるのか、不確実である。政府が削減目標達成のために最適な税率や補助金率を設定することは難しく、したがって課税や補助金を用いた経済的手法には削減量が過少になったり過大になったりする可能性があるという短所がある。

　経済的手法である、課税、補助金、排出量取引を、CO_2排出量削減を例に説明する。課税は、CO_2排出量に課税することにより、企業や消費者のCO_2排出量を削減する方法である。図10-1はCO_2税を導入する場合の、CO_2を排出するある主体のCO_2排出量の削減について図示したものである。図10-1の横軸はCO_2排出量、縦軸は限界削減費用とCO_2税率である。限界削減費用は、追加的に1単位CO_2排出量を削減するときに必要な費用である。CO_2排出量を削減するほど、CO_2排出量を追加的に1単位削減するのに必要な限界削減費用は高くなるので、限界削減費用曲線は右下がりになる。いま、E^{BaU}をCO_2排出量の削減対策を講じないときのCO_2排出量、tをCO_2税とする[2]。CO_2排出に価格がつかないときはCO_2排出量はE^{BaU}に等しいが、CO_2排出量に価格がつくことで、CO_2排出量はE^{BaU}から限界削減費用曲線に従って減少する。限界削減費用がCO_2税率tを下回るとき、CO_2を排出するある主体は自分で削減するほうがCO_2税を支払うより費用を小さくすることができるので、限界削減費用とCO_2税率tが等しくなるE^tまで削減を行うので、$E^{BaU}-E^t$のCO_2排出量を削減する。ある主体のCO_2排出量削減費用は限界削減費用曲線をE^{BaU}からE^tまで積分したものと等しくなる。しかし、限界削減費用がCO_2税率t

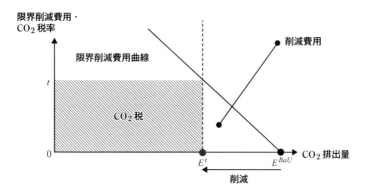

図 10-1　CO_2 税

を超えると、CO_2 を排出するある主体は自分で削減するよりも CO_2 税を支払う方が費用を小さくできるので、$t \times E^t$ の CO_2 税を支払い、E^t の CO_2 排出量を排出することになる。

　補助金は、CO_2 排出量削減に対して補助金を給付することにより、企業や消費者の CO_2 排出量を削減する方法である。図 10-2 は補助金を導入する場合の、CO_2 を排出するある主体の CO_2 排出量の削減について図示したものである。図 10-2 の横軸は CO_2 排出量、縦軸は限界削減費用と補助金率である。E^{BaU} を CO_2 排出量の削減対策を講じないときの CO_2 排出量、s を補助金率とする。いま、$\bar{E}$ を下回る CO_2 排出量まで CO_2 排出量を削減する場合、その追加的な CO_2 排出量削減分に対して補助金が給付されるものとする。CO_2 を排出するある主体は、限界削減費用と補助金率 s が等しくなる E^s まで削減を行うので、$E^{BaU} - E^s$ の CO_2 排出量の削減を行い、$\bar{E} - E^s$ の CO_2 排出量の削減に対して補助金を受け取る。CO_2 排出量削減費用は限界削減費用曲線を E^{BaU} から E^s まで積分したものと等しく、受け取る補助金額は $s \times (\bar{E} - E^s)$ に等しくなる[3]。

　排出量取引は、政府が CO_2 排出量目標値を設定し、それと等しい量の CO_2 排出枠が市場を通して価格づけされることにより、企業や消費者の CO_2 排出量を削減する方法である。図 10-3 は排出量取引のもとでの、CO_2 を排出するある主体の CO_2 排出量の削減について図示したものである。図 10-3 の横軸は CO_2 排出量、縦軸は限界削減費用と排出枠価格であ

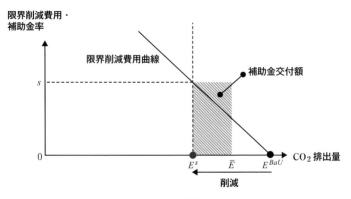

図 10-2　補助金

る。E^{BaU} が CO_2 排出量の削減対策を講じないときの CO_2 排出量、$E^{initial}$ が初期配分の CO_2 排出枠である。政府が CO_2 排出量目標値を設定し、それに等しい排出枠を発行し、その排出枠を CO_2 排出主体に初期配分を行う[4]。排出量取引市場において排出枠の売買取引をすることで、排出枠価格 p^* が決定される。図 10-3 の主体は、初期配分の CO_2 排出枠 $E^{initial}$ からの垂線と限界削減費用曲線の交点の水準の限界削減費用が排出枠価格 p^* を上回るため、排出枠の買い手である。

　このとき、E^{BaU} から E^p までは限界削減費用が排出枠価格 p^* を下回り、削減するほうが排出枠を購入するより費用を小さくすることができるので、限界削減費用と排出枠価格 p^* が等しくなる E^p まで削減を行うので、$E^{BaU} - E^p$ の CO_2 排出量を削減する。CO_2 排出量削減費用は限界削減費用曲線を E^{BaU} から E^p まで積分したものと等しくなる。しかし、限界削減費用が排出枠価格 p^* を超えると、削減するよりも排出枠を購入する方が費用を小さくできるので、$E^p - E^{initial}$ の排出枠を購入する。すなわち、$p^* \times (E^p - E^{initial})$ の排出枠購入額を負担し、排出量取引の結果、E^p の CO_2 排出量を排出することになる。$E^{BaU} - E^{initial}$ の CO_2 排出量を削減する費用は、CO_2 排出量削減費用に排出枠購入額を加算したものと等しくなる。

　排出量取引制度の導入例として、たとえば、米国における SO_2 排出量削減のための SO_2 Allowance Trading System があげられる。1995 年から1999 年のフェーズⅠでは石炭火力発電所 263 基を対象に、2000 年からの

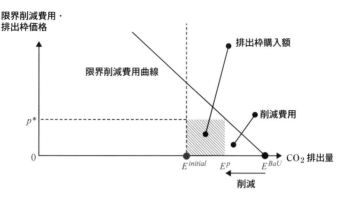

図 10-3　排出量取引

フェーズⅡでは、化石燃料による発電所 2000 基以上に対して SO_2 排出量削減が求められたが、その削減方法として排出量取引制度が導入されている。また、2005 年に発効した京都議定書では、附属書 B 締約批准国の温室効果ガス排出量削減目標値の達成を容易にするために「京都メカニズム」とよばれる 3 つの柔軟措置が導入されたが、「附属書 B 締約批准国間排出量取引」は「京都メカニズム」の 1 つである。[5]「京都メカニズム」にはこのほかに、「共同実施」と「クリーン開発メカニズム」とよばれる柔軟措置が含まれている。[6]

　課税および補助金は、CO_2 税率や補助金率といった価格を固定し、市場メカニズムを通して CO_2 総排出量を調整する方法である。一方で、排出量取引は CO_2 総排出量を固定し、市場メカニズムを通して排出枠価格を調整する方法である。政府が正確な限界削減費用曲線を把握することは難しいので、政府が、削減目標値を達成するために最適な CO_2 税率や補助金率を決めることは難しく、課税および補助金では CO_2 排出目標値達成は担保されない。確実に CO_2 排出量目標値を達成する手段としては、排出量取引のほうが課税および補助金より望ましい。また、国際的な排出量取引を用いることで、各国が単独で削減を行う CO_2 税や補助金と比較して、世界全体の CO_2 排出量削減総費用を小さくすることもできる。

4　地球温暖化対策とエネルギー政策

　日本の温室効果ガス排出量のうち、9割近くがエネルギー起源CO_2となっており、温暖化対策とエネルギー政策は、表裏一体の関係にある。

　パリ協定の枠組みをうけ、日本は「2013年度比で2030年度までに26%削減」との中期目標を定めた。このパリ協定の削減目標と整合する形で、2015年7月の「長期エネルギー需給見通し」を踏まえ、「第5次エネルギー基本計画」（2018年7月策定）において、2030年のエネルギーミックスとして、省エネルギーを17%程度織り込んだうえで、再生可能エネルギーを22-24%、原子力を20-22%との見通しが示された。エネルギー政策においては、「S+3E」、すなわち「Safety（安全性）」を大前提として、「Energy Security（安定供給）、Economic Efficiency（経済性）、および Environment（環境性）」の3つのEのバランスを取ることが重要との基本原則がベースとなっている。

　CO_2排出の動向を地球規模で探るには、要因別に分析することが必要となる。基本的に、CO_2排出はエネルギーの消費が大部分を占め、エネルギー消費は経済活動と共に増加する。「茅恒等式」は、CO_2排出を、①エネルギー消費当たりのCO_2排出量、②国内総生産（GDP）当たりのエネルギー消費量、③人口当たり GDP に分解し、それぞれの要因から排出抑制を推定するという考え方で、「国連気候変動に関する政府間パネル（Intergovernmental Panel on Climate Change：IPCC）」[7]で提唱され、1990年に公表された IPCC 第1次報告書に掲載、第5次報告書作成では分析の基本手段として使われるなど、広く知られている。

　地球温暖化とは関わりなく、中長期的に、今後も各国の経済活動量は増加し、成長志向は変わらないであろう。そこで、① GDP 当たりのエネルギー使用量の減少（エネルギー消費側の省エネ等）および②エネルギークリーン度（再生可能エネルギーや原子力によるエネルギー供給側の炭素集約度の低減）が地球温暖化問題への対応のカギとなる。

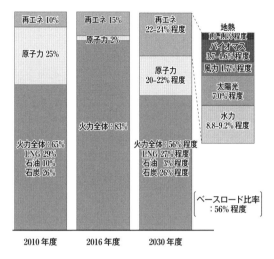

図10-4 2030年のエネルギーミックス

出所：資源エネルギー庁「第5次エネルギー基本計画」をもとに作成。

$$\text{CO}_2 \text{排出量} = \frac{\text{CO}_2 \text{排出量}}{\text{エネルギー供給量}} \times \frac{\text{エネルギー供給量}}{\text{GDP}} \times \frac{\text{GDP}}{\text{人口}} \times \text{人口}$$

エネルギー消費当たり CO_2 排出量	GDP 当たりのエネルギー消費量	人口当たり GDP

図10-5 茅恒等式

出所：IPCC ワーキングペーパーより筆者作成。

(1) エネルギー消費側の省エネ

　日本では、産業界が中心となり、世界の温暖化交渉や日本の政策動向に応じ、自主的に目標を立ててレビューを行ってきたことが、大きな特徴である。1997年の京都議定書の合意に先立って、日本経済団体連合会（経団連[8]）が自主行動計画を発表した。エネルギー多消費産業などの製造業だけでなく、流通・金融サービスなどの業務部門、運輸部門などの幅広い業種（当初37業種、2008年度以降は合計61業種）が参加し、強制される

ことなく自主的に、温暖化対策と廃棄物対策について、多くの産業が数値目標を掲げた。各業界において、製造工程（サービス提供段階）につき、4種類の指標（CO_2排出総量、同排出原単位、エネルギー使用総量、同使用原単位）から、業種・業態の違いに応じて最適なものを選択し、数値目標を設定した。統一目標として、1990年度比±0％（2008-2012年度の平均）を設定し、当初見通し以上の成果が得られた場合は、より高い目標へ引き上げることとした。他方、目標達成のため、CDMなどのクレジットを大量に購入した業種もあった。この行動計画は、毎年、政府審議会（中央環境審議会、産業構造審議会）や第三者評価委員会によるレビュー（フォローアップ）を実施し、結果を公表している。定期的にレビューすることで、産業界が環境対策について継続的に取り組む仕組みとなっており、いわばパリ協定のプレッジ＆レビュー方式の先駆けといえるであろう。成果として、自主行動計画に参加する産業・エネルギー転換部門34業種のCO_2排出量は、2008年度から2012年度の5年間平均で、1990年度比で12.1％削減した。

2009年、経団連は2050年における温室効果ガス半減目標の達成に向けた「低炭素社会実行計画」を発表し、は、現在、2030年を目標年としたフェーズⅡに向けて、第1の柱：「国内の事業活動における排出削減」に加え、第2の柱：製品・サービスによる削減等を含めた「主体間連携の強化」、第3の柱：途上国への技術移転などの「国際貢献の推進」、第4の柱：「革新的技術の開発」の4つの柱について取り組んでいる。

CO_2排出量を部門別でみると、産業部門は比較的早い段階から低減に取り組んできた一方、業務・家庭部門では、産業部門に比べて、エネルギーコストの支出全体に占める割合が少なく、省エネインセンティブが弱いことから、省エネが進んでいない。そこで、日本では、「エネルギーの使用の合理化等に関する法律（省エネ法）」で定める「トップランナー制度」により、家電などのエネルギー機器や断熱材など建材の高効率化・高性能化の目標を製造事業者や輸入事業者に課し、エネルギー消費効率の表示が義務付けることで、省エネが推進されている。目標となるトップランナー基準は、商品化されている製品のうち、エネルギー消費効率がもっとも優れているもの（トップランナー）の性能に加え、技術開発の将来見通し等

を勘案して定められる。

　公益事業においては、電力会社・ガス会社が、家庭部門向けの「エコ
キュート」・「エコジョーズ」といった高効率機器の開発を行うなど、エネ
ルギー消費側の省エネに寄与している。運輸・交通部門においても、高効
率車両システムが導入されている。

(2) エネルギー供給側の炭素集約度の低減

　2015 年 7 月、長期エネルギー需給見通しにおいて示された 2030 年度の
電力需給構造に合わせて、同時期に、電力業界の自主的枠組みとして、国
のエネルギーミックスおよび CO_2 削減目標と整合する形で、CO_2 排出係
数 0.37kg－CO_2/kWh の目標値が示され、2016 年に発足した「電気事業低
炭素社会協議会」において、業界全体での PDCA の仕組みが定められた。
この原単位目標の達成に向け、国の制度として、①省エネ法において、火
力発電のベンチマーク指標を設定し、発電効率の指標をより厳しく見直す
とともに、②「エネルギー供給事業者による非化石エネルギー源の利用及
び化石エネルギー原料の有効な利用の促進に関する法律（エネルギー供給
構造高度化法）」において、小売電気事業者に対して、2030 年度までに、
販売電力量のうち非化石電源が占める割合を 44％以上とすることが定め
られた。これらは、業界の自主的枠組みを支える仕組みとして制定された
ものである。

　炭素集約度の低減には、火力発電（化石燃料）の高効率化に加え、非化
石電源比率 44％以上の達成に向けて、原子力発電の再稼働と再生可能エ
ネルギーの普及拡大が必要となる。

　再生可能エネルギー普及に向けた制度の変遷を振り返る。2003 年に施
行された「電気事業者による新エネルギー等の利用に関する特別措置法
（RPS 法）[9]」において、電気事業者は、その販売電力量に応じて、新エネル
ギー等［風力、太陽光、地熱（熱水を著しく減少させないもの)、中小水
力（水路式で 1,000kW 以下）、バイオマス］により発電された電気を一定
割合利用することが義務付けられた。これは当時、石油依存度の低下傾向
が停滞するなか、中東依存度は寧ろ高まる傾向にあること、原子力発電の

建設リードタイムの長期化等を踏まえ、エネルギー源の多様化が課題となっており、環境負荷の低い新エネルギーの促進の必要性が背景にあったものである。RPS法では、①自ら新エネルギー等の電気を発電する、②他の発電事業者から新エネルギー等の電気を購入する、③他の発電事業者などから「新エネルギー等電気相当量」を購入する、のうち最も有利な方法を選択することができた。各電気事業者の毎年度の利用義務量は、経済産業大臣が4年ごとに8年先まで定める目標をベースに決定され、当初、2010年度で122億kWh（全国の販売電力量の約1.35％、2003年度比約3.7倍）とされていた。

2009年、エネルギー供給事業者に対し、非化石エネルギー源の利用拡大と化石エネルギー原料の有効利用を促進する目的で制定されたエネルギー供給構造高度化法において、「余剰電力買取制度」が導入され、同年11月より、太陽光発電のうち、自家消費されずに余った電力を電気事業者が従来の2倍程度の価格で買い取ることとされた。[10]太陽光発電の普及拡大を通じ、地球温暖化対策の促進を目指し、日本の太陽電池関連産業の国際競争力強化も狙いとしたもので、買取費用は電気料金に上乗せする形で、国民全体で負担することとなった。

2011年に東日本大震災が発生、当時の政権交代を機に2011年8月に「電気事業者による再生可能エネルギー電気の調達に関する特別措置法（再エネ特措法、FIT法）」が成立し、2012年7月に「再生可能エネルギーの固定価格買取制度（Feed in Tariff: FIT）」が導入され、余剰電力買取制度は、FITに一本化された。国が定める価格で一定期間、再生可能エネルギー源（太陽光、風力、水力、地熱、バイオマス）によって発電された電気について、系統に送電された電力量を全量、電気事業者が買い取ることを義務付けるもので、買取りに要した費用は、使用電力量に比例した再エネ賦課金により、国民全体によって賄うこととなった。固定価格買取制度の下、再エネ導入は太陽光を中心として急速に進み、2017年度実績で、2030年エネルギーミックス目標値に対して、太陽光は約80％の導入進捗率、再エネ導入量は世界第6位、このうち太陽光発電は世界第3位となっている。他方、2019年度の買取費用総額は約3.6兆円、賦課金総額は約2.4兆円で、電気料金に占める賦課金割合は、2018年度実績では、産業用・業

務用で 15%、家庭用で 11% に相当する負担となっている。

　かかる国民負担の増大や、未稼働案件の増加などの課題に対し、2017年 4 月に FIT 法を改正し、買取価格の低減を目的とした中長期の価格目標や一部に入札制度を導入するとともに、設備自体を認定する「設備認定」から、「事業計画認定」へ変更し、認定基準を厳格化、未稼働案件に対しては失効などの対策措置を講じるなどを行った。

　2018 年には「第 5 次エネルギー基本計画」において、再エネ主力電源化が明記され、具体的には、低コスト化や、電力系統の制約の克服、天候に左右され出力が変動する太陽光発電などの出力を補うための調整力の確保などが課題とされた。

　さらに、FIT 法は 2020 年に抜本的な見直しが行われ、競争力ある電源への成長が見込まれる大規模太陽光、風力等については「競争電源」と位置づけ、FIP（フィード・イン・プレミアム）制度への移行等、自立化を目指し、市場への統合が図られることとなった。他方、需要地近接性のある電源や地域エネルギー資源を活用できる電源については、レジリエンス強化等にも資するよう、「地域活用電源」として、主に小規模太陽光や小水力、バイオマス発電などは需給一体型モデルとして地域活用要件が設定されることになり、要件を充足する案件は、引き続き FIT 制度の対象とすることとなった。

5　レジリエンスと公益事業の対応

　1959 年の伊勢湾台風、1995 年の阪神・淡路大震災、2011 年の東日本大震災という大きな自然災害より日本は甚大な被害・損害を被り、またその復旧には長期間を要している。これを受けて、災害時の被害・損害を小さくするとともに速やかに復旧することで事後的な被害・損害を小さくすることを目的に 2013 年 12 月に国土強靭化基本法が施行された。日本はレジリエンスの基本目標として、人命の保護が最大限図られること、国家および社会の重要な機能が致命的な障害を受けず維持されること、国民の財産および公共施設に係る被害の最小化、迅速な復旧復興、の 4 つをあげている。[11]

　さらに、東日本大震災以降も日本は多くの自然災害に見舞われ、2018年の北海道胆振東部地震直後に生じた北海道全域の停電であるブラックアウト、2019年の台風15号に伴う停電復旧作業に長時間を要したこと、同年の台風19号に伴う停電および公共交通機関の復旧作業の長期化などを経て、「レジリエンス」が注目されつつある。

　公益事業は日常生活に必要不可欠な財・サービスを提供する役割を担うことから、公益事業の災害対策はレジリエンスにおいて肝要である。東日本大震災における福島第一原子力発電所事故、2018年の北海道胆振東部地震直後のブラックアウト、2019年の台風15号・19号の長期に及ぶ停電と復旧作業より、電力においては、安定供給と停電の早期復旧がレジリエンスとして求められている。

　公共交通機関は、安全な運行・運搬を確保するため、災害時には一部の運転を見合わせたり運休したりせざるを得ないことがある。しかし、公共交通機関の利用者は多いことから、公共交通機関の遅延や運休は多くの乗客・旅客の足止めや帰宅困難などの混乱を招く可能性がある。そこで、災害による大きな被害が予測される場合、事前に公共交通機関の運休をアナウンスし、災害時に運休するという「計画運休」を行う。2014年の台風19号に際し、JR西日本が「計画運休」を実施したのが最初の「計画運休」であるが、多くの利用者に影響が出てきたこともあって当初は「計画運休」への批判もあった。しかし、事前に公共交通機関の運休をアナウンスすることで、企業・学校等は運休を考慮することができ、乗客もまた公共交通機関の運休時間帯における利用を控えることが可能になり、災害による帰宅困難など混乱を回避することが可能になる。これより、現在では災害時における公共交通機関の計画運休は浸透している。また、計画運休のアナウンスは早期にされ、アナウンス方法は多言語や多様な情報発信手段を用いている。一方で、2019年の台風19号では北陸新幹線E7系が浸水して廃車になるなど、震災後の公共交通機関の復旧に長期間を要しており、公共交通機関は設備の早期復旧が求められている。

　水道事業においては、水道施設の老朽化が進んでいるが、人口減少や節水などによる収益減により、その更新を進めることができていない現状がある。2020年1月の和歌山市における水道管漏水による断水、2020年2月

の横浜市における水道管破裂など相次ぎ、日本における水道施設の老朽化の問題は注視されている。英国では 2007 年の大洪水による長期間の断水被害もあり、レジリエンスとして水道事業はその施設の更新が必要である。

　情報通信については、東日本大震災時に課題になった、災害時における情報通信ネットワーク・サービスの確保、情報通信ネットワークの復旧がレジリエンスとして必要である。放送事業の基盤強化に関する検討分科会は、2020 年 4 月に策定した「放送事業の基盤強化に関する取りまとめ（案）」で、災害情報の発信の必要性を指摘している。また、災害時の放送を確保するために、2020 年 3 月から災害時の放送の確保に関する検討分科会が開催されている。2020 年の新型コロナウイルス感染症対策においては、日本ではリモートワークや教育のオンライン化が進まない問題が露呈している。情報通信ネットワークのインフラ整備とともに、パソコン端末の整備や遠隔システムのソフトウェアの開発・整備を進める必要がある。

注

1)　地球温暖化は 6 種の温室効果ガス、二酸化炭素（CO_2）、メタン（CH_4）、亜酸化窒素（N_2O）、ハイドロフルオロカーボン類（HFCs）、パーフルオロカーボン類（PFCs）、六フッ化硫黄（SF_6）による。しかし、CO_2 排出量は温室効果ガス総排出量の 8 割程度を占めるため、地球温暖化問題の対策として、主に CO_2 排出量を削減することになる。これより、本章では、CO_2 排出量を用いて議論を進める。

2)　BaU は Business as Usual の略であり、CO_2 排出量削減を行わない場合を意味する。

3)　補助金の場合、CO_2 を排出する主体が利潤を得ることができるので、長期的には、CO_2 の排出を伴う生産活動への新規参入が起こり、社会全体の CO_2 総排出量が増加する可能性がある。

4)　政府が各 CO_2 排出主体に排出枠を初期配分する方法には、たとえば、各主体の過去の CO_2 排出量実績を勘案したうえで無償で割り当てるグランドファザリング方式や入札で排出枠を有償配分するオークション方式がある。

5)　附属書 B 締約批准国とは京都議定書を批准した附属書 B 締約国である。京都議定書は附属書 B 締約国とよばれる一部の国々に 6 種の温室効果ガス排出量を削減する義務を課し、附属書 B 締約国批准国は 2008 年～ 2012 年の第 1 約束期間における温室効果ガスの削減義務を負う。

6)　共同実施（Joint Implementation: JI）は附属書 B 締約批准国間で行うものであり、

投資国とホスト国が、ホスト国において共同で削減した温室効果ガス排出量を両国間で取引するというものである。クリーン開発メカニズム（Clean Development Mechanism：CDM）は附属書 B 締約批准国が、削減義務がない非附属書 I 国において、技術移転を行うことで削減できた CO_2 排出量を自国の CO_2 排出削減量として計上する制度である。「京都メカニズム」を利用することで、温室効果ガス排出量削減の限界削減費用がより低い国においてより多くの温室効果ガス排出量を削減することが可能であるため、附属書 B 締約批准国は費用効率的に排出削減ができる。

7) 1988 年に国連環境計画（UNEP）および世界気象機関（WMO）により設立された組織。人為起源による気候変化、影響、適応および緩和方策に関して、科学的、技術的、社会経済学的な見地から包括的な評価を行うことを目的とする。

8) 企業 1,412 社、製造業やサービス業等の主要な業種別全国団体 109 団体、地方別経済団体 47 団体などから構成される経済団体（2019 年 4 月 1 日現在）。

9) 2012 年 7 月、「電気事業者による再生可能エネルギー電気の調達に関する特別措置法（再エネ特別措置法）」が施行されたことに伴い、RPS 法は廃止された。

10) 2011 年度および 2012 年 6 月末までの買取価格は、太陽光発電の出力に応じ、住宅用 10kW 未満で 42 円 /kWh（自家発電設備等併設の「ダブル発電」は 34 円 /kWh）、発電事業目的を除く住宅用 10kW 以上 500kW 未満および工場・事業所等で 500kW 未満で 40 円 /kWh（ダブル発電は 32 円 /kWh）であった。

11) レジリエンス（resilience）は強靭化に相当する。国土強靭化の文脈では、レジリエンスは災害などのリスクへの対応、すなわち、その被害最小化と社会の機能維持を意味する。

参考文献

Kaya, Y. (1990) "Impact of carbon dioxide emission control on GNP growth: Interpretation of proposed scenarios," Paper presented to the IPCC Energy and Industry Subgroup, Response Strategies Working Group.

資源エネルギー庁（2018）「第 5 次エネルギー基本計画」（https://www.enecho.meti.go.jp/category/others/basic_plan/pdf/180703.pdf）。

電気事業低炭素社会協議会（2015）「電気事業低炭素社会協議会の低炭素社会実行計画」（https://e-lcs.jp/plan.html）。

日本経済団体連合会（2009）「低炭素社会実行計画」（http://www.keidanren.or.jp/japanese/policy/2009/107.html）。

日本経済団体連合会（2005/2019 改訂）「2030 年に向けた経団連低炭素社会実行計画（フェーズ II）」（http://www.keidanren.or.jp/policy/2015/031.html）。

南部鶴彦・伊藤成康・木全紀元編（1994）『ネットワーク産業の展望』日本評論社。

おわりに

　公益事業学会が1949年1月に設立されて、2019年で70周年を迎えた。本書は、その節目を記念して、出版されたものである。本書は、これまでの公益事業の歩み、現状と最新動向について全体を俯瞰しながら、公益事業を構成する各個別事業をより理解すべく、それぞれの事業における論点や課題について論述されたものである。公益事業学会としては、20年前の2000年に出版されたY. Toyama et al.（eds.）『Public Utility Industries in Japan: Past, Present and Future』（The Institute of Public Utilities and Network Industries, Michigan State University）と2005年に出版された公益事業学会編『日本の公益事業──変革への挑戦』（白桃書房）に続くものである。

　公益事業は、国民の日常生活に必要不可欠なサービスを提供する一連の事業であり、それらには電気、ガス、水道、鉄道、自動車道、バス、定期船、定期航空、郵便、電信・電話、放送等の諸事業が含まれる。日本の経済活動を支える基盤となる重要な産業であることはいうまでもない。しかし、公益事業を取り巻く環境は近年大きく変化しており、最近の状況や課題、そして今後の政策をわかりやすくまとめることは重要であると考える。近年の公益事業に対する課題としては、価格設定や規制政策に関するものが多い。そして、それらは、公益事業のそもそも成立から、国など政府が公益事業者に付与していた事業免許や認可、そして公益事業サービス供給のために必要不可欠な設備である電力事業においては発電施設や電柱、鉄道事業においては線路設備、等の設置に必要な公益事業特権とセットになったものである。従来型の公益事業は、自然独占性、公共財あるいは外部性の存在という観点から、価格規制と市場における安定的な供給を意図した規制を一緒に検討してきた。また、公益事業における供給形態に関しても、鉄道事業や通信事業にみられるように、公的供給から民間供給という流れもあった。

　そして、最近の潮流は、価格やサービス供給における規制の弊害から、

より競争を重視する政策に変わってきているといえよう。競争による自由な価格設定では不都合が生じる場合には、競争が導入できるような環境を整えるため、サービス供給とインフラマネジメントを分離するようないわゆる上下分離政策、また規制による公益企業の行動の弊害を回避するためのインセンティブ規制など、新たな政策が導入されてきた。

さらに最近のテクノロジーの進展が公益事業に与える影響も無視できない。最近の情報関連技術の進展は、いわゆるビッグデータを処理する技術も飛躍的に向上させた。その結果、公益事業サービスの消費行動もより正確に分析可能になったり、AI技術の進展はより効率的な事業運営に寄与することも期待されるようになってきた。

最後は、地球環境問題、そしてさらに、最近の地球環境の変化に伴う自然災害に対する対策も公益事業における重要な課題である。公益事業に限らず、地球温暖化防止のための1つとして脱炭素化社会への取り組みや災害に強い公益事業を構築することもレジリエンス強化という観点から重要である。

このような課題を、これまで公益事業学会では取り上げ、学会をあげて解決に向けて取り組んできた。特に、公益事業サービスの供給方法、価格付け、運営方法、規制政策、競争政策をはじめとする諸問題についての研究成果を、大学や研究機関に属する研究者だけでなく公益事業に従事する実務家や政策担当者を含む学会内外の関係者で議論してきた。

本書は、公益事業学会の各事業分野や専門領域のトップに位置する研究者や専門家の総力を結集し、国内外の公益事業の最新動向・展望までも取りまとめた総合解説書として作成され、助言やサポートでさらに多くの会員が関わった。本書作成にあたっては総勢40名程の会員によって執筆がなされた。本書が、公益事業に関係するさまざまな分野で活躍する研究者、実務家、政策担当者、そして公益事業に関して勉学を進めている学生諸君にとって有用な指南書となれば望外の喜びである。最後に、本書の発刊にあたってご助力やご協力を賜った関係各位に対して本書発刊の責任者として厚く御礼を申し上げたい。

公益事業学会副会長・企画委員長　　水谷　文俊

索　引

266

【執筆者紹介】（執筆順、Column1-6 の執筆者は各 Column の文末を参照）

はじめに

山内 弘隆（やまうち・ひろたか）［編集委員］
　一橋大学大学院経営管理研究科 特任教授

第1章

西村 陽（にしむら・きよし）［編集委員長］
　大阪大学大学院工学研究科 招聘教授

第2章

穴山 悌三（あなやま・ていぞう）［編集委員］
　長野県立大学グローバルマネジメント学部 教授

第3章

桑原 鉄也（くわはら・てつや）［編集委員］
　丸紅新電力株式会社

野村 宗訓（のむら・むねのり）［編集委員］
　関西学院大学経済学部 教授

第4章

丸山 真弘（まるやま・まさひろ）［編集委員］
　一般財団法人 電力中央研究所 社会経済研究所 副研究参事

第5章

巽 直樹（たつみ・なおき）［編集委員］
　KPMG コンサルティング株式会社 プリンシパル

第6章

戸田 直樹（とだ・なおき）［編集委員］
　東京電力ホールディングス株式会社 経営技術戦略研究所 チーフ・エコノミスト

小笠原 潤一（おがさわら・じゅんいち）
　日本エネルギー経済研究所 研究理事

第7章

浦上 拓也（うらかみ・たくや）［編集委員］
　近畿大学経営学部 教授

中山 徳良（なかやま・のりよし）
　名古屋市立大学大学院経済学研究科 教授

第8章

髙橋 愛典（たかはし・よしのり）　第1節、第2節（1）項、第7節［編集委員］
　近畿大学経営学部 教授

田邉 勝巳（たなべ・かつみ）　第2節（2）項
慶應義塾大学商学部　教授

青木 亮（あおき・まこと）　第3節（1）項
東京経済大学経営学部　教授

醍醐 昌英（だいご・まさひで）　第3節（2）項
関西外国語大学外国語学部　准教授

那須野 育大（なすの・いくひろ）　第3節（3）項
大阪産業大学経営学部　准教授

大井 尚司（おおい・ひさし）　第4節
大分大学経済学部　教授

後藤 孝夫（ごとう・たかお）　第5節
中央大学経済学部　教授

小熊 仁（おぐま・ひとし）
　　　第6節(1)項「航空輸送の産業特性」「航空規制緩和・自由化」
高崎経済大学地域政策学部　准教授

横見 宗樹（よこみ・むねき）
　　　第6節(1)項「LCCの誕生と発展」、(2)項「日本の空港民営化の現状と今後の課題」
近畿大学経営学部　教授

西藤 真一（さいとう・しんいち）　第6節（2）項「空港の経営特性」「空港の民営化」
島根県立大学総合政策学部　准教授

第9章

春日 教測（かすが・のりひろ）
甲南大学経済学部　教授

高口 鉄平（こうぐち・てっぺい）
静岡大学情報学部　准教授

宍倉 学（ししくら・まなぶ）
長崎大学経済学部　教授

実積 寿也（じつづみ・としや）
中央大学総合政策学部　教授

中村 彰宏（なかむら・あきひろ）［編集委員］
中央大学経済学部　教授

三友 仁志（みとも・ひとし）
早稲田大学大学院アジア太平洋研究科　教授

湧口 清隆（ゆぐち・きよたか）
相模女子大学人間社会学部　教授

第10章

爲近 英恵（ためちか・はなえ）　第1節、第3節、第5節［編集委員］
名古屋市立大学大学院経済学研究科　准教授

268

中島 みき（なかじま・みき）　第 2 節、第 4 節 [編集委員]
　関西電力株式会社

おわりに
水谷 文俊（みずたに・ふみとし）[編集委員]
　神戸大学理事・総括副学長、大学院経営学研究科 教授

【公益事業学会設立 70 周年記念書籍出版企画：企画委員会】

大井 尚司 （大分大学経済学部 教授）

大塚 時雄 （秀明大学英語情報マネジメント学部 教授）

澁澤 健太郎 （東洋大学経済学部 教授）

醍醐 昌英 （関西外国語大学外国語学部 准教授）

高嶋 裕一 （岩手県立大学総合政策学部 教授）

田邉 勝巳 （慶應義塾大学商学部 教授）

樋口　徹 （作新学院大学経営学部 教授）

水谷 文俊 （神戸大学理事・総括副学長、大学院経営学研究科 教授）[企画委員長]

柳川　隆 （神戸大学大学院経済学研究科 教授）

【編集責任者略歴】

西村　陽 （にしむら・きよし）［編集委員長］
　大阪大学大学院工学研究科 招聘教授（ビジネスエンジニアリング専攻）
　関西電力（株）営業本部・地域エネルギー本部担当部長
　　1984 年　一橋大学経済学部卒業、関西電力株式会社入社
　　1999 年　学習院大学経済学部特別客員教授
　　2006 年～ 現職

水谷　文俊 （みずたに・ふみとし）［企画委員長］
　神戸大学理事・総括副学長、大学院経営学研究科 教授
　　1981 年　京都大学工学部卒業
　　1983 年　同大学院工学研究科修士課程修了
　　1993 年　ハーバード大学大学院博士課程修了、Ph.D. 取得
　　1994 年　神戸大学経営学部助教授を経て、2000 年神戸大学大学院経営学研究科教授
　　2015 年　神戸大学理事・総括副学長を兼任し現在に至る

公益事業の変容
持続可能性を超えて

2020 年 12 月 15 日初版第一刷発行

編　者　公益事業学会

発行者　田村和彦
発行所　関西学院大学出版会
所在地　〒 662-0891
　　　　兵庫県西宮市上ケ原一番町 1-155
電　話　0798-53-7002

印　刷　大和出版印刷株式会社